1　空から見た小田原城　箱根外輪山から延びる先端部に本丸があり、丘陵部と低地部の広い城域を持つ。

2　石垣山城南曲輪の石垣　天正 18 年（1590）4～5 月に築かれた野面積石垣。

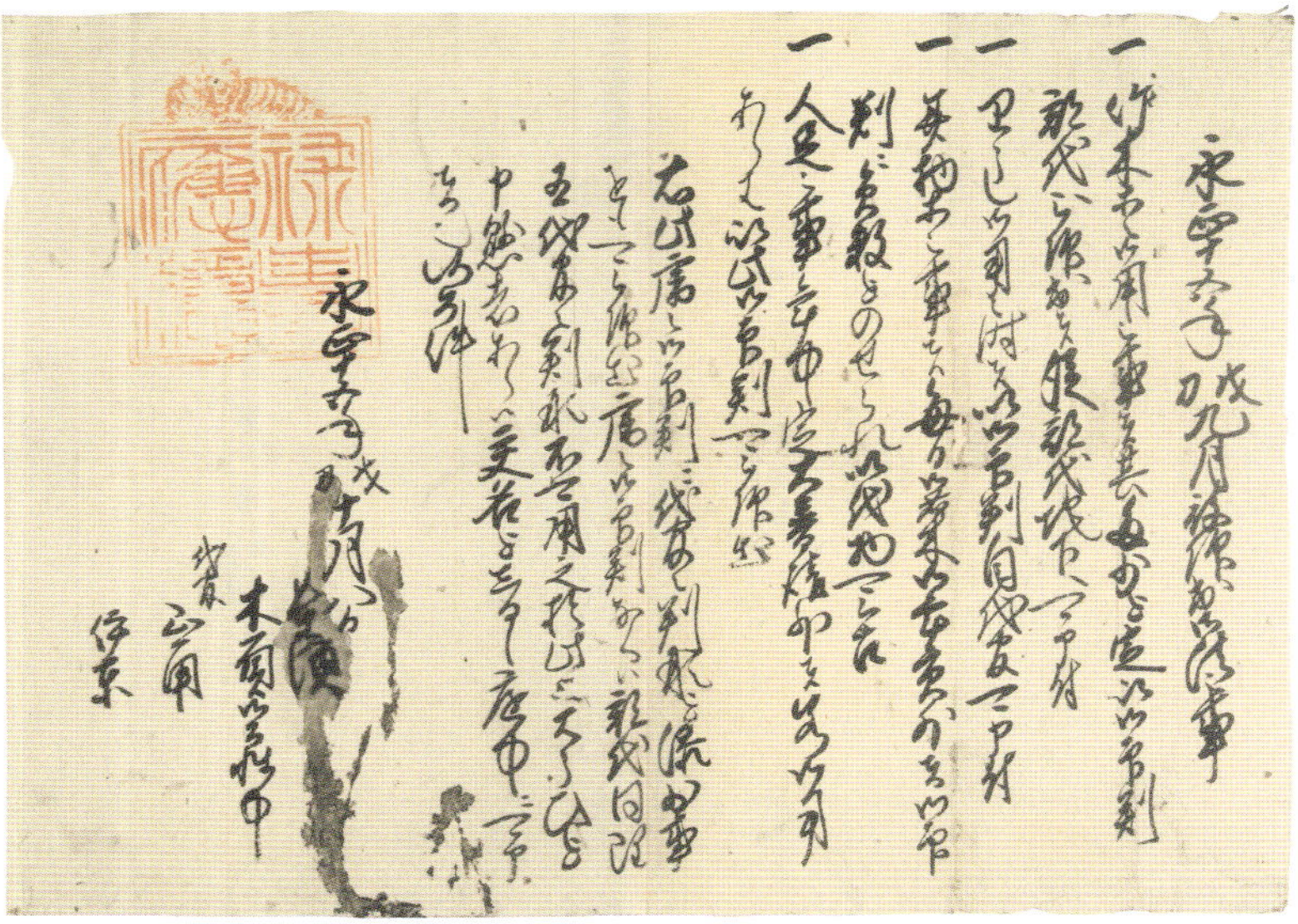

3　永正15年（1518）10月8日　伊勢家虎朱印状（写）　大川家文書
ここに掲載した写真は、写し（個人蔵）を撮影した写真と澁澤敬三編著『豆州内浦漁民史料』掲載写真とを小田原城天守閣で合成して作成した。

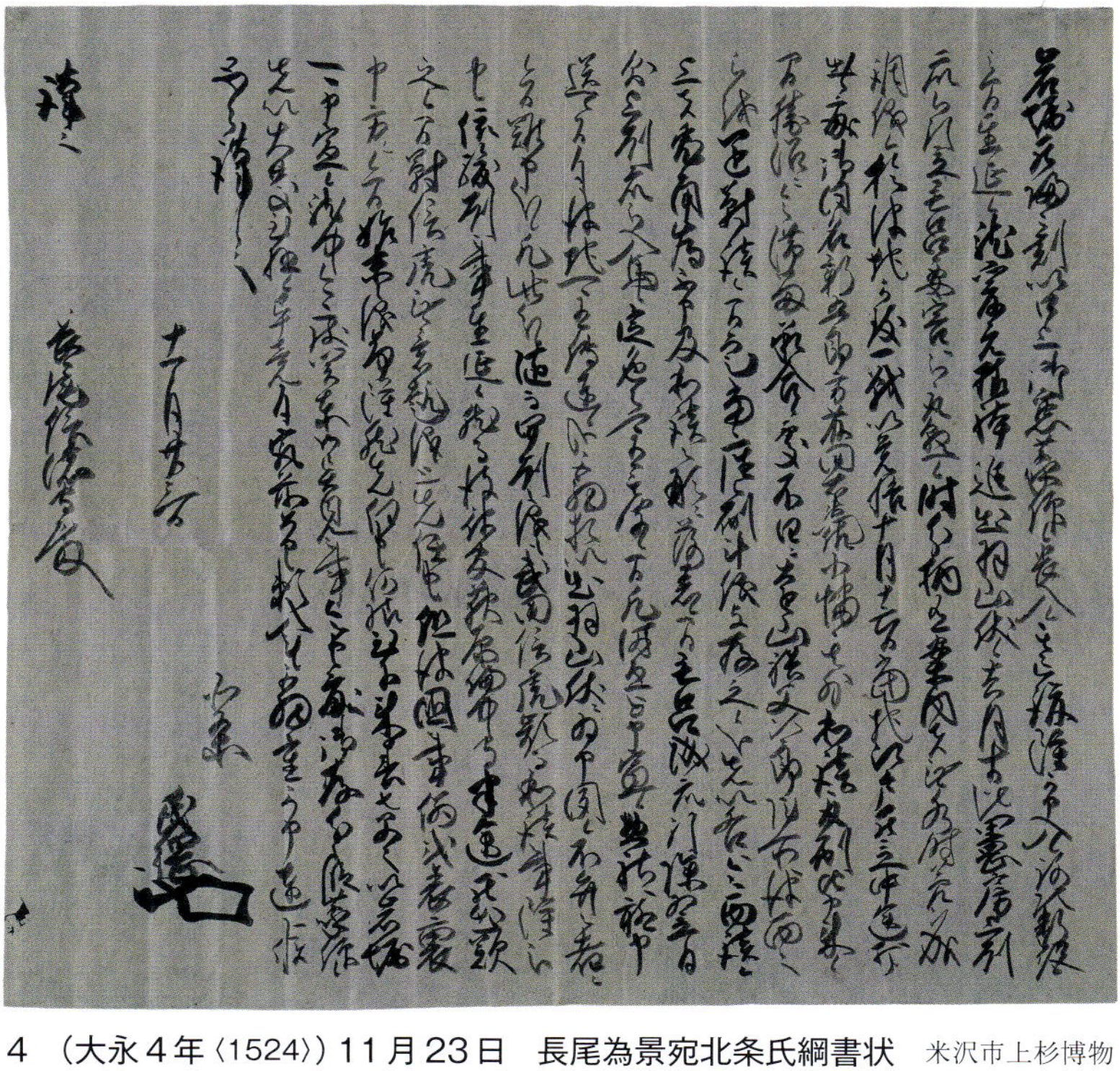

4　（大永4年〈1524〉）11月23日　長尾為景宛北条氏綱書状　米沢市上杉博物館蔵

5　御用米曲輪の切石敷遺構　北条氏政の居館とも想定される空間の庭園を構成する遺構と推定される。

6　杉浦平太夫邸跡の道路状遺構　両側に石積水路が伴い 120m にわたって検出された。

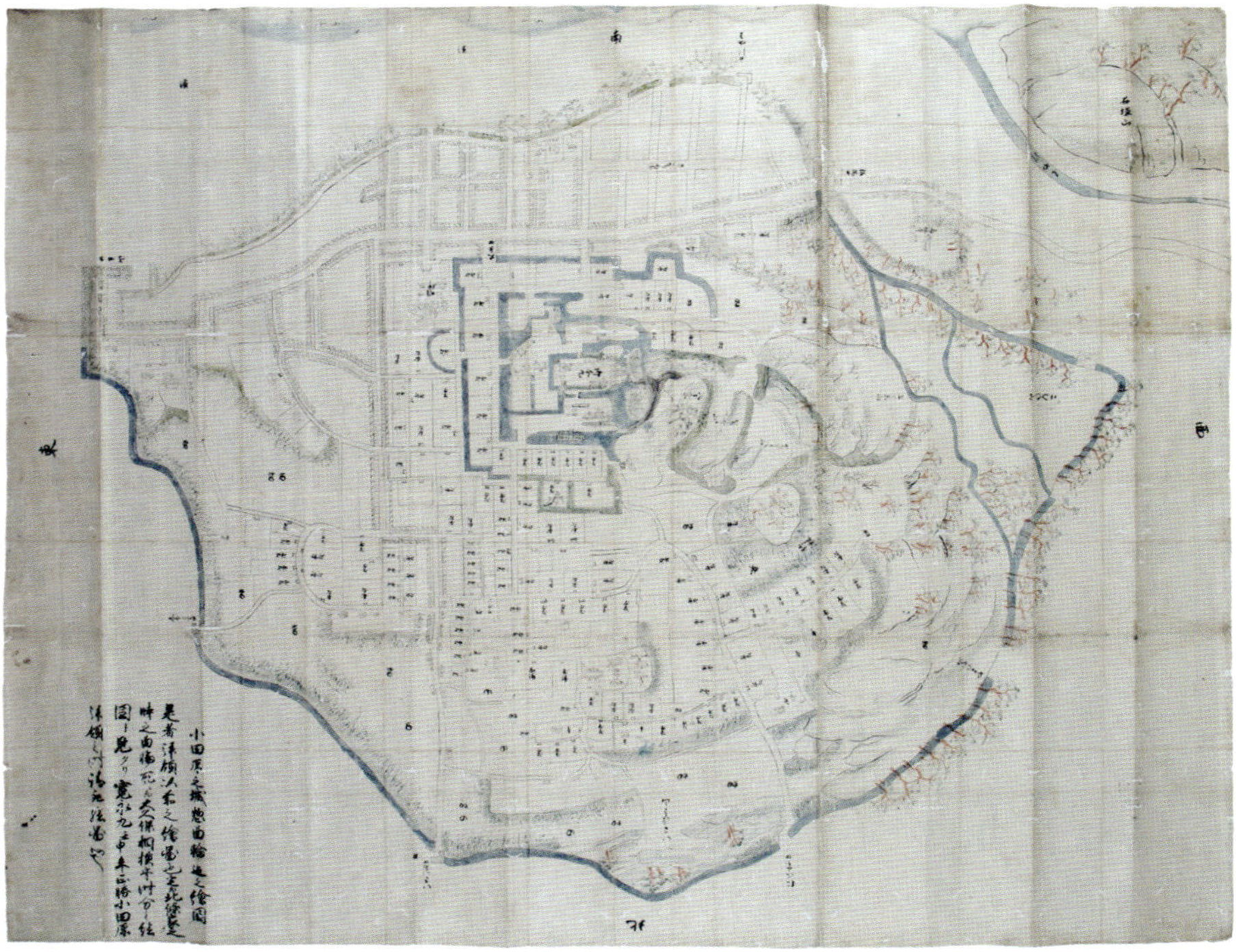

7　相州小田原古絵図（加藤図）　小田原市立図書館蔵

9　金箔かわらけ（小田原城三の丸出土）　小田原市教育委員会蔵

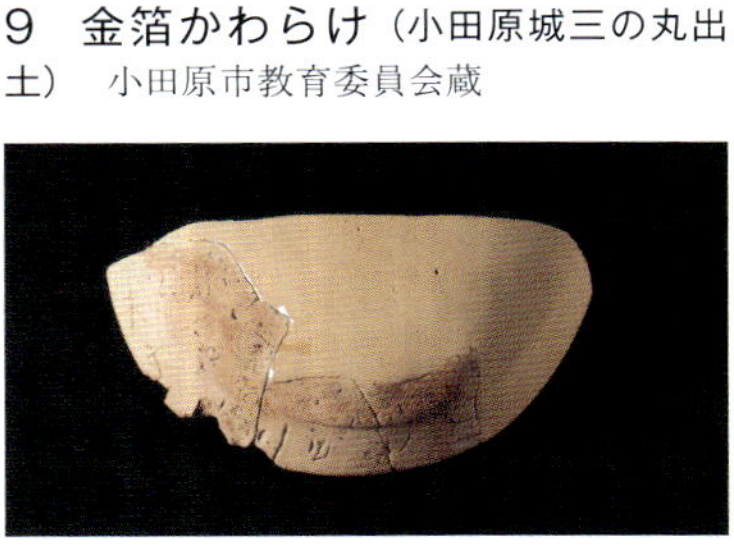

10　天文廿（1551）刻銘かわらけ（小田原城三の丸出土）　小田原市教育委員会蔵

8　本小札紫糸素懸威腹巻（伝北条氏規所用）　小田原城天守閣蔵

戦国大名北条氏の歴史

小田原開府五百年のあゆみ

小田原城総合管理事務所 編
小和田哲男 監修

吉川弘文館

刊行にあたって

二〇一八年は、北条早雲《ほうじょうそううん》こと伊勢《いせ》宗瑞《そうずい》が嫡子氏綱《うじつな》に家督を譲り、小田原《おだわら》が名実ともに戦国大名小田原北条氏（以下、北条氏）の本拠となった永正十五年（一五一八）から五百年目であり、二〇一九年は、永正十六年（一五一九）に宗瑞が没して五百年の節目の年です。これを受けて、小田原市では二〇一八年を「小田原開府五百年」、二〇一九年を「北条早雲公没後五百年」と位置づけ、「北条早雲公顕彰五百年事業実行委員会」を組織し、さまざまな事業を展開してきました。実行委員会の中に学習部会（部会長：諏訪間順）を設け、北条氏や小田原城などの最新の研究成果を市民をはじめ多くの方に知ってもらう「小田原北条セミナー（全六回）」や天守閣特別展「小田原開府五百年～北条氏綱から続くあゆみ～」・「伊勢宗瑞の時代」、シンポジウム「戦国都市小田原の風景」、特別講演会等を開催し、いずれのイベントも好評を博することができました。

本書は、小田原にゆかりの深い先生方と小田原市学芸員による「小田原北条セミナー」と天守閣特別展関連の講演会、さらに二〇一九年三月三十一日の特別講演会「センゴクで小田原北条氏を語る」の内容をもとに、それぞれの講師の方々にご執筆をいただいたものです。

戦国大名北条氏は、初代伊勢宗瑞から二代北条氏綱、三代氏康《うじやす》、四代氏政《うじまさ》、五代氏直《うじなお》まで五代約百年にわたり伊豆から相模、武蔵そして関八州へと勢力を拡大した一族で、戦国の世にありながら家督争いもなく、それぞれの兄弟や家臣団が当主を支え、関八州に支城網を巡らせて広大な領国の経営を行ってきました。

北条氏が代々使用した虎朱印《とらしゅいん》「祿壽應穏（禄寿応穏《ろくじゅおうおん》）」は、「禄（財産）と寿（生命）を応（まさ）に穏やかに」という意味で、北条氏は領民の生命と財産を守っていくという、基本理念をもとにした領国支配を行いました。そして、北条氏は、虎朱印を捺した印判状という文書により、郷村・領民を直接支配するというシステムを整えたものといえます。それが徹底されたため、他の戦国大名と比べて発給文書が多く、圧倒的な数の文書が今日まで残されており、これらをもとにした多くの研究が蓄積されています。このため、数ある戦国大名のなかでも、領国支配や民衆支配のあり方が詳しくわかる大名といえます。

さて、北条氏が本拠とした小田原城は、天正十八年（一五九〇）豊臣秀吉《とよとみひでよし》が来攻した小田原合戦に際して、城下をも取り囲む周囲九キロの総構《そうがまえ》を構築し、我が国最大規模の大城郭に発展しました。小田原合戦に参陣した武将らは、総構で城と城下を囲むという構造を自国に取り入れ、城下町建設を進めたこともわかっています。

小田原合戦の敗戦により北条氏が小田原を離れて以降、徳川氏の譜代《ふだい》大名である大久保《おおくぼ》氏や稲葉《いなば》氏などが小田原城主を歴任し、小田原は江戸の西を守る要の城、東海道《とうかいどう》屈指の宿場町《しゅくばまち》として栄えました。北条氏によって整備が重ねられた小田原城とその城下町は、東国随一の戦国都市であり、それが近世にも引き継がれ、今日の小田原の礎《いしずえ》になっています。

そのような小田原の歴史の最新研究によりまとめたのが本書です。北条氏以前に小田原城を領した大森氏から戦国大名北条氏、そして、近世前半期の大久保氏や稲葉氏の歴史、発掘調査を中心とした小田原城や石垣山《いしがきやま》城などの研究成果などもコラム、トピックとして取り上げました。本書は、戦国大名北条氏と小田原城の歴史のすべてがわかる一冊になったものと自負しています。

本書は、監修を静岡大学名誉教授小和田哲男先生にお願いし、序章として戦国時代の総論を執筆いただき、小田原城総合管理事務所で編集をしました。最後になりますが、本書を刊行するにあたり、執筆諸氏をはじめ関係各位には多大なるご協力をいただきました。この場をお借りして厚く御礼申し上げます。

本書の刊行が「北条早雲公顕彰五百年事業」の締めくくりに相応しい、戦国大名北条氏と小田原城の歴史を広く伝える一助となれば幸いです。

二〇一九年十月

小田原城天守閣館長　諏訪間　順

目　次

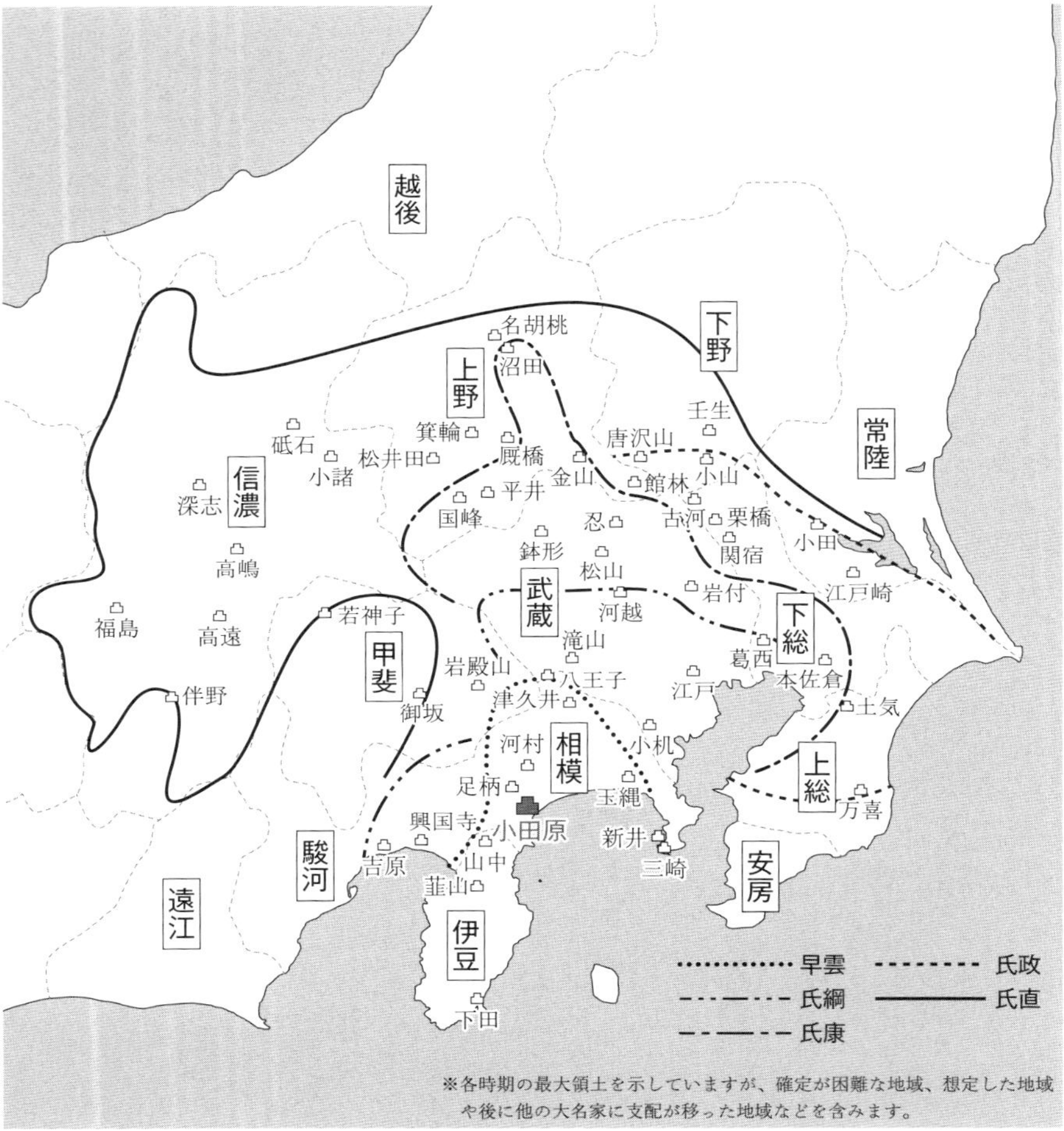

小田原北条氏五代領国範囲　最大領土は天正10年夏頃

伊勢・北条氏略系図

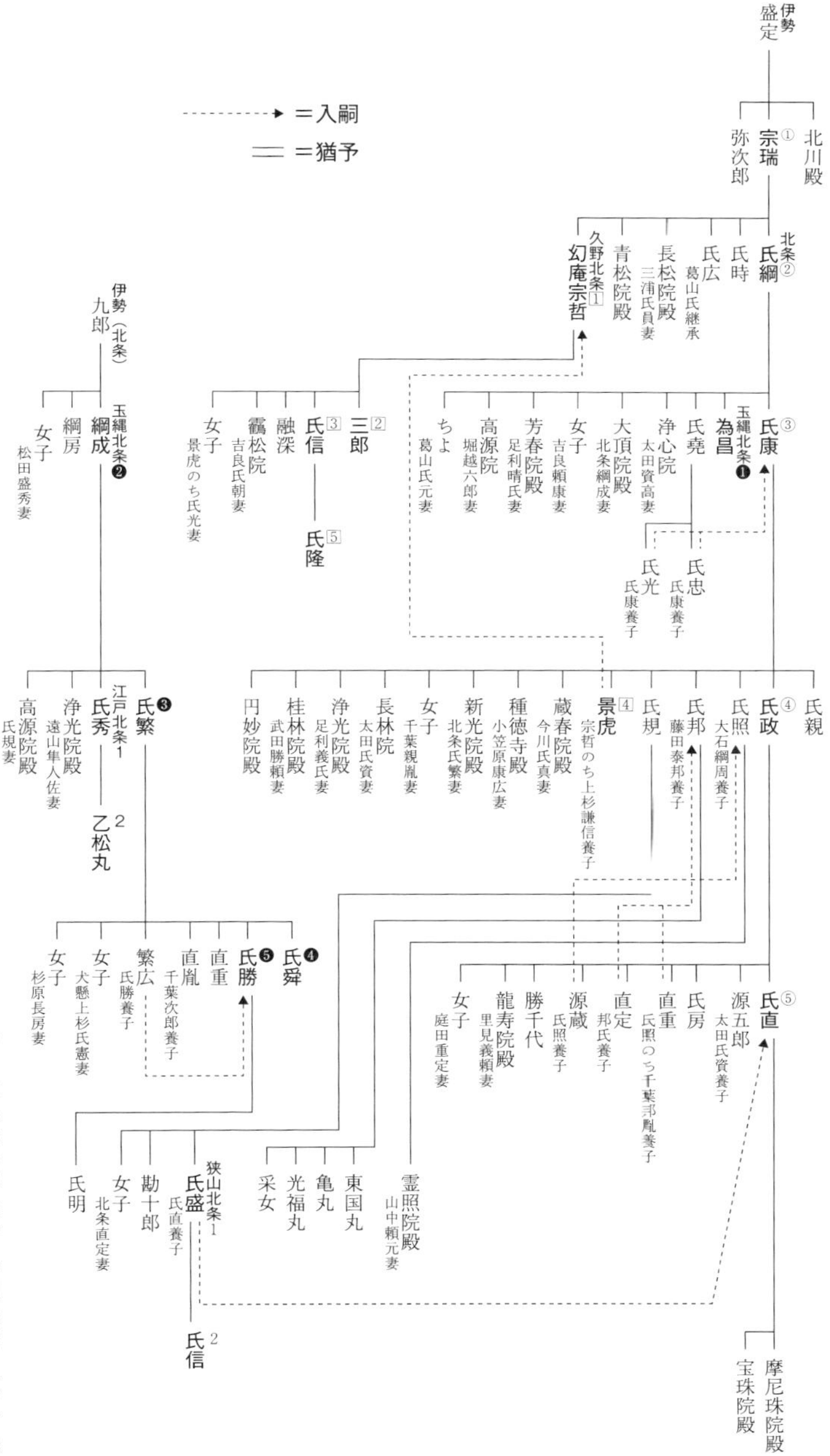

（山口博『北条氏五代と小田原城』二〇一八）

序　小田原北条氏と戦国時代

小和田哲男

(1) 戦国時代の始まりと終わり

戦国百年の時期区分　戦国時代がいつからいつまでなのかという問題については諸説ある。それは、鎌倉時代や室町時代のような形での政権所在地によるものではなく、文字通り、「戦国」という時代状況によるネーミングだからである。そのため、早くみる研究者は、享徳《きょうとく》の乱のおこった享徳三年（一四五四）から戦国時代がはじまったとし（峰岸純夫、二〇一七）、享徳の乱までもっていかないまでも、応仁《おうにん》・文明《ぶんめい》の乱が戦国時代のはじまりとみる研究者は少なくない。

しかし、戦国時代を、戦国大名が力をもった時代ととらえれば、戦国大名権力の登場こそが時代の画期となる。ただ、その場合も「戦国大名とはいかなる権力なのか」といった定義が曖昧なため指標となりにくいという指摘もある。

戦国時代をあらわすキーワードとしてよくいわれているのが、下剋上《げこくじょう》・弱肉強食・合従連衡《がっしょうれんこう》で、このうち、下剋上の代表例として取り上げられているのが、明応二年（一四九三）の伊勢宗瑞《いせそうずい》（北条早雲《ほうじょうそううん》）による伊豆《いず》討ち入り、すなわち堀越《ほりごえ》公方《くぼう》足利《あしかが》茶々丸《ちゃちゃまる》の拠る堀越御所攻めである。

ちなみに、この伊勢宗瑞による伊豆討ち入りであるが、従来は宗瑞の単独軍事行動とされていた。その後、家永遵嗣氏によって、中央政界における明応の政変、すなわち、細川政元《ほそかわまさもと》のクーデターと連動したものであることが明らかにされた（家永、二〇〇〇）。明応二年の宗瑞による伊豆討ち入りを戦国時代のはじまりとみてよいのではないかと考えている。

では、終わりはいつなのか。これについても諸説あり、慶長五年（一六〇〇）の関ヶ原《せきがはら》の戦い、さらには同二十年（元和元、一六一五）の大坂夏《おおさかなつ》の陣《じん》まで戦国時代の範疇に含める人もいる。

しかし、戦国時代を、戦国大名権力が存続していた時代ととらえると、関ヶ原の戦い、ましてや大坂夏の陣までもっていくことはありえない。では、いつなのか。ここはやはり、最後の戦国大名がいつ姿を消したかでみていくしかないのではなかろうか。そうなると、最後まで、あの豊臣秀吉《とよとみひでよし》の天下統一に抵抗し、小田原《おだわら》攻めによって滅ぼされた天正十八年（一五九〇）ということになる。

従って、伊勢宗瑞の伊豆討ち入りから北条《ほうじょう》五代氏直《うじなお》までおよそ百年になる。戦国百年は、北条五代百年の歴史と重なることになる。もっとも、一口に戦国百年といっても時期によって戦国状況にちがいはあり、私は次ページの表に示したように四つの段階に整理している。

伊勢宗瑞のすぐれた施策　そこで、戦国時代の始まりとなった宗瑞の領国経営の新しさについてみておきたい。何といっても際立っているのがその撫民《ぶみん》政策である。注目される一文が『北条五代記』にあるので、その部分を引用しておきたい。

……三十日の中、伊豆一国治りぬ。新九郎《しんくろう》収納する所は、御所の知行《ちぎょう》有計を台所領に納、みな本の侍領知す。其上新九郎高札《こうさつ》を立る。前々の侍年貢過分の故、百姓つかるゝ由聞及びぬ。以来は年貢五つ取所をば二（マヽ）つゆるし、

段階	期間	特徴	代表的な合戦
第一段階	明応二年（一四九三）→ 天文十二年（一五四三）	室町幕府守護体制の崩壊 守護代・国人層の台頭	新井城の戦い　永正九年（一五一二） 田手畷の戦い　享禄三年（一五三〇） 花蔵の乱　天文五年（一五三六） 国府台の戦い　天文七年（一五三八） 月山富田城の戦い　天文十一年（一五四二） 鉄砲伝来　天文十二年（一五四三）
第二段階	天文十三年（一五四四）→ 永禄三年（一五六〇）	旧守護勢力と新興大名が 急速に交代	河越夜戦　天文十五年（一五四六） 小豆坂の戦い　天文十七年（一五四八） 戸石城の戦い　天文十九年（一五五〇） 厳島の戦い　弘治元年（一五五五） 長良川の戦い　弘治二年（一五五六） 桶狭間の戦い　永禄三年（一五六〇）
第三段階	永禄四年（一五六一）→ 天正十年（一五八二）	織田信長による 「天下布武」の戦い	川中島の戦い　永禄四年（一五六一） 稲葉山城の戦い　永禄十年（一五六七） 姉川の戦い　元亀元年（一五七〇） 三方ヶ原の戦い　元亀三年（一五七二） 長篠・設楽原の戦い　天正三年（一五七五） 本能寺の変　天正十年（一五八二）
第四段階	天正十一年（一五八三）→ 天正十八年（一五九〇）	豊臣秀吉による 天下統一の戦い	賤ヶ岳の戦い　天正十一年（一五八三） 小牧・長久手の戦い　天正十二年（一五八四） 四国攻め　天正十三年（一五八五） 戸次川の戦い　天正十四年（一五八六） 高城の戦い　天正十五年（一五八七） 小田原攻め　天正十八年（一五九〇）

図1　戦国時代の諸段階と代表的な合戦

四つ地頭《じとう》おさむべし。此外《このほか》一銭にあたる義《（マヽ）》なり共、公役かけべからず。若法度《もしはつと》に背くともがらあらば、百姓等申出べし。地頭職を取はなさるべき也と云々。是によりて百姓共よろこぶ事限りなし。他国の百姓此由を聞、あはれ我等が国も新九郎殿の国にならばやとねがふと云々。

ここに「新九郎」とあるのが伊勢新九郎盛時《もりとき》、すなわち宗瑞のことである。後述するように、一カ月で伊豆の平定がなったとするのはまちがいであるが、年貢率をそれまでの五公五民から四公六民に下げたことは事実と思われる。その後の北条氏の年貢率が四十%ほどだからである。

宗瑞の撫民政策としてよく知られているもう一つが福祉政策である。これも『北条五代記』に記されているもので、かいつまんでいうと、宗瑞が攻め込んだ伊豆では風病が蔓延していて、それをみた宗瑞が薬を取り寄せ、医師や家臣に病人を介抱させたため、山に逃げていた人びとも村に戻り、宗瑞の配下に加わったという。

従来はこの風病を流行性感冒のようなものと解してきたが、明応七年（一四九八）の明応地震による津波被害との関連性が指摘されている。家永遵嗣氏は「北条早雲の伊豆征服―明応の地震津波との関係から―」（家永、一九九九）で、つぎのように述べる。

これら地震津波による被害の実相を考慮に入れると、早雲が西伊豆に上陸した際に見た住民の惨状、「いかなる家にも五人三人宛、病者ふしてあり、大かた千人にも越つべし」という状況は津波被害の実態に良く符合すると考えられる。

なお、この明応地震の津波については金子浩之氏の『戦国争乱と巨大津波』（金子、二〇一六）にくわしく述べられている。

宗瑞の小田原奪取はいつか　前述したように、『北条五代記』には「三十日の中、伊豆一国治りぬ」と記されており、従来は、一カ月で宗瑞は伊豆を平定したと考えられ、そのわずか二年後の明応四年（一四九五）に相模の小田原城を奪取したととらえられてきた。

一カ月で伊豆平定というのは私が紹介した「大見三人衆由来書」（小和田哲男、二〇〇二）によって否定され、同七年までかかっていたことが明らかになってきており、明応四年説は成り立たなくなってきた。その後の研究で、明応五年七月以降、文亀元年（一五〇一）三月までの間にしぼられてきたが、諏訪間順氏が「小田原開府五百年の歴史」で、「異本塔寺長帳」に「明応九年、北条氏茂入道宗雲小田原城ヲ攻取テ入城ス」とあるのに注目し、明応九年（一五〇〇）の可能性を示唆しており、その可能性がありそうである（諏訪間、二〇一八）。

(2) 関東戦国史の「分水嶺」河越夜戦

両上杉氏と北条氏の抗争　宗瑞は、山内上杉《やまのうちうえすぎ》氏と扇谷上杉《おうぎがやつうえすぎ》氏が争っている間隙を縫って勢力を伊豆から相模まで伸ばし、永正十六年（一五一九）八月十五日、伊豆韮山《にらやま》城で没した。従来、享年八十八とされてきたが、現在、六十四に訂正されている。

跡を継いだのが二代氏綱《うじつな》で、この氏綱のときに武蔵に進出し、その過程で苗字を伊勢から北条に変えている。これは、伊勢というのが西国の苗字で、「他国の凶徒」といわれたことに対する対抗措置でもあった。

その氏綱が亡くなる直前の天文十年（一五四一）五月二十一日付で、子の氏康《うじやす》に宛てた「北条氏綱公御書置」（宇留島常造氏所蔵文書）を残している。たとえば、その第一条では、「大将によらず、諸侍とも義を専に守るべし。義に違いては、たとい一国二国切り取りたりというとも、後代の恥辱いかがわ、天運つきはて滅亡を致すとも、義理違えまじきと心得なば、末世にうしろ指をささるる恥辱はあるまじく候」といい、第二条では「その者の役に立つところを

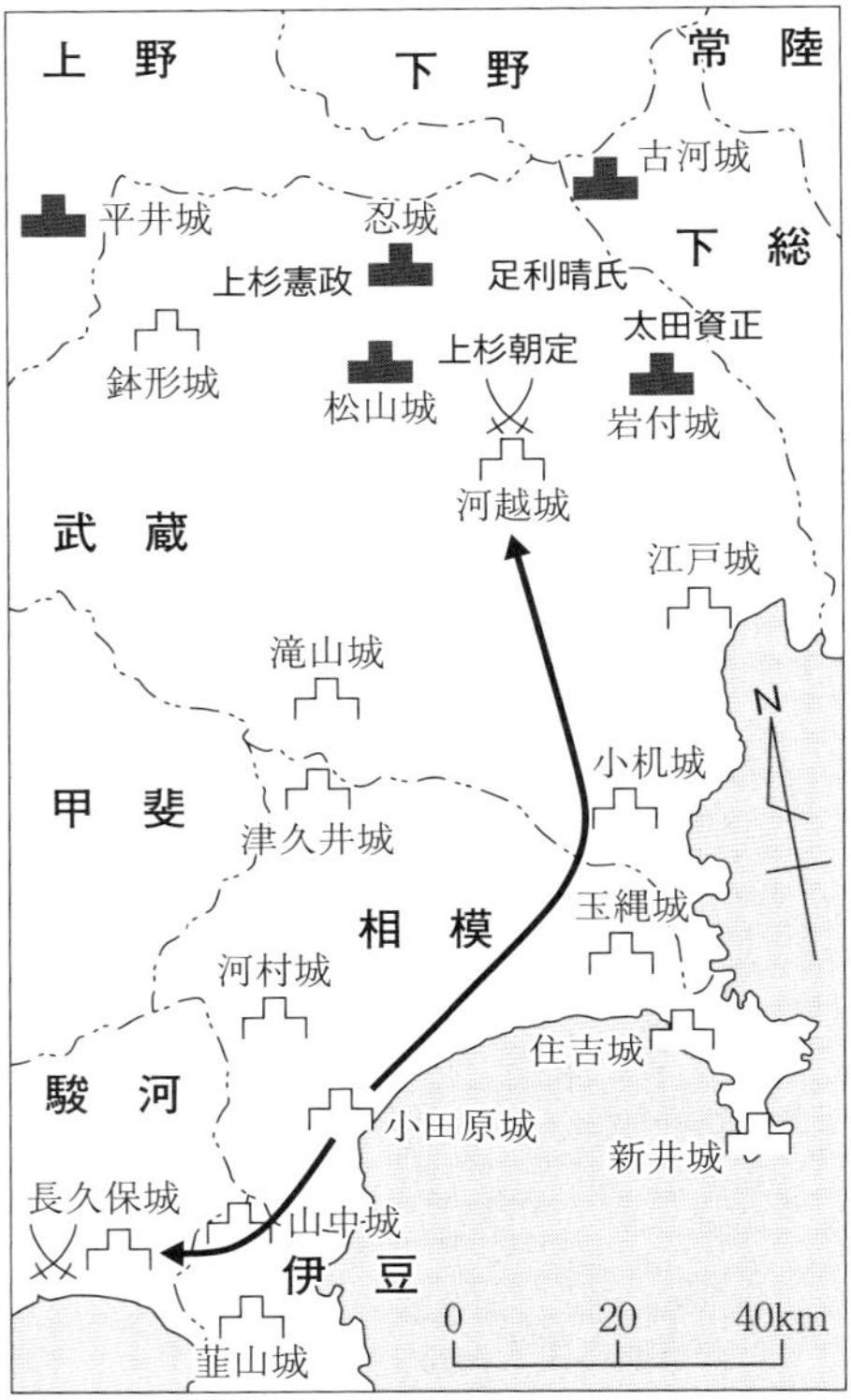

図２　河越夜戦前の状況
（小和田哲男『戦国の合戦』2008）

召しつかい、役に立たざるところをつかわず候て、何れをも用に立て候をよき大将と申すなり」といっている。

三代氏康は、この父氏綱の遺言を守り、北条領国をさらに大きくしているのである。そのターニングポイントとなったのが天文十五年（一五四六）四月二十日の河越《かわごえ》夜戦だった。この河越夜戦による北条氏康の勝利で、関東戦国史の流れが大きく変わることになった。そのため、河越夜戦を私は関東戦国史の「分水嶺」と称している。

実は、氏康はその前年まで駿河・遠江の戦国大名今川義元《いまがわよしもと》とは敵対していた。義元が今川家の家督を継いだ直後、それまで、今川・北条両家が力を合わせて戦っていた甲斐《かい》の武田《たけだ》氏と義元が手を結んだことを怒った氏綱が今川氏と手を切り、富士《ふじ》川以東の富士郡・駿東《すんとう》郡に攻め入り、そこを占領し、子氏康もその方針を受けつぎ、戦いを継続させていた。いわゆる「河東一乱」である。

氏康は、そのころ、山内上杉憲政《うえすぎのりまさ》、扇谷上杉朝定《ともさだ》、それに古河公方足利晴氏《あしかがはるうじ》の三人を敵にまわしており、天文十四年（一五四五）七月になって、義元が河東《かとう》地域の奪還に動きだしたのである。北条方の最前線となっていた吉原《よしわら》城

（静岡県富士市）を攻略し、さらに北条方の拠点となっていた長久保城《ながくぼ》（静岡県駿東郡長泉町）を囲みはじめたのである。

義元の軍勢が長久保城に迫ったという情報を得た氏康は伊豆・駿河国境に兵を出した。その情報をつかんだ山内上杉・扇谷上杉の両軍が好機到来とばかり、北条綱成《つなしげ》および重臣の大道寺《だいどうじ》盛昌《もりまさ》らの守る河越城（埼玉県川越市）に迫ってきた。

氏康にとって、これは文字通り、絶体絶命のピンチであった。このとき、武田信玄が氏康に義元との和平を仲介している。氏康にしてみれば渡りに舟で、その仲介を受けいれ、駿河から軍勢を撤退させ、河越城救援に向かう態勢を作っているのである。その意味で、河越夜戦は、敵を一つにしぼった氏康の作戦勝ちでもあった。

特筆される氏康の民政手腕　軍事・外交手腕だけでなく、氏康の民政手腕も注目される。北条氏は初代の宗瑞が永正三年（一五〇六）に相模ではじめて検地《けんち》を行ってから、たびたび検地をくりかえしているが、特に「代替わり検地」とよばれる検地がある。これは、当主が亡くなって代が替わったとき、かなり大規模に行われている。氏康も家督を相続した天文十年（一五四一）の翌年から翌々年にかけて、相模中央部、武蔵東南部、さらに伊豆の一部に大がかりな一斉検地を行っている。

そしてもう一つ、氏康の施策として目を引くのが天文十九年（一五五〇）に行われた税制改革である。それ以前の北条氏の税制は、諸点役とよばれる種々雑多な前時代からの系譜を引く諸役があり、それを氏康は、貫高の六％の段《たん》銭《せん》と、貫高の四％の懸銭《かけせん》とに整理統合し、すっきりとしたものに衣更えしているのである。ほかに税として家屋を単位とする棟別銭《むねべちせん》があり、この段銭・懸銭・棟別銭の三つが北条氏の三税とされた。戦乱による民衆の疲弊を改善するために取りくまれたこの税制改革により、北条氏の力はさらに強固なものになっていったのである。

なお、氏康の施策としてもう一つ特筆されるのが「北条氏所領役帳」の作成である。これは、従来、「小田原衆所領役帳」の名で知られていた。表紙の部分の名前が全体の書名として伝えられてきたためで、小田原衆だけでなく、御馬廻衆《おうままわりしゅう》・玉縄《たまなわ》衆・江戸衆・松山衆・伊豆衆などから成っている。

これは、永禄二年（一五五九）に作成されたもので、氏康が、家臣に賦課《ふか》する軍役《ぐんやく》や普請《ふしん》役などの諸役を徴収するための基本台帳としたのである。小田原衆および御馬廻衆は当主直属の家臣団、玉縄衆・江戸衆は、それだけの支城主の支配を受ける家臣団が書き上げられており、江戸衆の後半部分は河越衆として独立して記載されるべきものだということが明らかにされている。北条氏は、これら支城主に一族の者や重臣を配し、家臣団統制がかなりの段階まで到達していたことを示している。

(3) 小田原合戦と北条氏の滅亡

織田信長・徳川家康と氏政・氏直　氏康のとき、武田信玄・今川義元と同盟を結んでいる。これが「甲相駿三国同盟」で、信玄は北の信濃《しなの》へ、義元は西の三河《みかわ》へ、そして氏康は東の下総《しもうさ》へ、それぞれ版図を広げている。ところが、永禄三年（一五六〇）五月十九日の桶狭間《おけはざま》の戦いで今川義元が織田信長に討たれたことでこの「甲相駿三国同盟」も破綻するのである。

同十一年（一五六八）、信玄が徳川家康《とくがわいえやす》と結んで今川氏真《いまがわうじざね》を攻めたことで、氏真に娘を嫁がせていた氏康は信玄と手を切っている。ところが、その後、氏康の死後、氏政は信玄との同盟関係を復活させている。

信玄死後、子勝頼《かつより》の代も同盟関係は維持されており、天正五年（一五七七）には氏政の妹が勝頼に嫁いでいる。ところが、翌六年、上杉謙信《うえすぎけんしん》没後におこった御館の乱で、勝頼が氏政の弟上杉景虎《かげとら》を支援せず、逆に敵対者の上杉景勝《かげかつ》を支援したことで、再び両家は断絶状態となり、同十年（一五八二）三月の織田《おだ》信長《のぶなが》による甲州攻めに際しては、氏政・氏直は関東口を担当している。

しかし、その直後、本能寺《ほんのうじ》の変で信長が明智《あけち》光秀《みつひで》に討たれると、氏政・氏直は信長家臣として上野に派遣されてきていた滝川一益《たきがわかずます》を神流川《かんな》の戦いで破り、さらに、旧武田領の甲斐・信濃に攻め込んでいるのである。そこで同じように甲斐・信濃の占領を目論む徳川家康の軍勢と戦うことになった。これを若神子《わかみこ》の陣とよんでいる。

両軍がしばらく対峙する形となったが、その間に上杉景勝らの動きがあり、お互い、敵対しているのは得策でないという判断で講和を結ぶことになった。そのとき、家康の娘の督姫《とくひめ》が氏直に嫁ぐことが決まった。このあと、家康は甲斐・信濃両国を平定し、武田氏滅亡直後に信長から与えられた駿河国を合わせ、それまでの遠江・三河とで五ヵ国の大名となったのである。

豊臣秀吉の小田原攻め

その家康が、羽柴《はしば》（天正十三年から豊臣《とよとみ》）秀吉《ひでよし》と距離を置いている間はよかった。ところが、家康が天正十四年（一五八六）、秀吉に臣従したことで、氏政・氏直父子は苦しい立場に立たされることになった。秀吉は「惣無事《そうぶじ》の論理」で北条氏に屈服を迫り、それに対し北条氏側は、百姓大量動員態勢と小田原城の大外郭、すなわち惣構《そうがまえ》の構築を進めている。

結局、天正十八年（一五九〇）の秀吉による小田原攻めを迎えることになり、二一万とも二二万ともいわれる大軍を相手に戦ったものの、各地に散らばる支城が秀吉軍の各個撃破で落とされ、氏直は黒田官兵衛の降伏勧告を受けいれ、開城となった。これによって、最後まで残っていた戦国大名権力は姿を消したのである。

1章　乱世に立ち向かう――大森氏と伊勢宗瑞の時代――

森　幸夫

(1)大森氏の登場

鎌倉・南北朝期の大森氏　大森氏は駿河国駿東《すんとう》（駿河）郡大森を出身地とする武士で、藤原姓を称した。葛山《かつらやま》氏と同族とされている。駿東郡とは現在の静岡県御殿場市・裾野市・小山町などを含む、足柄峠や箱根山の西側の地域にあたり、郡内には大沼鮎沢御厨《おおぬまあゆさわみくりや》という伊勢神宮の所領があった。大森の地が御厨のどの場所であったかははっきりしていない。

鎌倉幕府が編さんした歴史書『吾妻鏡《あづまかがみ》』に、大森氏の名は見出せないが、承久の乱（一二二一）を描いた軍記『承久記』（慈光寺《じこうじ》本）には、幕府の東海道大将軍北条泰時《ほうじょうやすとき》に従軍する「大森弥二郎《やじろう》兄弟」がみえる。弥二郎兄弟の実名や活躍の様子は不明だが、大森氏が鎌倉御家人となっていたことがわかる。また四国阿波の長塩《ながしお》氏は大森氏の庶子《しょし》とされている（『見聞諸家紋《けんもんしょかもん》』）ので、承久の乱の戦功によって、大森氏が阿波《あわ》国に所領を獲得したことが考えられる。

駿河国は北条氏嫡流（得宗《とくそう》）が継承した守護国であり、同国御家人には得宗の家人（得宗被官《とくそうひかん》）となった者が少なくなかった。鎌倉末期になると、大森氏も得宗被官として姿をみせる。徳治二年（一三〇七）五月、大森右衛門入《うえもんにゅう》

図3　上空からみた大沼鮎沢御厨方面の景観

道《どう》（実名未詳）が北条貞時《さだとき》の家人として所見し、元亨三年（一三二三）には同人が、北条高時《たかとき》が鎌倉円覚寺《えんがくじ》で行った父貞時の十三回忌に際して銀剣一腰と馬一匹を進上している（「円覚寺文書」）。この大森右衛門入道による進物は、北条氏一族の江間《えま》平内《へいない》や北条氏の有力被官渋谷氏らと同じであり、当時の大森氏の地位と財力の一端がうかがえる。おそらく鎌倉にも宿所を有していたと考えられる。

元弘三年（一三三三）五月鎌倉幕府は滅亡するが、大森氏が北条氏とともに滅びることはなかった。また同族の葛山氏も大森氏と同様に、御家人から得宗被官となっていたものの、一族は生き残った。南北朝動乱期の大森氏の動向はよくわからないが、『太平記』巻三十一によれば、正平七年（一三五二）閏二月、東国で足利尊氏《あしかがたかうじ》打倒のため、南朝方として挙兵した新田《にった》氏に、酒匂《さかわ》・松田・河村・中村氏らとともに味方したことが知られる。

関所の預人大森氏　康暦二年（一三八〇）六月、鎌倉公方《かまくらくぼう》足利氏満《うじみつ》は、鎌倉円覚寺の造営のため、「大森・葛山関務半分」の替えとして、箱根山の葦川宿《あしかわしゅく》辺りに三年間の関所設置を認めた（「円覚寺文書」）。ここで鎌倉公方氏満が関所の設置を許可したのは、通行料を徴収し造営費用に充てさせるためである。また葦川宿の関所を置く以前には、「大森・葛山関務」の半分が、造営費用に充当されていたこともわかる。「大森・葛山関務」とは、「関所」ではなく「関務」とあるから、大森氏と葛山氏が通行税をとっていた役割を指していよう。大森・葛山両氏の本拠地から判断すると、場所は不明ながら、箱根山や足柄山付近にある関所を管理して関銭を徴収し、その半分を円覚寺に納めていたと考えられる。南北朝時代の末期、大森氏が関所の預人として姿を現したのである。

大森氏は、駿河国駿東郡という、関東との境界領域を本拠とする領主であり、箱根山や足柄山など境目地域にも影響力を浸透させていたと考えられる。直接的な史料はないのだが、鎌倉北条氏の得宗権力は、守護職を多数保有し、東海道沿いの要衝の地を所領とするなど、交通路支配に深く関わっていたから、得宗被官であった大森氏が、鎌倉時代から境目地域に進出していた可能性は高いと思われる。

応永五年（一三九八）九月、大森彦六入道《ひころくにゅうどう》（長親カ）が円覚寺領の駿河国佐野郷の代官となった（「円覚寺文書」）。佐野郷も、境界領域である駿東郡に所在した所領である。

応永十三年七月には、大森信濃守頼春《しなののかみよりはる》が、円覚寺法堂《はっとう》造営料所の伊豆国府中《ふちゅう》関所の代官となり、毎年百五十貫文の運上を約束している（「円覚寺文書」）。伊豆国府とはいまの静岡県三島市であり、伊豆の中心地で交通の要衝であった。駿東郡と隣接する、伊豆国田方《たがた》郡内に所在した。大森氏が国境を越え伊豆国にまで進出し活動していることがわかる。請負額の銭百五十貫文は、仮に銭一貫＝米一石＝十万円として計算すると、千五百万円相当である。この金額はあくまで、大森頼春が円覚寺に毎年の納入を約束した額であるから、関銭徴収者である頼春の懐には、もっと多額の銭が入ったに違いない。

(2)大森氏の小田原進出

相模国西郡の成立　南北朝内乱が終結し、安定期を迎えた十五世紀初めは、政治や社会の変わり目の時代であった。相模国ではこの時期に、西郡・東郡という新たな郡制が成立し、定着する（森幸夫、二〇一二）。

西郡・東郡の郡名は応永年間（一三九四～一四二八）からみえる。西郡は応永十二年（一四〇五）が初見（小田原市千代の蓮華寺「木造日蓮聖人坐像胎内墨書銘《たいないぼくしょめい》」）で、東郡は同二十八年初見である（『新編相模《しんぺんさがみの》国風土記稿《くにふどきこう》』巻四十四、大住郡下糟屋《しもかすや》村八幡宮「石灯籠銘写《いしとうろうめいうつし》」）。律令制下の足柄上《あしがらかみ》・足柄下《あしがらしも》郡が西郡に、余綾《ゆるぎ》・大住・愛甲・高座《こうざ》・鎌倉郡などが東郡となった。相模川以西の余綾・大住・愛甲郡が東郡に含まれていることが大きな特徴である。相模守護は応永後半以降、東郡を管轄領域としていたことが知られる。余綾郡にあった相模国府の地は、中世においても国内支配の拠点であったと思われるから、相模川以西の一部地域が東郡に編成されたのは、国府所在地が余綾郡であったことが関係していよう。

図4　蓮華寺の日蓮聖人坐像

なぜこの時期に新たな郡制が成立したかが問題となるが、西郡について考えてみると、①この地域が鎌倉府の御料《ごりょう》所《しょ》に準ずる地域となったこと、②元来、足柄上・足柄下郡が一体的要素を持っていたこと、③鎌倉初期以来、足柄下郡が西富《にしとみ》郡とも呼ばれ、西という地理的状況が強く意識されていたこと、などの要因によって、西郡が成立したとの推定が可能である。

西郡は仏像の胎内銘、東郡は石灯籠の銘文《めいぶん》が初見史料であった。どちらも地域に密着した史料であり、鎌倉公方や相模守護ら権力者が出した文書などではない。西郡・東郡の編成は、最終的には、鎌倉府という政治権力によって承認・設定されたのであろうが、西という地理的状況を強く意識していた足柄上・下郡域の人びとによって、西郡名が唱えられて次第に定着し、ついで東郡が生じた可能性が高いと思う。西郡は自然発生的に、東郡はこれをうけ鎌倉府という公権力によって設定されたと考える。相模川を挟む東郡域の編成は、高度な政治権力によるものとする以外に考えにくいのである。

このように、一五世紀初め頃、足柄上・下郡域の人びとによって西郡名が唱えられるようになり、地域意識が確かなものとなっていた。このような時代に小田原地方に進出してくるのが大森氏であった。

大森氏略系図

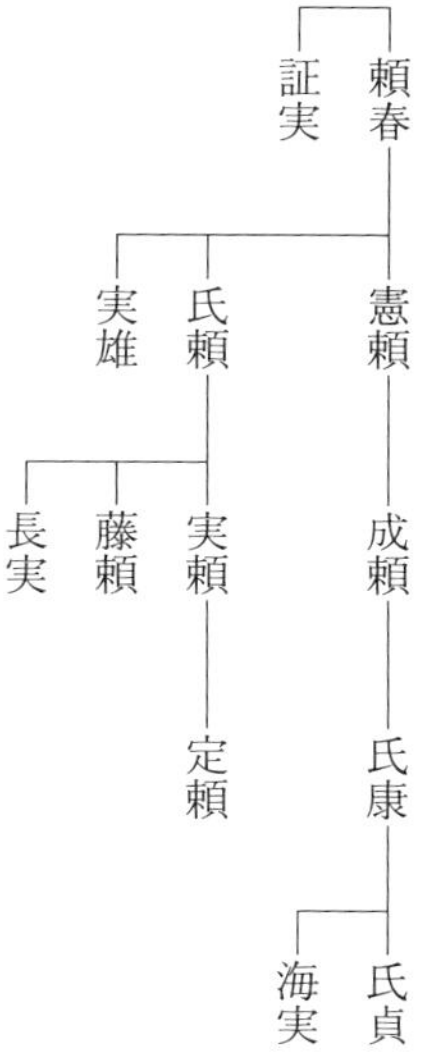

大森氏の小田原進出　応永二十三年十月、上杉禅秀《うえすぎぜんしゅう》の乱が勃発し、鎌倉公方足利持氏《もちうじ》は鎌倉を追われ、小田原や箱根《はこね》を経て駿河の大森館へ逃れた。大森頼春の兄弟で、箱根権現別当《ごんげんべっとう》であった証実《しょうじつ》が大森館への持氏の逃走を手助けしたという。反乱は翌年正月には平定され、公方持氏は鎌倉に帰還する。大森氏はこの乱での勲功により、相模西郡に進出する。大森氏は上杉禅秀の乱を契機として、京都の室町幕府管轄下の駿河国人《こくじん》でありながら、鎌倉公方の家臣と

なったのである。

ただし大森氏は、先にみたように、南北朝後期頃から関所の預人として鎌倉府の管轄領域（関東八カ国と伊豆・甲斐）で活動していた。円覚寺造営のため、関銭を徴収したり、所領の代官を務めた。円覚寺は、足利氏が保護した鎌倉五山の大寺院であったから、早い時期からの、大森氏と鎌倉公方足利氏との接触が推測できる。また大森頼春が関銭徴収をおこなった伊豆府中は、伊豆守護を兼任した関東管領《かんとうかんれい》山内《やまのうち》上杉《うえすぎ》氏の拠点のひとつである。大森氏と山内上杉氏とのつながりもあったとみてよい。さらに箱根別当証実は、別当の前任者とみられる鶴岡八幡宮《つるがおかはちまんぐう》弘賢《こうけん》が応永十七年に没しているので、応永十年代後半には別当に就任していたと考えられる（森幸夫、二〇〇六）。箱根権現は鎌倉公方が崇敬した神社であり、公方の祈禱をしばしば行っていたのである。

鎌倉公方と室町将軍とは、世代を重ねるにつれ対立することが多くなり、鎌倉・京都両勢力間で政治的緊張が続いていた。鎌倉公方足利氏はこのような政治状況のなかで、駿河と相模・伊豆など境界地域に勢力を持つ大森氏と、南北朝後半頃から関係を持ち、上杉禅秀の乱を契機として自己の勢力下に取り込んだのである。

上杉禅秀（氏憲《うじのり》）は犬懸《いぬがけ》上杉氏の出身で、前関東管領であった。千葉氏や岩松氏、武田氏など守護級の大豪族が禅秀の反乱に加わり、相模の曽我・中村・土肥・土屋氏らもこれに与した。しかし将軍足利義持《よしもち》が足利持氏を支援したことにより、応永二十四年正月、反乱軍は鎮圧される。軍記『鎌倉大草紙《かまくらおおぞうし》』によると、「大森式部大輔《しきぶのたいふ》」は駿河守護の今川氏に属し、持氏方として戦ったという。この式部大輔の名前は不明だが、頼春やその子憲頼《のりより》が反乱軍鎮圧のため参戦したことは間違いないだろう。

『鎌倉大草紙』は、大森氏が勲功賞として土肥氏らの没収地を獲得し、小田原へ移ったと記す。応永二十八年八月に、大森民部少輔《みんぶのしょう》憲頼が相模西郡飯田郷の田地を、同二十九年八月には、出家し道光《どうこう》と名乗っていた頼春が同郡内狩野荘の田地を鮎沢御厨の二岡《にのおか》神社に寄進している（「内海文書」）。これらの事実から、大森氏が小田原周辺の地域に進出したことは疑いない。そして相模守護の職権は西郡には及ばなかったから、鎌倉公方持氏は大森氏に対し、境界地域である西郡域の、小田原周辺の統治を委ねたといえる。大森一族が任じた箱根別当も、その役割の一端を担ったと考えられる。

大森氏の内部対立　永享三年（一四三一）九月、箱根別当証実が死去する。証実は、鎌倉公方足利持氏から、熊野堂や箱根権現の造営などを任されていた（「金沢文庫文書」）が、その死去によって、持氏周辺が「もってのほか周章《しゅうしょう》」つまり「たいへんあわてふためいた」と、室町幕府の政治に関わった醍醐《だいご》寺《じ》三宝院満済《さんぼういんまんさい》の『満済准后日記《まんさいじゅごうにっき》』にみえる。証実が箱根別当として箱根山周辺を支配していたのみならず、鎌倉公方の側近く仕えていたことをうかがわせる記事である。

翌永享四年十月、鎌倉公方持氏は「信濃守」に対し、松岡八幡宮《まつがおかはちまんぐう》修理のため、小田原関所で三年間の関銭徴収を命じた（「鶴岡八幡宮文書」）。松岡八幡宮は足利氏によって創建された鎌倉の神社であるが、この命令を受けた信濃守がだれであったかが問題となる。従来、大森頼春にあてる説と、大森氏頼《うじより》とみる説とがある。結論からいえば、大森氏頼説が正しいと考える。

先記したように、大森頼春はこの当時すでに出家しており、法名《ほうみょう》道光を名乗っていた。したがって通称は信濃入道であり、信濃守ではない。いっぽう大森氏頼は頼春の子であり、信濃守にふさわしい。氏頼の生年は不明だが、寛正四年（一四六三）には「老体」であったという（『御《ご》内書案《ないしょあん》御《ご》内書引付《ないしょひきつけ》』）。仮にこの年に六十歳とすれば、応永十一年（一四〇四）生まれとなる。永享四年では二十九歳であり、信濃守に任官できる年齢であった。

さて、この信濃守が大森氏頼であることは重要な意味を持つ。それは氏頼が、父と同じ信濃守に任じており、頼春の家督《かとく》と考えられるからである。頼春には憲頼という子もいたが、憲頼は民部少輔を経て伊豆守に任じた。官職からみて憲頼は、頼春の後継者とは位置づけにくい。氏頼は憲頼よりもかなり年下と思われ、上杉禅秀の乱に出陣した形跡もない。しかし頼春によって家督とされたのである。おそらく母親の出自が、憲頼よりも優っていたのだろう。氏頼は大森氏の嫡子として、鎌倉公方足利持氏から「氏」の字を与えられたとみられる。氏頼は、大森家を継承できた感謝の念もあってであろう、後年「父恩」に報いんとしていることも知られる（『玉隠和尚語録《ぎょくいんおしょうごろく》』）。これらのことから、永享四年頃には氏頼が大森氏の家督で、小田原もその掌握下にあったと考えられるのである。

　永享年間（一四二九～一四四一）後半になると、鎌倉府と室町幕府との対立は深刻化し、永享十年八月、ついに将軍足利義教《よしのり》は鎌倉公方持氏討伐のための軍勢を鎌倉に派遣する。この永享の乱と呼ばれる戦いで、大森憲頼は持氏方として奮戦している。持氏と敵対した関東管領山内上杉憲実《のりざね》の拠点のひとつ河村城を攻め落とし（「三村文書」）、また持氏から伊豆守護に任じられたとみられる（『看聞日記』）。箱根山の水呑《みずのみ》でも憲頼は、兄弟の箱根別当実雄《じつゆう》とともに、京方の軍勢とよく戦った（「公名《きんな》公記《こうき》」『永享記』）。しかし鎌倉軍は敗北し、公方持氏も翌永享十一年二月に自害し、乱は終結する。

　大森憲頼がこのように、永享の乱で奮戦したのは、かれが鎌倉公方持氏の側近であったことを物語る。おそらく憲頼は、弟でありながら大森氏家督となった氏頼に対抗するため、持氏とより親密な関係を築いたのであろう。これに対し、氏頼の永享の乱での動向はまったく不明である。庶兄《しょけい》憲頼との関係から、氏頼が公方側に与することはなかったと考えられる。氏頼の代になり、大森氏は内部対立を生じ、憲頼は鎌倉公方方としての立場を貫いたのである。

(3)大森氏頼の時代

氏頼と小田原　永享の乱は終わり、大森氏頼と憲頼との対立は氏頼側の勝利となったといえる。しかし永享十二年（一四四〇）、結城《ゆうき》氏朝《うじとも》が足利持氏の遺児を奉じて下総《しもうさ》結城城で挙兵すると、大森憲頼や実雄がこれに応じる動きをみせ、駿河守護今川範忠《のりただ》が平塚に、蒲原《かんばら》播磨守が国府津に陣を取り、これに備えたという（『永享記』）。憲頼らは永享の乱で戦死することはなく、相模西郡の周辺で勢力を保っていたとみられる。なお実雄は箱根別当であったが、永享の乱のときに、別当職を解任されている。

嘉吉元年（一四四一）に早川の海蔵寺《かいぞうじ》が、文安二年（一四四五）に久野《くの》の総世寺《そうせいじ》が開創されたという（『新編相模国風土記稿』）。ともに曹洞宗の禅寺で、開山は大森一族とされる安叟宗楞《あんそうそうりょう》である。両寺の創建に際し、大森氏頼が助力したことは疑いない。一族間の対立を乗り越え、氏頼が小田原とその周辺の支配を固めようとしていることがうかがえる。

ところで、宝徳四年（一四五二）四月鎌倉府は、鶴岡八幡宮の一切経《いっさいきょう》修理のため置かれた小田原宿関所に禁制を下し、違乱・狼藉を禁じている（「鶴岡八幡宮文書」）。このときの関賃徴収者が大森氏であったかどうかは不明だが、禁制が出されたということは、小田原宿での関銭徴収に際し、違乱・狼藉が頻発していたことを示す。この点から考えると、大森氏頼による小田原支配はいまだ不安定なものであったと推測される。憲頼流もまだ西郡周辺に勢力を持っていたのである。

戦乱のなかの氏頼　享徳三年（一四五四）十二月、鎌倉公方足利成氏《しげうじ》が関東管領山内上杉憲忠《のりただ》を謀殺し、享徳の乱がはじまる。室町幕府は上杉氏を支持して、成氏追討をはかるが、成氏は下総古河《こが》に移り（古河公方《こがくぼう》）、関東は長期におよぶ戦乱状態となる。

憲頼流の大森氏は成氏方として戦っている。また『鎌倉大草紙』によれば、康正二年（一四五六）頃に、大森頼春父子が「小田原の城をとり立、近郷を押領」したという。この大森頼春父子についてはこれまで、頼春・憲頼とされているが、頼春・氏頼とみるべきであろう。戦乱の長期化とともに、小田原城が要害化されていくのである。大森氏頼によって、小田原城が本格的に築かれたと考えられる。

さて長禄元年（一四五七）十二月、将軍足利義政は、足利成氏に替わる新たな公方として兄弟の足利政知《まさとも》を任じ、伊豆に下向させた（堀越公方《ほりごえくぼう》）。しかし古河公方成氏征討ははかどらず、堀越公方政知の重臣渋川義鏡《しぶかわよしあき》の強権発動などによって、かえって幕府・上杉方の足並みは乱れた（家永遵嗣、一九九五）。寛正二（一四六一）、三年頃、相模守護の扇谷上杉持朝《おうぎがやつうえすぎもちとも》や三浦時高らが堀越公方の方針に対し不満を露わにしている。氏頼の嫡子《ちゃくし》大森信濃権守実頼《しなのごんのかみさねより》も、堀越公方奉行人《ぶぎょうにん》が小田原に宿し、その所領に入部しようとしたことなどから、堀越公方に非協力的な姿勢を示した。これらに対して将軍義政は、寛正三、四年に、氏頼（当時明昇庵主《みょうしょうあんしゅ》・寄栖庵《きせいあん》と号す）に上洛を促している（『香蔵院珍祐記《こうぞういんちんゆうき》録《ろく》』『御内書案御内書引付』）。氏頼が上洛したかは定かでないが、義政は、氏頼との協議によって事態の収拾をはかろうとしたのである。氏頼の実力と声望とがうかがえよう。

文明九年（一四七七）五月、大森実頼は、関東管領山内上杉顕定《やまのうちうえすぎあきさだ》に背いた長尾景春《ながおかげはる》と武蔵用土原《ようどはら》で戦った。この頃、太田道灌《おおたどうかん》とともに武蔵・相模・下総を転戦している（『太田道灌状』）。この太田道灌によって、文明十年、大森伊豆守の拠る小田原城が攻め落とされたとする説がある。伊豆守は憲頼流大森氏であるから、これ以後大森氏頼が小田原城に入ったと考えるのである。しかしその典拠となる『太田家記』には、伊豆守が箱根に逃げたとあるのみで、肝心の小田原に関する記載はまったくない。永享の乱頃に、氏頼の小田原支配が動揺した可能性は少なくないが、これまでに述べてきたように、大森氏頼流が一貫して小田原城主であったと考えられる。憲頼流は当時、西郡周辺に拠点を有していたにすぎず、小田原城主であったとするのは無理だと思う。

文明十四年（一四八二）十一月、将軍義政と古河公方成氏とが和睦し、享徳の乱は終わる。だが長享元年（一四八七）十一月、今度は、関東管領山内上杉顕定と扇谷上杉定正《さだまさ》とが敵対し、長享の乱がはじまる。この乱に際して、大森氏は扇谷上杉氏方として戦う。『太田道灌状』によると、山内上杉顕定は、勲功のあった大森実頼よりも、功績のない河村大和守を登用しようとしていたとあるから、大森氏が山内上杉氏方とならなかったのは当然である。相模西郡で勢力を維持するためにも、扇谷上杉定正に従ったのである。実頼はすでに没していて、氏頼の晩年である。当時の大森氏家督は、実頼の子定頼《さだより》、あるいは実頼の弟藤頼《ふじより》とみられるが、確定できない。氏頼は明応三年（一四九四）八月二十六日に死去したと伝える（「乗光寺過去帳《じょうこうじかこちょう》」）。かなりの高齢であったろう。

(4)伊勢宗瑞の出身と戦国大名への道のり

将軍の側近だった宗瑞　大森氏から小田原城を奪ったとされるのが伊勢宗瑞《そうずい》である。宗瑞は北条早雲《そううん》と呼ばれることが多いが、伊勢氏が北条氏に名字を改めるのは次代の氏綱《うじつな》以降であり、宗瑞が北条を名乗ったことはない。宗瑞の俗名《ぞくみょう》は伊勢新九郎《しんくろう》盛時《もりとき》で、出家後に早雲庵宗瑞《そううんあんそうずい》と号している。本章では叙述の都合上、伊勢宗瑞の表記については、本節ではおもに俗名盛時で記し、次節以降は法名宗瑞で書くこととする。

図5　北条早雲（早雲寺蔵）

盛時は伊勢盛定《もりさだ》の子で、母は室町幕府政所執事《まんどころしつじ》伊勢貞国《さだくに》の娘（伊勢貞親《さだちか》の姉妹）である。伊勢氏は将軍の側近く仕えた存在で、幕臣のなかでも名家である。盛時はこれまで、永享四年（一四三二）の誕生とされていたが、康正二年（一四五六）生まれとする説が近年有力となっている（黒田基樹、二〇一三）。

さて盛時は、父盛定と同様に、将軍への取次役である申次衆《もうしつぎしゅう》に任じられた。文明十五年（一四八三）十月、将軍足利義尚《よしひさ》の申次となっている（『慈照院殿年中行事《じしょういんどのねんちゅうぎょうじ》』）。また盛時の姉妹北川殿《きたがわどの》は駿河守護の今川義忠《よしただ》に嫁いで、文明五年に氏親《うじちか》を産んでいた。この婚姻関係は、伊勢盛定が今川氏の申次を担当していたことに由来すると考えられている（家永遵嗣、一九九九）。

このように盛時は側近として将軍に仕えた。長享元年（一四八七）四月、前権中納言甘露寺《ぜんごんちゅうなごんかんろじ》親長《ちかなが》が将軍義尚の病気を見舞ったとき、伊勢新九郎盛時が申次であったことが、その日記『親長卿記《ちかながきょうき》』にみえている。伊勢宗瑞の前身は将軍の側近であったのである。

宗瑞の駿河下向　盛時は、長享元年に駿河に下向して小鹿《おしか》範満《のりみつ》を討ち、甥の今川氏親（当時は龍王丸）を今川氏の家督につけた。これは文明八年の今川義忠の戦死後、一族の範満が今川氏当主となったのだが、氏親に家督を譲らなかったため、盛時が範満を攻め滅ぼしたのである。長享元年十一月九日のことであった。氏親には文明十一年十二月、父義忠の後継者となることを認める、足利義政の御判御教書が出されていたのである。

さて従来盛時は、氏親を家督とするため、幕府の許可を得て駿河に下ったとされているが、この考えには検討の余地がある。それは、同じ時期に将軍義尚による近江の六角高頼《ろっかくたかより》征伐が行われているからである。長享元年九月、義尚は大名や奉公衆《ほうこうしゅう》らを従え、近江に在陣する。この出陣には将軍近臣である奉公衆だけでも三百名以上が従軍しており、盛時とともに申次であった大館尚氏《おおたちひさうじ》たちの名前もみいだせる（『長享元年九月十二日常徳院殿様江州御動座《じょうとくいんどのさまごうしゅうごどうざ》当時在陣衆《とうじざいじんしゅう》着到《ちゃくとう》』)。盛時だけが従軍しなかったのは不自然である。将軍義尚が六角征討に全力を尽くそうとしている時期に、盛時が駿河への下向を願い出るということは、状況として考えにくいと思う。

この頃盛時は、将軍側近の申次職を解任されていたようである。政所執事伊勢氏の家老蜷川親元《にながわちかもと》の『親元日記』文明十七年六月十五日条には、この日六角高頼が進上した瓜につき、「京御所御申次新九郎殿」が取り次いだという記事がある。京御所とは将軍義尚で、新九郎殿は伊勢盛時である。高頼の進物は盛時を介して義尚に献上されたのである。この記事から盛時が、六角高頼から将軍義尚への申次を担当していたと推定できる。盛時が六角氏を担当した申次衆であったとすれば、六角征伐に従軍しなかったことが理解しやすい。つまり盛時は、六角氏との関係から出陣前に申次職を解かれ、将軍義尚に従って近江に出陣することができなかったと考えられるのである。事実上の失脚であり、将軍に近仕することができなくなっていたとみられるのである。

長享元年に、盛時が駿河に下向したのは、将軍義尚の近江出陣に従軍できなかったためであろう。そして姉妹の北川殿との縁から、盛時は駿河に下ったとみられる。ただし、以前から北川殿が、盛時に駿河下向を求めていた可能性はある。駿河では、小鹿範満がいまだに今川氏当主の地位に留まり、甥の氏親は不遇な地位にあった。盛時は範満を討ち、氏親を家督につけたのである。

この盛時の行動は、武力を行使して敵を滅ぼしたこと、そして駿河に確実な拠点を得たという点で、彼の生涯において大きな意味を持ったことは疑いない。伊勢宗瑞の戦国大名化への第一歩とみることもできる。だが盛時は、小鹿範満を討つために駿河に下向したわけではない。京都で失脚して駿河に下向し滞在するなかで、氏親母子を支援して、首尾よく範満を滅ぼしたのだと考える。失脚がなければ、盛時が駿河に在国することはなかったかもしれない。もし盛時が、甥氏親を今川氏家督にするため駿河に下ったとするならば、足利義政から氏親への安堵《あんど》がなされた文明十一年から八年も後の長享元年、しかも主君である将軍義尚の近江在陣中に、なぜ、それを実行したかが説明しにくい。盛時の駿河下向は自身の政治的失脚によるものであって、範満討滅という明確な目的があったわけではないと考える。

延徳元年（一四八九）三月、将軍足利義尚は、遠征中の近江の陣中で病死する。義尚の死去により、盛時は駿河から上洛したとみられる。延徳三年五月には、将軍足利義稙《よしたね》の申次を務めていることが『北野《きたの》社家《しゃけ》日記』にみえる。将軍代替わりにともない、盛時も将軍側近として復権し、再び申次衆に任じられたのである。この時期の伊勢盛時の軸足は、駿河ではなく京都に置かれていたのである。当時の盛時は幕府内に身を置き、その体制に依拠していたのである。

宗瑞の伊豆侵攻　延徳三年八月、盛時は駿河に在国している（『北野社家日記』）。今川氏親の政務を補佐するためであろうか。この年四月、伊豆の堀越公方足利政知が死去し、七月には後継者争いから、政知の子茶々丸《ちゃちゃまる》が、継母と弟潤童子《じゅんどうじ》を殺害する内紛が起きていた。盛時は、氏親の駿河支配を安定させるためにも、隣国伊豆の政治情勢に対応する必要が生じたのと考えられる（黒田基樹、二〇一九）。ちなみに、この年八月、将軍義稙が六角征伐のため近江に出陣するが、義尚のときと同様、盛時が従軍することはなかったようである。

明応二年（一四九三）盛時は伊豆へ侵攻した。『勝山記《かつやまき》』の同年条に「駿河国より伊豆へ打入也」とあるのがそれである。盛時の伊豆進出について詳しい史料はないのだが、明応の政変と連動したものとする見解が存在する（家永遵嗣、一九九五）。明応の政変とは、盛時の伊豆侵攻と同じ年の四月に、細川政元が将軍足利義稙を廃し、堀越公方足利政知の子義澄《よしずみ》を将軍に擁立した事件である。新将軍義澄にとって、伊豆の足利茶々丸は異母兄弟ながら、義澄の母や兄弟潤童子を殺害した敵であり、駿河の伊勢盛時に指令して、伊豆に討ち入らせたと考えるのである。しかし近年、この見解に対しては、義澄と盛時との関係の薄さや、盛時を侵攻させ堀越公方茶々丸を討った後の支配方針の不透明さなどから、批判的な意見も存在する（池上裕子、二〇一七）。伊豆侵攻への盛時の主体性を重視する見方である。

盛時が伊豆に討ち入ったとき、今川氏からの援軍があったことは疑いない。沼津付近にまで勢力を及ぼしていた駿東郡の葛山氏も、盛時を支援したとされている（『今川記』）。葛山氏は室町幕府の在国奉公衆である。その葛山氏は明応五年十二月に、将軍義澄から代始めの欠礼を咎められている（『室町家御内書案《むろまちけごないしょあん》』）。葛山氏が、幕府の命により、盛時とともに伊豆に侵攻したのなら、欠礼を咎められるというのは不思議なことである。むしろ将軍から勲功を賞せられて然るべきであろう。そうなると、盛時の伊豆侵攻が幕府の指令に基づくとする見解には検討の余地が生じる可能性がある。そもそも幕府が、奉公衆クラスの伊勢盛時に、堀越公方である足利茶々丸の討伐を指令することが想定しにくいのではなかろうか。

先にみたように、盛時は失脚中に駿河に在国し、小鹿範満を滅ぼして甥の今川氏親を家督につけた。この盛時の行為に対して、幕府がかれを咎めた形跡はない。この頃幕府は、将軍義尚が六角征伐のため近江在陣中であったのだ。軍事行動が、時と場合によっては処分の対象とならないことを盛時は認識するようになっていたと思う。盛時の伊豆侵攻も、範満討滅と同様に、かれの主体的な軍事行動と見做すのがよいのではなかろうか。明応の政変を契機として、盛時が伊豆に侵攻したことはほぼ間違いないだろうが、そこに幕府の働きかけを介在させる必要はないと考える。

伊勢盛時は、明応三年八月の『円通松堂禅師語録《えんつうしょうどうぜんじごろく》』に「平氏早雲」とみえ、このときには出家していたことがわかる。伊豆討ち入りの翌年である。出家は必ずしも引退を意味するわけではないが、盛時のそれは、幕臣として再び京都に戻ることはないという意思を表明したものだと考えられる。盛時の伊豆侵攻と出家とは表裏一体の関係にあったといえる。このの ち盛時が上洛した形跡はない。

さて、盛時と茶々丸との戦いは長く続いた。盛時が茶々丸を討ち、伊豆を平定するのは明応七年八月のことであった（『王代記』）。『北条五代記』の記述などから盛時は、東海地方に大津波をもたらした明応の大地震に乗じて、疲弊した伊豆に攻め込み、平定に成功したとする説も提唱されている（家永遵嗣、二〇一三）。伊勢盛時は茶々丸討滅により、「伊豆の国主」（今川本『太平記』奥書）と呼ばれるようになる。戦国大名伊勢宗瑞の誕生である。

(5) 伊勢宗瑞の相模侵攻

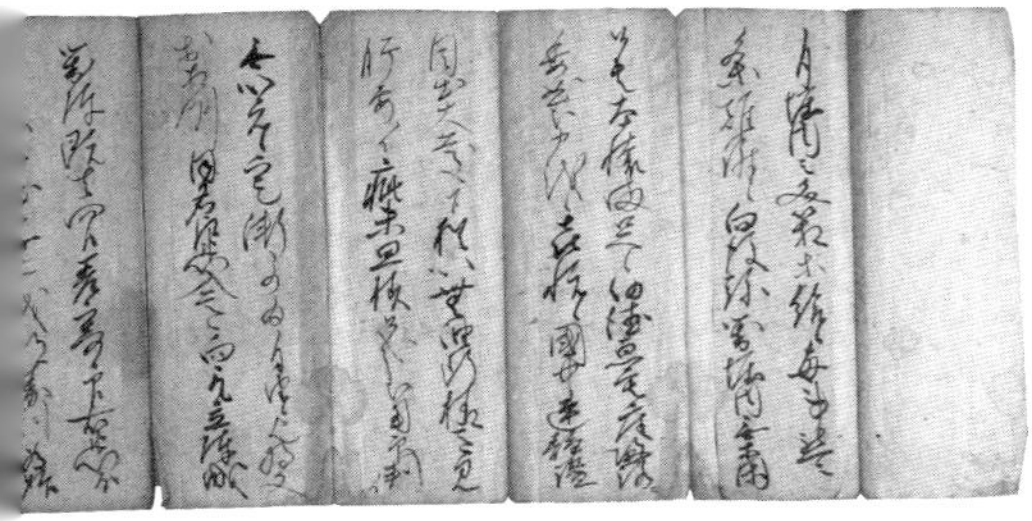

宗瑞の小田原城奪取　明応二年（一四九三）九月、伊勢宗瑞は扇谷上杉定正に与し、相模・武蔵で関東管領山内上杉顕定と戦っている（『鎌倉大日記《かまくらおおにっき》』）。この年宗瑞は伊豆に侵攻しているが、それがこの関東出陣の前であったのか、後であったのかは不明である。ただし伊豆は山内上杉顕定の分国であったから、宗瑞が顕定と戦ったのは、伊豆領有をめぐる両者の対立が背景にあったことは間違いない。宗瑞が味方した扇谷上杉定正は相模守護で、前にみたように、長享元年（一四八七）以来、顕定と合戦を繰り広げていた。定正が宗瑞の勢力を関東に呼び込んだのである。定正はまた、宗瑞の伊豆討ち入りを支援したとされている。

翌明応三年十月、宗瑞は扇谷上杉定正とともに武蔵の高見まで進軍し、山内上杉顕定と対陣する。しかし定正が急死したため、撤兵した（『鎌倉大日記』）。定正の跡は養子の朝良が継承して、伊勢氏と扇谷上杉氏との提携関係は維持される。

宗瑞による小田原城奪取はこのような政治情勢のなかでなされたと考えられるが、この事件については良質な史料がなく謎に包まれている。

伊豆の大名となった宗瑞が、進物などで大森氏を油断させ、鹿狩りに事寄せて小田原城を奪ったというエピソードはよく知られている。だがこれは、江戸時代に成立し

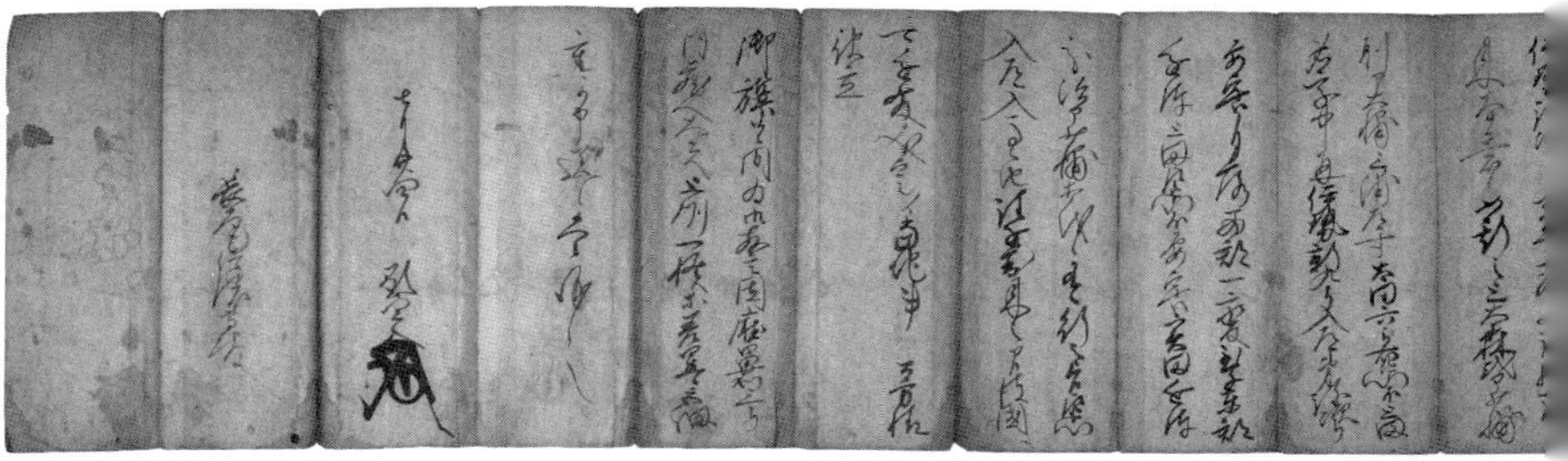

図6　（明応5年）7月24日付関東管領山内上杉顕定書状

た『北条記』という軍記物語での「お話」である。『鎌倉大日記』には明応四年九月、宗瑞が小田原城の「大森入道」を攻め落としたとみえている。しかし当時の大森氏は扇谷上杉氏の配下であり、これでは宗瑞が味方を攻めたことになってしまい、このときの政治状況と矛盾する。また小田原城主の大森入道についても、前年に死去した大森氏頼の子藤頼か、孫の定頼のどちらであったかはわからない。

近年、宗瑞の小田原城奪取の背景に、相模付近での地震と結びつけて考える見方が存在する。伊豆平定と同様に、地震の被害に乗じて、宗瑞が小田原城を奪ったと考えるのである。しかしこの推論は史料的根拠に乏しく、あまり説得力がないと思う。

現段階では、①明応五年七月に、大森式部少輔《しきぶのしょう》（実名未詳）・伊勢弥次郎《やじろう》（宗瑞弟）・三浦道寸《どうすん》らが、相模西郡で山内上杉顕定と戦って敗れ、「要害」（小田原城とみられる）を捨て没落しており（「小田原城天守閣所蔵文書」）、この時点で小田原城主が大森氏で、宗瑞が大森氏と味方同士（＝扇谷上杉氏方）であること、②文亀元年（一五〇一）三月、宗瑞は伊豆山権現に、西郡上千葉《かみちよ》（千代）の替地として伊豆田牛《とうじ》村を寄進しており（「和学講談所本集古文書《わがくこうだんしょほんしゅうこもんじょ》」）、このときまでには小田原周辺を領地化していたとみられること、の二点から、明応五年七月から文亀元年三月の間のことと考えておくのが穏当な見解であろう（佐藤博信、二〇〇六・森幸夫、二〇一二）。

宗瑞は、永正三年（一五〇六）に相模西郡宮地で検地（土地調査）を行っており（『小田原衆所領役帳《おだわらしゅうしょりょうやくちょう》』）、小田原周辺の支配を着実に進めている。

宗瑞の相模制圧　一六世紀初頭までに伊勢宗瑞は、伊豆国と相模西郡を領地化したと考えられ、伊豆を本拠とする戦国大名となった。

今川氏との関係も継続しており、宗瑞は今川領国の安定化のため甲斐や遠江《とおとうみ》に出陣している。永正三年と同五年には今川軍の中心勢力として三河まで遠征した。また永正元年九月に、扇谷上杉朝良支援のため、宗瑞は今川氏親とともに武蔵に出陣し、立河原《たちかわはら》で山内上杉顕定と戦い勝利している（『宗長手記《そうちょうしゅき》』）。この頃幕府から出された文書に「今河五郎（氏親）・伊勢新九郎入道（宗瑞）」と、並記されており、氏親と宗瑞とは一体的な存在として捉えられていたのである（「伊予古文」）。

さて永正二年三月、攻勢に転じた山内上杉顕定は、武蔵河越城に扇谷上杉朝良を攻囲し、朝良を隠遁させ、両上杉氏の和睦《わぼく》が成立する。十数年に及んだ長享の乱は山内上杉方の勝利で終結した。これによって関東の政治情勢は大きく変化していくこととなる。宗瑞が相模に進出するためには山内上杉氏のみならず、扇谷上杉氏とも対決しなければならなくなったのである。

永正六年七月、宗瑞は、山内上杉顕定が長尾為景《ためかげ》を討つため越後に出陣した隙をつき、相模に「乱入」する（「秋《あき》田藩家蔵文書《たはんかぞうもんじょ》」）。この相模侵攻は、両上杉氏勢力を対象としたものであり、宗瑞が領土拡張の野心を懐き相模への本格的な軍事行動を開始したのである。自己の実力を恃み、相模の領国化を果たそうとしたのである（森幸夫、二〇一二）。しかし翌年十月には、扇谷上杉朝良に小田原城まで攻め込まれるなど、両上杉氏との攻防は一進一退を繰り返した（「秋田藩家蔵文書」）。

永正九年八月にいたり、宗瑞は扇谷上杉朝良方の有力武将三浦道寸の拠る相模岡崎城を攻略する。そして鎌倉に討ち入った。鶴岡八幡宮の『快元僧都記《かいげんそうずき》』によると、このとき宗瑞は、「荒れ果てた鎌倉をかつてのように栄えさせてみせよう」という意味の和歌を詠んだと伝えられている。伊勢宗瑞という、新たな東国の覇者が誕生しつつあった。
十月には、いまの鎌倉市大船付近に玉縄《たまなわ》城を築く。またこの頃宗瑞は、鎌倉府の体制下で定められた郡制を編成し直して、相模東郡のうちの相模川以西の地域を中郡として創出している。岡崎城攻略後の永正九年十二月、伊勢氏の発給文書に「相州中郡」が初めてみえる（「荻野三七彦氏所蔵文書」）。

永正十三年七月、宗瑞はついに激戦の末、相模三崎要害（新井城）に拠る三浦道寸・義意《よしおき》父子を滅ぼし、相模制圧を成し遂げた。永正六年の本格的な相模侵攻から七年後のことであった。なお、宗瑞と扇谷上杉氏・三浦氏とは、八丈島など伊豆諸島の支配をめぐっても闘争していたことが知られ、近年注目されている（真鍋淳哉、二〇一七）。

伊豆に加え相模をも領国とした宗瑞だが、永正十六年八月十五日、伊豆韮山《にらやま》で没する。七月初めの、三浦三崎海上での遊興後に病気となったという（異本『塔寺八幡宮長帳《とうでらはちまんぐうながちょう》』）。宗瑞ほどの英傑としては、思いがけない最期であったといえよう。享年六十四であった。

(6)『早雲寺殿廿一箇条』をめぐって

伊勢宗瑞の家訓として『早雲寺殿廿一箇条《そううんじどのにじゅういちかじょう》』（以下『廿一箇条』とする）はよく知られている。小田原北条氏の逸話などを収録した寛永版『北条五代記』（一六四二に開版）に、宗瑞の作として『廿一箇条』が載せられているから、江戸初期には宗瑞家訓として世に流布していたことがわかる。

『廿一箇条』の内容は、仏神への信仰に始まり、早寝・早起き・防犯・火の用心などの日常生活上の注意点や、主君への奉公の心得、読書・乗馬などの修養について説かれ、実際的・具体的なものとなっている。この『廿一箇条』は、江戸期の創作とする見方があるが、近年は宗瑞作と肯定する見解が定着しつつある（横田光雄、一九九九）。本節では『廿一箇条』を宗瑞作とする立場から、『廿一箇条』が誰のために書かれたかを明らかにする（森幸夫、二〇一二）。

中世の武家では、北条重時《しげとき》の『六波羅殿御家訓』や、『伊勢貞親教訓』などいくつかの家訓が伝存しているが、それらはいずれも、出仕奉公を開始した子息のために書かれたものである。『六波羅殿御家訓』は北条長時《ながとき》に与えられ、『伊勢貞親教訓』は伊勢貞宗《さだむね》に認《したた》められた。『廿一箇条』も子息のために書かれたと考えられる。

宗瑞の子息としては氏綱・氏時《うじとき》・氏広《うじひろ》・宗哲《そうてつ》（幻庵《げんあん》）の四人がいる。氏綱は嫡子で小田原北条氏の二代目当主。氏時は相模玉縄城主。氏広は葛山氏に養子入りした人物。宗哲は箱根権現別当となった人である。『廿一箇条』には主君へ出仕奉公することが書かれている（八・九・十三条）から、当主後継者の氏綱や城主の氏時、箱根入山予定者の宗哲は対象外となる。したがって、『廿一箇条』の対象者として氏広が該当することとなる。

氏広は宗瑞の三男で、母親は宗瑞の伊豆侵攻に協力した葛山氏の出身とみられている。永正十年（一五一三）以前に葛山氏に養子入りして葛山八郎と称し、「今川一家」とされた（「為広駿州下向記《ためひろすんしゅうげこうき》」）。葛山氏広は発給文書で今川氏当主を「御屋形《おやかた》」と呼んだように（「日枝神社文書」）、今川氏に従属した存在であった。氏広にはやはり、出仕奉公すべき主君今川氏が存在していたのである。

『廿一箇条』のなかで宗瑞は、歌道に励むべきことを諭している（十五条）。『為和集《ためかずしゅう》』には、歌人の冷泉為和《れいぜいためかず》が、天文初年、駿府の葛山氏広亭でしばしば歌会を行ったことがみえる。氏広は宗瑞の教訓を守り、歌人となったといえるだろう。

氏広は天文七年（一五三八）、八年頃に没した。氏広の跡は、養子の氏元《うじもと》が継いだが、永禄十一年（一五六八）末の武田信玄の駿河侵攻に際し、氏元は今川氏を離反して信玄に属し、その家臣となる。しかし天正元年（一五七三）二月、氏元は信玄によって自害させられた。このような葛山氏の没落により、『廿一箇条』が氏広のために書かれたことも、忘れ去られたものと考えられるのである。

TOPIC

小田原城の歴史

諏訪間 順

(1)戦国と近世が複合する小田原城

小田原城は、戦国時代には戦国大名小田原北条氏（以下、北条氏とする）の本城であり、天正十八年（一五九〇）に豊臣秀吉《とよとみひでよし》と対峙した小田原合戦の際には、周囲九キロにわたり堀《ほり》と土塁《どるい》で城下を囲んだ総構《そうがまえ》を構築し、中世最大規模の城郭に発展した。北条氏滅亡後は、徳川家康《とくがわいえやす》の関東転封に伴い、大久保忠世《おおくぼただよ》が小田原城主となり、江戸時代には譜代大名であった大久保氏・稲葉氏が城主となり、天守《てんしゅ》、櫓《やぐら》に城門が普請《ふしん》され、石垣と水堀を備えた近世城郭に改変された。このように小田原城は中世と近世の遺構が重層的に複合する城郭であることが大きな特徴である。

小田原城は、一九七〇年代から絵図や地籍図と現地調査、そして文献調査との総合的な研究が進められており（田代道彌、一九八〇）、その成果として市史としては単独の『小田原市史　城郭』として刊行されている（小笠原清ほか、一九九五）。考古学的調査は、一九八二年の御用米曲輪《ごようまいくるわ》と二の丸住吉堀《すみよしぼり》の試掘調査から本格化し、翌年からは史跡整備に伴い住吉堀と銅門《あかがねもん》の発掘調査が一〇年にわたり行われ、戦国期の障子堀《しょうじぼり》、近世の石垣など堀と石垣の構造と変遷が明らかになった。同時に、三の丸や城下町、八幡山《はちまんやま》古郭や総構などが埋蔵文化財包蔵地として調査対象としての範囲が拡大し、今日までに六〇〇ヵ所に迫る地点の発掘調査が行われている。そして、「小田原編年」と呼んでいる出土陶磁器・かわらけの編年網が構築され※（諏訪間順、一九九六）、その細かい年代設定に基づき検出された各遺構の年代的位置づけが行われている。こうした発掘調査の成果とこれまでの縄張《なわばり》研究や文献史の研究成果と総合化によって、新しい小田原城と城下の姿が明らかになりつつある。

(2) 小田原城の立地

小田原城の位置する小田原市は、神奈川県南西部に位置し、西に箱根《はこね》外輪山から延びる丘陵地帯、東に大磯《おおいそ》丘陵、北は丹沢《たんざわ》山地、東南から南にかけては相模《さがみ》湾に面し、市域の中央部には酒匂《さかわ》川および狩《かり》川によって形成された足柄《あしがら》平野が広がっている。

小田原城は、箱根古期外輪山から足柄平野に向かって東に延びる丘陵先端部に位置し、南西に早《はや》川、北東に山王《さんのう》川・酒匂川が流れ、南は相模湾に面している。城域は小田原城西端の小《こ》峯《みね》御《お》鐘《かね》ノ台（標高一二三メートル）を頂点として派生する北から谷津丘陵、八幡山丘陵、天神山丘陵の三本の尾根と、相模湾に面した標高一〇メートル前後の沖積低地からなり、これらを堀と土塁からなる総延長約九キロにも及ぶ総構によって取り囲んでいる。総構は自然地形を巧みに利用して築造されており、丘陵部は関東ローム層を掘り込んで堀と土塁が構築されるが、海岸部は砂質土壌のためか土塁のみが直線的に築かれている。

近世に入ると丘陵部の城域は閉鎖され、城域は低地部三の丸以内に縮小された。三の丸には重臣屋敷などが置かれ、東海道《とうかいどう》や東海道を起点に北へと延びる甲州道《こうしゅうどう》を中心に町屋《まちや》が形成されていた。小田原城下は、総構の範囲が「御府《ごふ》内《ない》」と呼ばれ、東海道沿いの「欄干橋《らんかんばし》町」「筋違橋《すじかいばし》町」「宮前《みやのまえ》町」などの「通《とお》り町《ちょう》」と呼ばれた九町と、「大工《だいく》町」

「青物《あおもの》町」などの「脇町《わきちょう》」と呼ばれた一〇町の総数一九町の町人地と、下級武士の居住していた武家地および、寺社地によって構成されていた。こうした町割《まちわり》の構成は寛永九年（一六三二）に入封《にゅうほう》した直後の寛永十年（一六三三）寛永地震後に稲葉氏によって東海道の付け替えなどの大規模な都市整備が行われた結果といえるが、東海道筋以外はそれ以前の前期大久保時代や北条時代の町割を踏襲していた可能性が高い。現在でも道路や地割《じわり》に引き継がれており、短冊《たんざく》型地割や鍵折れの道の形態を確認することができる。

小田原宿は、東海道五十三次の江戸の基点、日本橋《にほんばし》を旅立つと二晩目の宿泊場所となっていることが多かったようで、多くの旅籠《はたご》がひかえていた。それに加え、参勤交代《さんきんこうたい》に際して大名宿泊施設である本陣《ほんじん》・脇本陣《わきほんじん》が他の宿場よりも多く、街道屈指の宿場であった。天保年間には旅籠九四軒、本陣四軒、脇本陣四軒が存在していた。明治時代になって、参勤交代の制度もなくなり、明治二十二年（一八八九）には東海道線の開通により、宿場としての衰退が進み、関東大震災の被害や国道としての拡幅などによって、江戸時代の小田原宿の姿は大きく変貌していった。

(3) 小田原城と城下の変遷

大森時代（一四一六年頃～一五〇〇年頃）

小田原は宿駅《しゅくえき》として、鎌倉時代後期（一四世紀初頭）にその地名を初見する。東海道の本道として箱根道がさかんに用いられるのに伴って、それ以前の宿駅であった酒匂や粉水（国府津）に替わって発展した。小田原城の起源については定かではないが、今のところ『鎌倉大草紙《かまくらおおぞうし》』に康正二年（一四五六）の記事として「大森安楽斎入道（頼春《よりはる》）父子は竹の下より起て小田原の城をとり立」とあるものを初出としている。しかし、大森頼春は応永二十三年（一四一六）の時点で上杉禅秀《うえすぎぜんしゅう》の乱の戦功によって小田原を与えられ、以後本拠地としていることから、この頃にはすでに城としての機能を有する施設が存在していたと考えられる。この大森氏の小田原城はどこにあったのか、これまでは、江戸時代以降に「八幡山古郭」と呼ばれる小田原城の西側、八幡山丘陵上に位置していたと推定されており、伊勢宗瑞が奪取した後は、八幡山古郭にあった小田原城を拡張・整備したと解釈されていた（田代道彌、一九八〇）。しかし、こうした見解に対し、小田原宿の中心は、現松原《まつばら》神社一帯であり、宿にも近く、かつ、要害としての立地を持つ場所として近世小田原城本丸が、関預人であった大森氏時代の小田原城であった可能性が指摘されている（森幸夫、二〇〇九）。では、発掘調査ではどのように考えられるのであろうか。県立小田原高等学校建設に伴い、八幡山古郭藤原平、西曲輪など広範囲の面積が発掘調査され大規模な障子堀や石組井戸などが検出されているが、これらはいずれも戦国時代末期に位置づけられるもので、大森氏時代や伊勢宗瑞時代まで遡る遺構・遺物ともに確認されていない。

また、本曲輪や東曲輪などの複数の発掘調査でも一六世紀前半の遺構・遺物は検出されていない。では、初期小田原城の遺構・遺物はどこに存在するのか。今のところ、大森氏の時代まで遡る一五世紀代の遺跡は、二の丸銅門下層や三の丸藩校集成館《しゅうせいかん》跡や三の丸幸田《こうだ》口《ぐち》跡などでその存在が確認されているのみである。したがって、大森氏時代の小田原城は、小田原宿と関の管理が行いやすい位置で、かつ、要害（城）となりうる高台の地形を兼ねた場所であったものと考えられる。この条件を備えているのは、近世本丸・二の丸一帯であり、これまでの発掘調査で確認されている初期小田原城の遺跡の存在がそのことを裏付けられているものと考えられる（諏訪間順、二〇一八）。

北条時代（一五〇〇年頃〜一五九〇年）

伊勢宗瑞の小田原奪取　小田原城が歴史の表舞台に登場するのは、伊勢宗瑞が大森藤頼《おおもりふじより》から小田原城を奪取してからのことである。その年代は、明応五年（一四九六）から文亀元年（一五〇一）の間のいつであったか確定ができていなかったが、最近では、『勝山記《かつやまき》』の明応九年（一五〇〇）六月四日の記事にある相模湾地震後で文亀元年三月ま

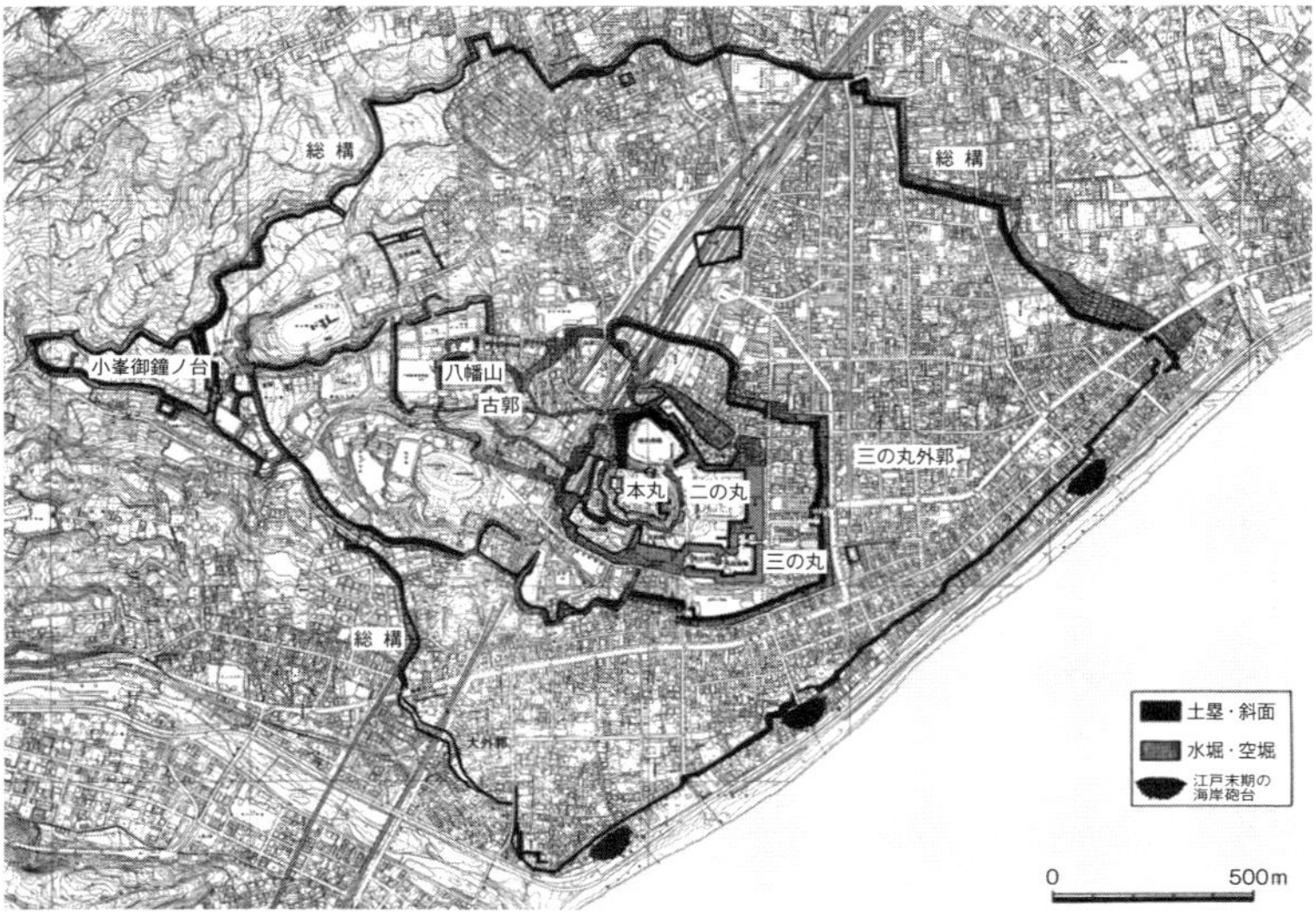

図7　小田原城城域図

での期間と限定的に捉える見解が出されている（黒田基樹、二〇一九）。筆者も会津の坂下地方に残された『異本塔寺長帳《とうでらながちょう》』に明応九年に「北條氏茂入道早雲小田原城ヲ攻取りに入城」との記事などから小田原城奪取の時期は明応九年であった可能性を考えている。いずれにしても、文亀元年三月の宗瑞の小田原の領有を示す文書の存在は、その直前に宗瑞が小田原城を奪取したと考えるのが妥当であり、その年代は明応九年と考えるのが今のところ最も合理的である（諏訪間順、二〇一八）。

伊勢宗瑞自らは、小田原城奪取後も伊豆国の韮山《にらやま》城を本拠とし、弟弥次郎や嫡男氏綱を城代とし、相模進出の拠点とした。宗瑞時代の小田原城は、大森氏の城であった近世本丸を中心に二の丸一帯であったものと考えられる。もっとも、本丸についての発掘調査は限定的で一六世紀までさかのぼる遺構・遺物の検出はないため、明確な状況を把握できていない。その周辺にあたる二の丸銅門付近や御用米曲輪・焔硝《えんしょう》曲輪一帯の調査では、一五世紀末から一六世紀初頭にさかのぼる遺構・遺物が多く確認されており、宗瑞時代の城の中心も近世本丸・二の丸の範囲であったと考えられる（諏訪間順、二〇一八）。

また、松原神社から西側の本町、中宿町《なかじゆく》、欄干橋町《らんかんばし》など東海道に沿った一帯の発掘調査では、一六世紀初頭の遺構の存在も確認されている。欄干橋町遺跡第Ⅷ地点などでは、方形竪穴《たてあな》状遺構から瀬戸《せと》・美濃《みの》産緑釉皿《りょくゆうざら》や厚手ロクロ成形かわらけなど一六世紀第１四半期までの小田原Ⅰ期もしくは、小田原Ⅱａ期古段階に位置づけられるものである。欄干橋町遺跡第Ⅷ地点などでは、一六世紀初頭段階に廃絶された方形竪穴状遺構などの遺構が存在することから、小田原宿の成立時期を示すものとして考えることができる。また、松原神社から西に約二〇〇メートルの位置にあることから、小田原宿は東海道に沿って広範囲に展開したものと考えられる。

北条氏綱による小田原城の本城化と城下の整備　永正十五年（一五一八）、宗瑞から家督を相続し二代目を継いだ伊勢氏綱《うじつな》は、小田原城を本城と位置づけ、小田原城と城下の整備に着手した。大永三年（一五二三）に北条に改姓するとともに神仏の庇護者として、箱根《はこね》権現《ごんげん》や鶴岡八幡宮《つるがおかはちまんぐう》などの有力寺社の造営を積極的に行った。この際、京都・奈良など上方から職能民を招聘し、小田原をはじめ相模に新しい技術や文化が導入されたものといえる。

氏綱によって行われた小田原城と城下の整備は、発掘調査によって確認されつつあるが、それは正方位を意識した町割であり、京の都を意識した都市整備であった。東海道筋に小田原用水（早川上水）を敷設し、正方位の地割に沿って道や堀、水路が整然と区画された都市基盤の整備を進めた結果が、戦国期において小田原が東国随一の都市へと発展していく基盤となっている（佐々木健策、二〇〇五・二〇〇八）。

小田原用水は、小田原早川上水とも呼ばれ、我が国では最古の上水道とされるものである。天文十四年（一五四五）、『東国紀行《とうごくきこう》』には、谷宗牧《たにそうぼく》が氏康《うじやす》館を訪れた際に「水上は箱根の水海よりなどきき侍りて驚ばかりなり」とあり、池の水が箱根芦ノ湖《あしのこ》を水源としていることに驚いている。この小田原用水の成立は、天文年間を遡るものと考えられ、

図８　杉浦平太夫邸検出の砂利敷舗装道路

氏綱による小田原城下の都市基盤の整備の根幹事業として行われたものと考えられる。

北条氏康の頃の小田原城　小田原の都市景観を伺うことができる資料に、天文二十年（一五五一）に小田原を訪れた南禅寺《なんぜんじ》の僧、東《とう》嶺智旺《れいちおう》が記した書状の『明叔録《みんしゆくろく》』がある。これには「湯下早雲寺《そううんじ》よりして一里すべし。府中小田原に到る。町の小路数万間、地一塵無し。東南は海なり。海水小田原の麓をめぐるなり。太守の塁、喬木《きようぼ》森々《くしんしん》、高館巨麗、三方に大池有り。池水湛々、浅深量るべからざるなり。」と記述されている。この記述は、府中小田原の町は整然と塵一つない小路が整い、東南には町の麓まで海が広がっている。また、太守（北条氏康）の館は巨麗にして三方を大池に囲まれており、池は水をたたえ、浅深は測れないほどである、というものである。この「小路数万間、地一塵無し」と記述される整然とした町の様子は、発掘調査で確認されている。小田原城三の丸杉浦平太夫《すぎうらへいだゆう》邸跡で発掘された両側に石積み側溝を持つ幅三・五メートルの砂利敷舗装道路は、直線で東西方向に約一二〇メートルの長さで確認されていることや（図8）（小山裕之、二〇一八）、藩校集成館跡では南北方向の溝や堀が約五〇メートル前後の間隔で確認されている。こうした発掘調査で確認された道や水路（溝）、堀などの区画を示す遺構の存在は『明叔録』の記載と合致するものと考えられ、氏綱時代に小田原城と城下の整備が行われたものであろう。小田原城下は、小田原の鎮守であった松原神社を起点に小田原用水を伴う東海道という東西の街道と甲州道と呼ぶ南北の街道を基準線として街区が形成されたものと考えられる。いずれにしても、戦国都市小田原は氏綱の代に本格的な整備が行われ、氏康の代の天文年間には整然とした都市空間として認識される姿になっていたものと考えることができる。

図9　御用米曲輪の切石敷遺構

長尾氏・武田氏の来攻と小田原城

小田原城は、永禄四年（一五六一）に長尾《ながお》景虎《かげとら》（上杉謙信《うえすぎけんしん》）、永禄十二年（一五六九）には武田《たけだ》信《しん》玄《げん》に相次いで攻め込まれた。信玄の攻撃は、信玄が美濃の遠山直廉《とおやまなおかど》に宛てた書状に「今度関東へ出張、経数か所之敵城而、向于小田原及行、為始氏政《うじまさ》館悉放火」とあり、二の丸蓮池門（近世幸田口門）付近から本丸近くまで迫り、氏政館を放火したものと考えられる。このときの氏政館は本丸直下に位置する御用米曲輪に存在したと推定されている（森幸夫、二〇〇九）。御用米曲輪の発掘調査では、これに相当する焼土層は検出されていないが、色調の異なる切石をモザイク状に敷き詰めた遺構や五輪塔の火輪などを護岸に用いた池など北条家当主（氏政か）のものと推定される居館と庭園が検出されている（佐々木健策、二〇一七）。一方、城下の欄干橋町遺跡や中宿町遺跡、本町遺跡などの多くの地点で一六世紀後半の焼土層が明確に確認されている。欄干橋町遺跡第Ⅳ地点は、小田原城下の成立と

図 10　障子堀のイメージ図

ほぼ同時に小田原に来住した「外郎家《ういろう》」の敷地内に所在する。ここでは、覆土《ふくど》に大量の焼土が含まれた方形竪穴状遺構が検出されているが、火災処理のために埋められた可能性が指摘される。この遺構からは一六世紀中葉から後葉の陶磁器とかわらけが出土しており、小田原Ⅱa期新段階に位置づけられる。欄干橋町遺跡などの城下で確認された焼土層は、かなり広範に確認されていることから、永禄年間の長尾・武田両氏のどちらかの侵攻の際に放火された可能性が高いものと考えられる（諏訪間順、一九九九）。

小田原城総構の構築　豊臣秀吉との対決姿勢を強めていった四代氏政・五代氏直《うじなお》は、城下をも取り込んだ堀と土塁からなる周囲約九キロにおよぶ総構を造営し、小田原城の強化を図っていった。中でも、天正十五年三月十三日付けで文書に「相府《そうふ》大普《だいぶ》請《しん》」と記された普請は大規模であり、この普請により小田原城の総構が構築されたと考えられる。

天正十五年（一五八七）十二月に「関東奥羽《かんとうおうう》総無《そうぶ》事《じ》令《れい》」を発令した豊臣秀吉は、天正十七年十一月二十四日に北条氏討伐の宣戦布告状が発せられ、翌天正十八年三月一日に京から小田原へと出陣する。一方、迎える北条氏は、総構を中心に城の防備を固めたものと考えられる。周囲九キロに及ぶ総構は、箱根外輪山から延びる三本の尾根に沿って横堀と土塁を海岸部は土塁を築いた。丘陵部では、硬く粘土質の関東ローム層を六〇度前後の勾配で堀を掘削しその土で土塁を築くもので、堀の深さは平均一〇メートルを超えるものであった。堀底には堀障子堀と呼ばれる高さ一・五〜二メートル前後の障壁（堀障子）を掘り残した障子堀であった。この障子堀の存在によって敵の横移動を不能とした構造になっていた。

しかし、天正十八年（一五九〇）に小田原城は豊臣秀吉率いる約一六万の軍勢に包囲され、三カ月の籠城戦の末に開城する。この小田原合戦の勝利によって、豊臣秀吉による実質的な天下統一が達成され、我が国の中世の終焉、そして近世の幕開けを迎えることとなったのである。

豊臣軍がみた小田原城と町

小田原合戦に関して、豊臣方の小田原包囲の様子を記した「小田原陣仕寄陣取図」が毛利家文書として複数残されている。このうちの一点には、「本城」「新城」「一丸」と小田原城を構成する三つの中核部が書かれているが、もう一点には「本城氏政」「本城氏直」とあり、海岸線を起点に位置を確認すると、氏直は本丸、氏政は八幡山に所在していたことがわかる（図11）。八幡山古郭西曲輪など、現県立小田原高等学校の敷地内の発掘によって確認された巨大な障子堀は、氏政の居城の防備を固めるために新たに構築した堀であろう。戦国期小田原城では、三味線《しゃみせん》堀など何重にも堀と土塁を巡らせ、虎口《こぐち》も発達する最も堅固な縄張により守られているのは、西曲輪であり、その場所こそが、天正末期に秀吉来攻に備えて整備された氏政の居城であったものと考えられる。城下の姿も記されており、城下には橋のかかる「かわ」が描かれているが、これが小田原用水を描いたものであろう。そして、東海道に沿って「小田原市場」が存在し、城下は「此内家かすしらす候」「此内下京ほとゝあるべく候」とあり、小田原の城下が家が多く立ち並び京の下京ほどのようだと記されている。この小田原合戦の時点では、総構を含

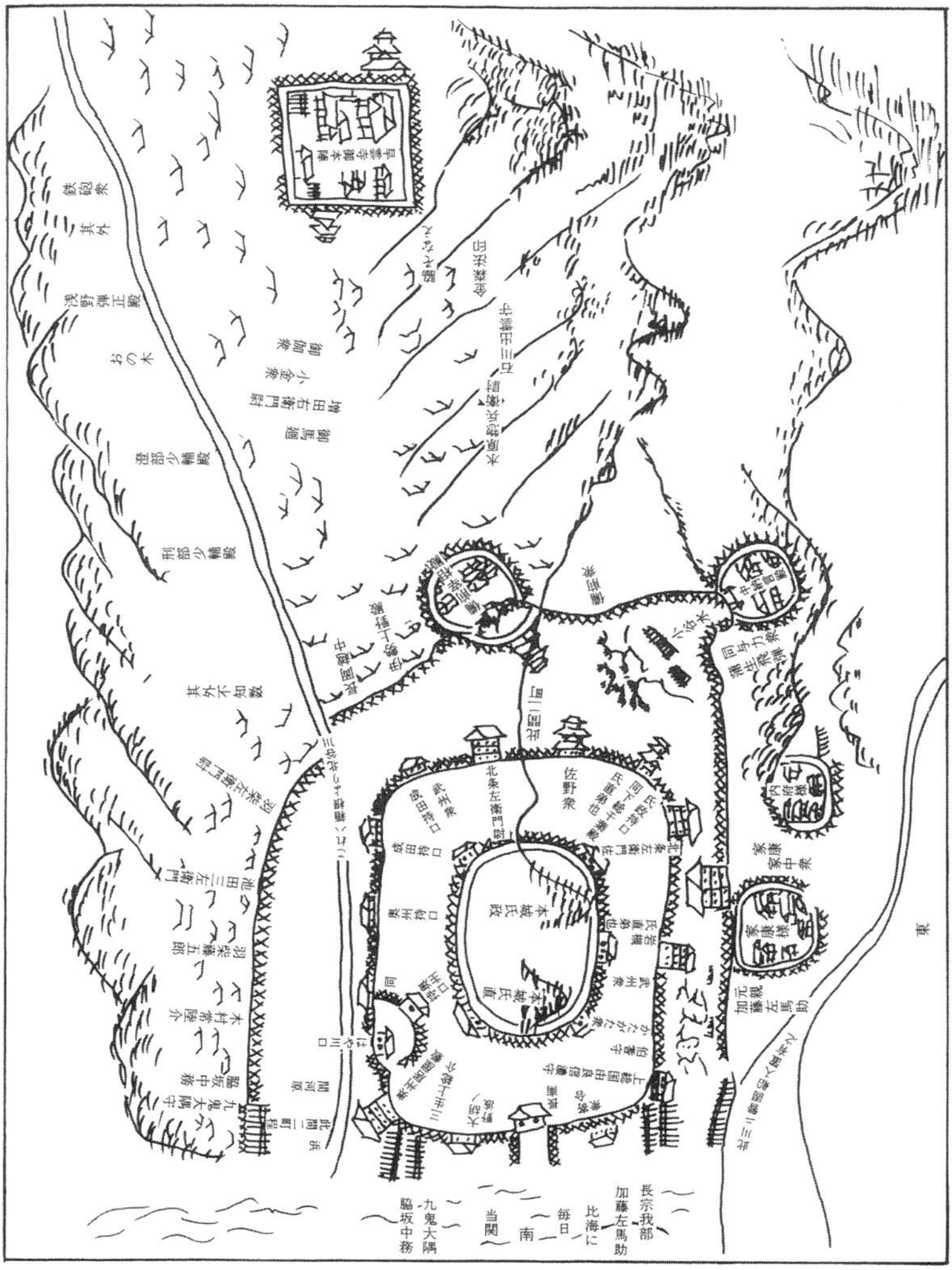

図 11　小田原陣仕寄陣取図　解説図

む小田原城の規模は、全国最大であり、この町を取り囲む総構形式の城作りや堀の底に土を掘り残し障壁とする「障子堀」などの北条氏の城郭の特質は、この合戦に参戦した豊臣方の武将も国元の城において採用するなど、我が国の城郭史上大きな影響を与えている。

戦国時代末期の小田原は、近世三の丸の範囲や東海道筋の宿場、さらに総構の内側の谷戸部にも広く濃密に遺構が確認されている。総構の北側の谷津御鐘ノ台に近い谷戸部で発掘された伊羅窪遺跡では、周囲に障子堀を巡らした方形居館の存在が確認されている。こうした居館の存在は、各所に有力武将を配した総構内部の状況を示しているのではないだろうか。

前期大久保時代・番城時代（一五九〇～一六三二年）

天正十八年（一五九〇）、北条氏滅亡後の小田原には徳川家康の三河以来の家臣である大久保忠世が四万石で入封した。その子、忠隣《ただちか》の代には六万五〇〇〇石へと加増されたが、慶長十九年（一六一四）に大久保氏は改易《かいえき》となり、小田原城も破却された。この二四年間を前期大久保時代と呼称している。

小田原城は、近世三の丸外郭が整備され、一部には玉石積み石垣などにより、近世城郭の姿へと整えられていく。町の構造も中世のものを引き継ぎながら近世的な武家地と町人地の住み分けがなされていた。しかし、総構は、街道の出入口と海岸を除き改変を受けず、八幡山を中心とする山地部の大半は主要部分を御留山《おとめやま》として立入りが禁じられて、真竹などの植生の下に中世末期の様相を保存することとなった。これまで、大久保氏の時代には、小田原城の大規模な改修は行われなかったと考えられていたが、三の丸東堀や元蔵堀、二の丸住吉堀などの発掘調査によって、堀や石垣などの新たな縄張の改変や改修が広範囲で行われていたことが明らかになっている。小田原城の近世化工事の第一段階は、大久保忠世・忠隣父子によって進められたのである。

大久保忠隣改易後の小田原城は、番城となり、元和五年（一六一九）から五年間、阿部正次が城主を務めたほかは、幕府直轄として城代が置かれていた。この頃に徳川秀忠の隠居所計画があったが、実施には至らなかった。

稲葉時代（一六三二〜一六八六年）

寛永九年（一六三二）に稲葉《いなば》正勝《まさかつ》が下野国真岡《もおか》より八万五〇〇〇石で入封して稲葉時代が始まることとなる。正勝は徳川三代将軍家光《いえみつ》の乳母であった春日局《かすがのつぼね》の子で、家光の側近の一人である。しかし、翌年早々の寛永十年（一六三三）一月、大地震が発生し、小田原城は大破した。正勝は震災復興とともに近世城郭としての体裁を整えるための大改修を開始するが、翌十一年（一六三四）一月に急死し、家督を弱冠一二歳の正則《まさのり》が相続した。小田原城の改修は、単なる復旧作業というよりは翌年に予定される将軍家光の上洛に備え、将軍家宿泊所としての設備拡充としての意味合いが強いものであった。したがってこのときの工事費用は、幕府官金四万五〇〇〇両が当てられ、稲葉家の負担は一万七〇〇〇両余であった。この復旧工事はきわめて強力かつ迅速に実施され、早くも同年中の十一月には一応の完成をみた。このときの改修内容は、次のとおりである。

1．天守閣・本丸御殿・多聞《たもん》櫓の建設。
2．二の丸御殿・御花畑《おはなばたけ》御茶屋《ちゃや》御殿の建設。
3．大手門両脇に石垣を追加する。
4．二の丸および馬屋《うまや》曲輪、本丸全周にわたる石垣化。それに伴って曲輪の平面形状も直線的なものに改修される。

このほかにも加藤図で描かれていた大手の丸馬出《まるうまだし》が消失している点などから数多くの改修が行われ、小田原城は本格的な近世城郭としての外観を整え始めたといえる。

それ以降、寛永二十年（一六四三）に馬屋曲輪二重櫓の新設、慶安四年（一六五一）に藩主居館の改築、寛文六年

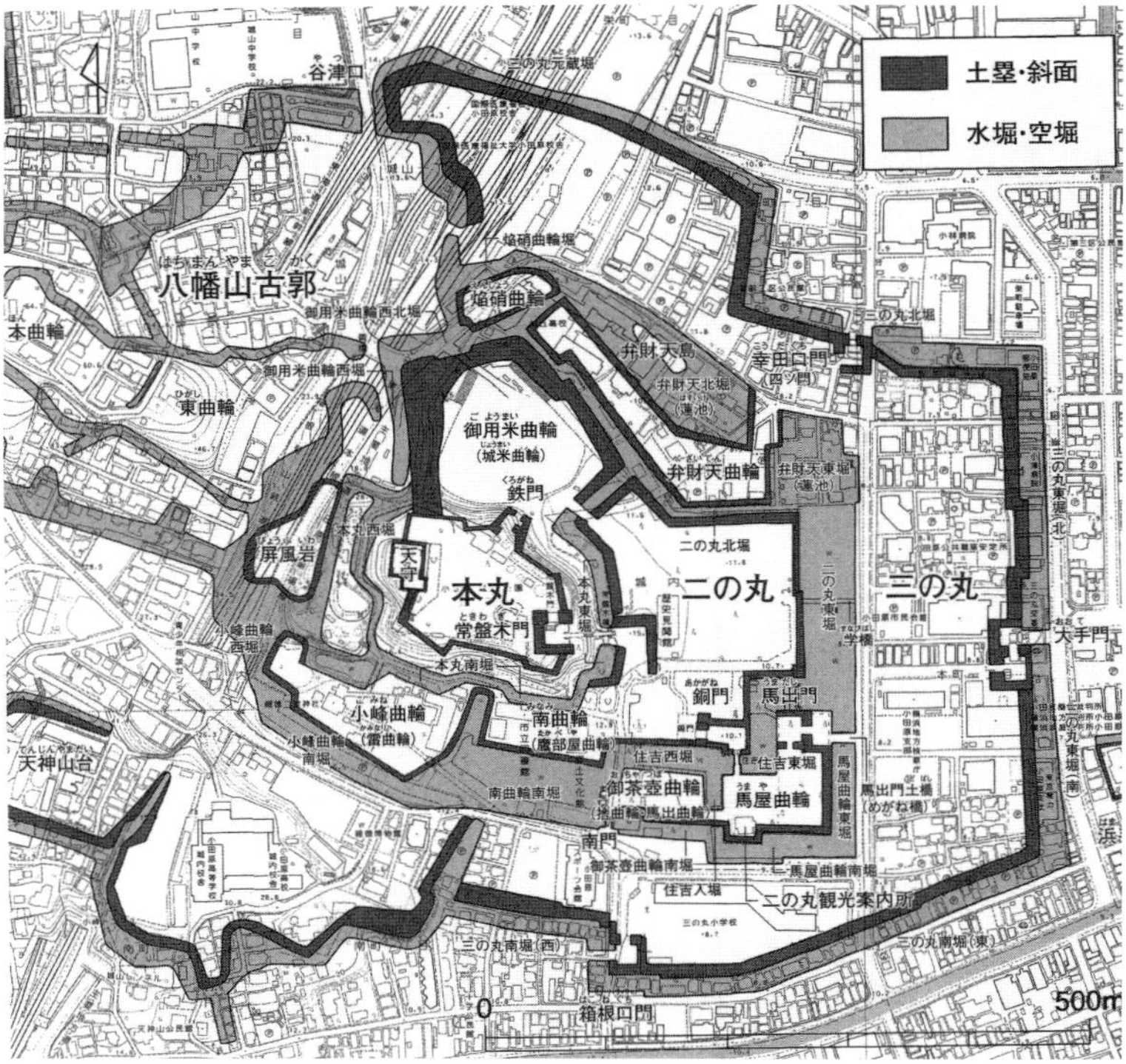

図 12　近世小田原城の曲輪名称図

図 13　住吉堀の戦国期障子堀と近世石垣の重複

（一六六六）に幕府管轄の米蔵の建て替えなど小規模な改修工事は継続されていた。

寛文十二年（一六七二）、稲葉正則は幕府に対し、小田原城近世化工事の総仕上げとして大改修の許可を求め、認可される。そのときの許可願いに添付されたのが現在残る「寛文図」で、絵図には一三カ条の改修内容が書き込まれ、その内容がほぼそのまま実施されたものと考えられる。工事は翌延宝元年（一六七三）から延宝三年（一六七五）頃までの期間実施された。

改修の内容は、本丸・二の丸の総石垣化、また馬屋曲輪・南曲輪・三の丸の石垣付加、櫓の増設と各門の桝形化・櫓門化を主体とし、同時に中世小田原城部分に当たる八幡山古郭、小峯曲輪、総構等を事実上放棄し、城域の整理縮小を伴うものであった。これらの改修工事の費用は、寛永の大改修のときの幕府官金とは異なり、稲葉家の負担によるものであった。このため、小田原藩は藩士に対し倹約を命じている。こうして、寛文大改修によって最後の近世化工事が終了したが稲葉時代の約五〇年間は、小田原城の近世化工事の時代といえる。

後期大久保時代（一六八六～一八六七年）

貞享二年（一六八五）、稲葉正通《まさみち》は越後高田《たかだ》に転封《てんぽう》となり、貞享三年（一六八六）には大久保忠朝《おおくぼただとも》が下総国佐倉《さくら》から一〇万三〇〇〇石で入封した。大久保氏は七二年ぶりに小田原城主に復帰したこととなり、これ以後幕末までの時代を後期大久保時代と称している。

後期大久保時代の小田原城は、幕末における外国船防備のための、嘉永五年（一八八二）に行った御台場《おだいば》建設をのぞけば大規模な改修は行われなかった。元禄十六年（一七〇三）の元禄地震をはじめとする相次ぐ地震災害、宝永四年（一七〇七）富士山噴火による火山灰降下などの大規模災害にみまわれた。

元禄地震は、甚大な死傷者を出すとともに小田原城もまた大破炎上し、天守閣、本丸御殿、二の丸御殿をはじめとするほとんど全ての施設が倒壊・焼失し、石垣、土塁も崩壊し小田原城は壊滅的な被害を受けた。続く、宝永四年富士山噴火による火山灰降下では藩領内の田畑は降灰によって耕作不能地が増大し藩財政は困窮を極めるようになった。

このように、後期大久保時代は、災害と復興による藩財政逼迫の時代であった。そのため、明治維新を迎えると廃城令を待たずして明治三年（一八七〇）には政府に廃城届を提出し、天守閣・櫓は民間に払い下げられて解体された。

(4) 発掘により明らかになりつつある小田原城

小田原城と城下では、これまでに六〇〇ヵ所に迫る地点の発掘調査が行われており、小田原城と城下の移り変わりが明らかになりつつある。

戦国時代初期の小田原城の遺構は、近世二の丸と欄干橋町などの東海道筋に集中している。このことは、これまで考えられてきた大森時代から伊勢宗瑞が入城した一五世紀後半から一六世紀初頭の初期小田原城は、八幡山古郭に存在したのではなく、八幡山丘陵最先端部に位置する近世本丸を中心にした二の丸の範囲であった可能性が高いものと考えられる。

二代氏綱の時代には、東海道に沿って小田原用水が敷設され、東西の東海道と南北の甲州道の二つの街道を中心に方格地割による整然とした都市整備が行われた。

続いて、戦国末期に構築された総構の構築と町がどのように変化した

図 14　三の丸東堀の慶長期と寛永期の石垣

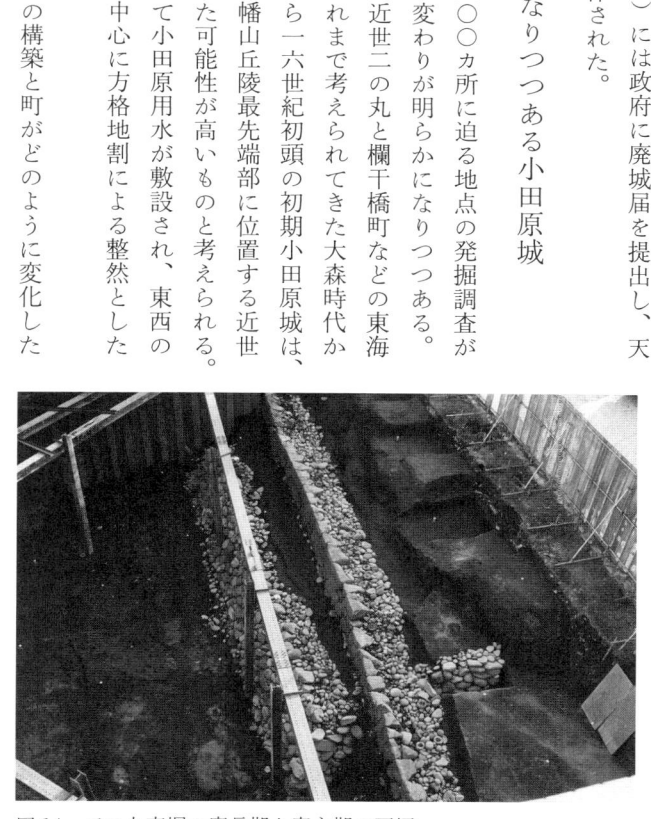

かだが、この点については、それまでの方格地割による城下町の展開とはまったく別の脈絡で総構が構築された可能性が高く、板橋（大窪）などの宿は取り残された状況も確認される。その後の近世初頭（慶長期）になって低地部三の丸外郭の造営が行われた。三の丸東堀第Ⅱ地点で検出された切石積石垣の下層から検出された玉石積み石垣や元蔵堀の障子堀などは大久保忠世・忠隣の代に大規模な小田原城の近世化工事が進められたことを示している。そして、稲葉氏による近世化工事は、寛永地震により都市機能が失われた小田原の再開発として考えることができる大規模なものであった。小田原城が天守、櫓、城門、二の丸内の石垣化など、近世化工事の全面展開と同時に城下町・宿場町小田原の再整備であり、以後の小田原城と城下を形成したことになる。稲葉氏の近世化工事以降は、元禄大地震、宝永噴火などの災害をはじめ、小田原藩の財政難もあり、小田原城の維持もままならない状況で明治維新を迎え、廃城となる。天守をはじめとする施設が撤去された後、残された石垣は関東大震災で壊滅的な被害を被ったが、昭和初期までに石垣の復旧が行われた。一九八〇年代から本格化した史跡の追加指定と公有地化、そして史跡整備により、必要な史跡保護と活用が大きく前進している。

※　戦国時代の出土遺物は、貿易陶磁の中国産明染付の出現をもって小田原編年第Ⅱ期として位置付けている。小田原Ⅱ期は一六世紀にほぼ相当し、中国産染付、白磁、青磁、瀬戸・美濃産灰釉陶器、鉄釉陶器、常滑産甕、そして、かわらけなどが主要な出土遺物となる。そして、陶磁器に加え、漆器なども伴うが、瓦は原則として認められない。そして、Ⅱ期は、より新しい万暦様式の染付の出現によりⅡb期（一六世紀第4四半期）を設定し、それ以前をⅡa期としている。そして、かわらけなどの型式変化などにより、Ⅱa期をⅡa期古段階（一六世紀第1四半期）、Ⅱa期中段階（一六世紀第2四半期）、Ⅱa期新段階（一六世紀第3四半期）、と細分している。

Column

北条氏の文化——早雲寺の美術を中心に——

湯浅　浩

(1)早雲寺とその什宝

戦国期の早雲寺　北条氏歴代当主が眠る箱根湯本早雲寺。ここでは、その創建と戦国期の様相について紹介したい。

かつての早雲寺は広大な敷地に、二代氏綱が眠る春松院、三代氏康が眠る大聖院など、数多くの塔頭が建立されていた。しかし天正十八年（一五九〇）、豊臣秀吉の小田原攻めに際し、火を放たれ灰燼に帰してしまう。現在の伽藍は十七世菊径宗存《きくけいそうぞん》らにより寛永四年（一六二七）頃から再興されたもので、北条五代の墓と呼ばれる供養塔は、北条氏規《うじのり》の子孫で狭山藩主北条氏治《うじはる》が、寛文十二年（一六七二）に建立したものである。

早雲寺の建立年は定かではない。「北条五代記」をはじめとする諸記録は大永元年（一五二一）を創建年とするが、開山以天宗清《いてんそうせい》の事績を記す「大隆禅師行実《だいりゅうぜんじぎょうじつ》」の記述から宗瑞在世中の永正年間とする説が有力である。

以天は京都大徳寺の僧で、永正十三年（一五一六）頃宗瑞により韮山香山寺《にらやまこうざんじ》に招かれ、早雲寺の創建に伴い開山となった。天文十一年（一五四二）には後奈良天皇より「正宗大隆禅師《しょうじょうだいりゅうぜんじ》」の号を与えられている。以天のもとに

図15　以天宗清（龍泉庵蔵）

は多くの修行僧が集り、大室宗碩《だいしつそうせき》や明叟宗普《みょうそうそうふ》など北条氏一門が建立した菩提所の開山となった者も少なくない。

以天を慕った人物の中で異彩を放つのが画僧雪村《せっそん》周継《しゅうけい》であろう。雪村は常陸国宇留野《うるの》城の生まれで、常陸太田の正宗寺《しょうじゅうじ》で仏門に入る。正宗寺は臨済宗円覚寺派の禅寺である。雪村は自らの画業に新天地を開くべく、関東水墨画のメッカである鎌倉、さらに関東の中心である小田原を訪れる。そして、その目的は以天に接することにあったとされる。以天は余技に墨画をよくしたことでも知られていた。以天や大室をはじめとする弟子達は雪村の画技に心服し、以天の頂相の作成を雪村に依頼する。大徳寺龍泉庵《りょうせんあん》に遺される「以天宗清像」である。天文十九年（一五五〇）、以天は弟子達の求めに応じてこの頂相に自賛している。

以天は永正十六年（一五一九）、大徳寺八十三世に出世。以天をはじめとする戦国期の早雲寺住持は、全て大徳寺の住持に出世している。当時、大徳寺は地方の有力大名、堺の納屋衆の支持を受け、連歌師・茶道者・絵師・能役者などが出入りする文化の中心とも言える場所であった。早雲寺は、北条氏の菩提寺であると共に、京の文化を北条氏の領国下に伝える窓口でもあったのである。

早雲寺の什宝　天正十八年（一五九〇）の焼失を逃れ、今も早雲寺に伝わる什宝、あるいは焼失前に持ち出された什宝がある。ここでは、こうした早雲寺に伝わった什宝の一部を紹介したい。

早雲寺が所蔵する北条五代画像は北条氏歴代当主を紹介する際に欠かせない資料である。中でも宗瑞、氏綱、氏康を描いたものは戦国期に描かれた作品として知られている。特に、初代宗瑞を描いた、国重文「北条早雲画像」は、晩年の宗瑞を描いた作品で、法体像の戦国武将を描いた作品としては最も早い時期のものである。

国重文「織物文台及び硯箱」は中国民代の江南地方の作品と考えられ、氏政所用と伝えられる。文台とは歌会などの席で短冊や懐紙を披露する際に使用される道具であり、北条一族が和歌や連歌に親しんだことを示す資料でもある。

早雲寺には享禄元年（一五二八）に描かれた「以天宗清像」をはじめ、初期狩野派の手によるものと考えられている「機婦図襖絵」や「琵琶小禽図」、式部《しきぶ》輝忠《てるただ》が描いた「達磨図」など戦国期に製作された作品が残されている。これらの作品が焼失前から早雲寺に伝来していたかは不明とされるが、当該期の絵画作品としてたいへん貴重である。

早雲寺から持ち出され、現存する什宝もある。大徳寺の八十二幅を筆頭に、ボストン美術館に十幅、フーリア美術館に二幅が遺る、南宋仏画を代表する国重文「林庭珪・周李常筆　五百羅漢図」である。元禄十四年（一七〇一）に成立した「早雲寺記」によれば、大徳寺龍光院が所蔵する国重文「十六羅漢像」も早雲寺から持ち出されたものであるという。また、クリーブランド美術館が所蔵する「雪村筆　竜虎図屏風」は、十年程前に複製が製作され、その複製品が早雲寺に里帰りしている。

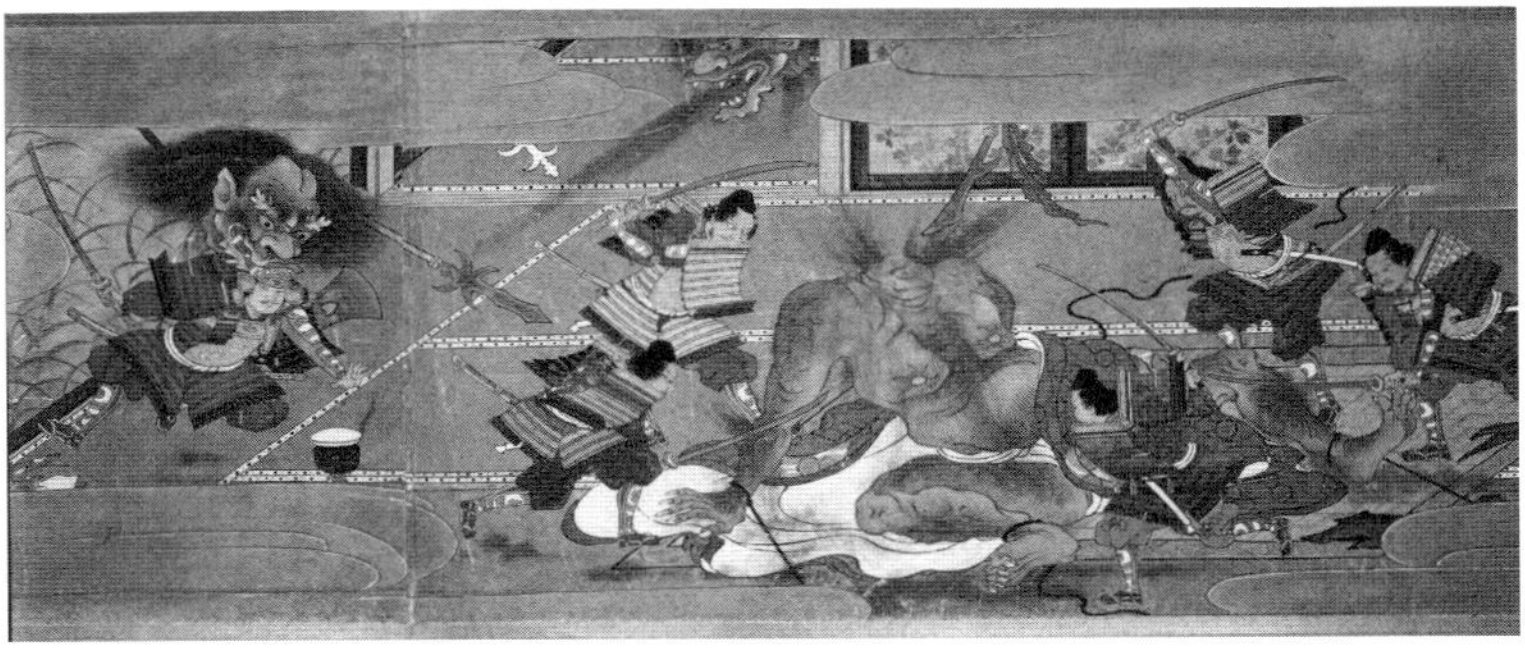

図16　酒伝童子絵巻（サントリー美術館蔵）

(2)京文化の摂取

「酒伝童子絵巻」の製作過程　ここでは北条氏が京の文化を摂取していく様相を端的に示す事例として、現在サントリー美術館に所蔵される国重文「酒伝童子絵巻」（以下、「酒伝童子絵巻」）が製作されていく過程を紹介したい。「酒伝童子絵巻」の製作過程については様々な史料が残り、北条氏と京の公家達との交流を具体的に知ることができる。

源頼光一行が酒伝（「呑」、「天」、「顚」とも書く）童子を退治するこの物語は、大江山を舞台とするものと、伊吹山を舞台とするものの二つに大別される。「酒伝童子絵巻」は伊吹山を舞台とする作品の最古のものとして知られている。

氏綱はこの作品の絵を狩野元信《かのうもとのぶ》に、詞書を近衛尚通《このえひさみち》、定法寺公助《じょうほうじこうじょ》、青蓮院《しょうれんいん》尊鎮《そんちん》に依頼する。尚通に詞書をする経緯については「後法成寺関白記」に記録が見られる。これによれば、氏綱は、大永二年（一五二二）に同朋衆の相阿弥の斡旋により尚通に詞書を依頼し、その返礼として千疋を贈ったという。ちなみに、この作品の完成に八年もの月日を要している点に着目し、公助と尊鎮への詞書の依頼について、近年新説が提示されている。

斡旋にあたった相阿弥は、将軍家の同朋衆として文化顧問的役割を果たし、かつ画人としても高名であった。永正八年（一五一一）と推定される福島範為書状には、宗瑞が相阿弥にしきりに会いたがっている様子が記されている。相阿弥と元信は親密な関係にあったことが知られており、北条氏と狩野派、更には京の人々との関係を一層強固にすることについて、相阿弥が何らかの役割を果たしたと考えられる。

享禄四年（一五三一）、外郎《ういろう》家の青侍が手土産に透頂香などの薬を携え、奥書を書く料紙を持って三条西実隆《さんじょうにしさねたか》のもとを訪れる。実隆は奥書を認め、「外郎被官卯野」がやってきたのでこの奥書を渡したという。「外郎被官卯野」は、薬種を中心とする商人であった京都外郎家の被官であると考えられている。小田原の外郎家は宇野氏を名乗り、天文八年（一五三九）、氏綱より川越領今成郷の代官に登用されていることから、これ以前に小田原に来住したのであろう。京都外郎家と小田原外郎家は商人として活動するとともに、京と小田原の文化交流の窓口としての役割も担っていたと考えられる。

さて、氏綱であるが、大永七年（一五二七）に正妻の養珠院《ようじゅいん》殿に先立たれ、後妻に尚通の娘を迎えている。享禄三年（一五三〇）に尚通は「春日野百反」を氏綱に遣わし、翌年には氏綱が「白袖十端・白鳥一」を尚通に贈っている。氏綱は京の公家と血縁を結び、つながりをさらに強固にしたのである。

武家のたしなみ　宗瑞は室町幕府申次を務めていた。中央官僚である申次に高い教養が求められたことは想像に難くない。宗瑞を祖とする北条氏一族は、和歌・連歌などの文学そして蹴鞠と、武家がたしなむべき教養を身に着けていた。ここでは、その様相を紹介したい。

古典文学について。永正二年（一五〇五）に書写された今川本「太平記」の奥書によれば、宗瑞はこの写本を作成するにあたり他の「太平記」の写本を調べ、これを足利学校で校訂させ、さらに京の壬生雅久《みぶまさひさ》に加点を求めたという。「太平記」については、宗瑞の弟宗哲《そうてつ》も書写し、永禄十年（一五六七）、娘の鶴松院（氏康の娘ともいう）が吉《き》良氏朝《らうじとも》に嫁ぐ際に贈っている。享禄四年（一五三一）には氏綱の依頼を受けた連歌師宗長《そうちょう》が、三条西実隆に「源氏物語桐壺巻」の書写を依頼している。氏康も、天文二十三年（一五五四）に近衛尚通《このえひさみち》の子である聖護院道増《しょうごいんどうぞう》に、坊《ぼう》官森坊《かんもりぼう》を通じて「源氏物語」の書写を依頼している。

和歌について。宗瑞の遺訓とも言われている「早雲寺殿廿一箇条」には、「歌道なき人は、無手に賤しき事なり。学ぶべし」と記される。天文二年（一五三三）、小田原に来遊した歌人冷泉為和《れいぜいためかず》は氏綱亭で歌を詠じている。今川家で和歌を指導していた為和は、天文三年（一五三四）、同五年にも、小田原で催された歌会に出席している。同じ天文五年頃、高井尭慶《たかいぎょうけい》も氏康と和歌を交している。天文十一年（一五四二）、氏康は伏見宮貞敦《ふしみのみやさだあつ》親王から紀貫之《きのつらゆき》の私歌集「貫之集」の自筆本が贈られ、返礼として黄金を贈っている。宗哲のもとにも優れた歌集が集められていたようである。西光院《さいこういん》の義山《ぎざん》は、宗哲所有の藤原定家の歌集「員外雑哥《いんがいぞうか》」を書写し、外題を宗哲に依頼している。天正八年（一五八〇）には家臣の板部岡融成《いたべおかゆうせい》に、宗哲が所有する「古今集切紙」「古今集秘伝集」の全てを写し終え古今伝授を残さず伝えた、という証文を与えている。

連歌について。享禄二年（一五二九）、宗長は熱海に湯治に赴いた際に立ち寄った小田原の連歌の様子を記している。また宗長は、石巻家貞の依頼を受け、連歌の入門書「幼童抄」を伊豆奥郡代清水氏の家臣鈴木善左衛門に与えている。天文十四年（一五四五）正月、東国を遊歴した宗牧は、北条氏主催の連歌会に招かれている。

蹴鞠について。大永五年（一五二五）、飛鳥井雅綱《あすかいまさつな》は北条伊豆千代丸（氏康）に、次いで天文十八年（一五四九）には北条松千代丸（氏政？）・西堂丸（早逝した氏政の兄新九郎氏親？）に蹴鞠作法を伝授している。その他年未詳ではあるが、雅綱は、氏綱に蹴鞠扇を進呈し、新九郎（氏親）と子弟の契りを結び、葛袴・鴨沓を贈ったりしている。天正四年（一五七六）には、雅綱の子重雅が小田原に下向し、玉伝寺にあった鞠場に、同場の式木として植えた懸の木を大切に育てるように同寺に申し送っている。

小田原物の誕生　刀剣の小田原相州、兜鉢の小田原鉢、絵画の小田原狩野など、「小田原」を冠する美術工芸品が存在する。これらの多くは北条領国下で産まれたとされている。ここでは、現存する資料を中心にその様相を紹介したい。

小田原に様々な職人集団が小田原に来訪する契機となったのが、氏綱による本格的な寺社造営事業である。湯本早雲寺の創建、大永二年（一五二二）の相模国一の宮である寒川神社宝殿と翌年の箱根権現宝殿の再建、そして天文元年（一五三二）から天文十三年（一五四四）に実施された鶴岡八幡宮の造営事業などである。鶴岡八幡宮の造営については「快元僧都記」により、その様相を具体的に知ることができる。これによれば、小田原・鎌倉の職人だけではなく、京都・奈良など中央で活躍していた職人が寺社造営事業に参加している。例えば、奈良の大工、奈良の瓦師、奈良の塗師、伊勢の絵師などである。在地の職人と京や奈良をはじめとする各地の職人が小田原で美術工芸品の製作活動を行うことになる。

小田原相州について。小田原における刀剣生産は、島田鍛冶義助《よしすけ》とその門下、及び鎌倉鍛冶の二つの系譜の刀工たちによって支えられた。現在、戦国期に製作されたこれらの刀剣は小田原相州と呼ばれている。島田鍛冶が小田原で作刀をはじめるのは永正年間とされ、義助による早い段階の作品として永正十八年（一五二一）銘の短刀が知られている。天文七年（一五三八）八月、氏綱は鶴岡八幡宮に三振の太刀を奉納している。綱家《つないえ》・康国《やすくに》・綱広《つなひろ》が担当し、この内、綱家・康国は島田鍛冶と考えられている。一方、綱広は鎌倉鍛冶であり、『北条氏所領役帳』にも名前が見える。これは伝統的な鎌倉鍛冶に対する北条氏の敬意の表れであると指摘されている。小田原相州を代表する刀工として康春が知られ、現存する作品も多い。他に康広、康重などの作品が現存している。

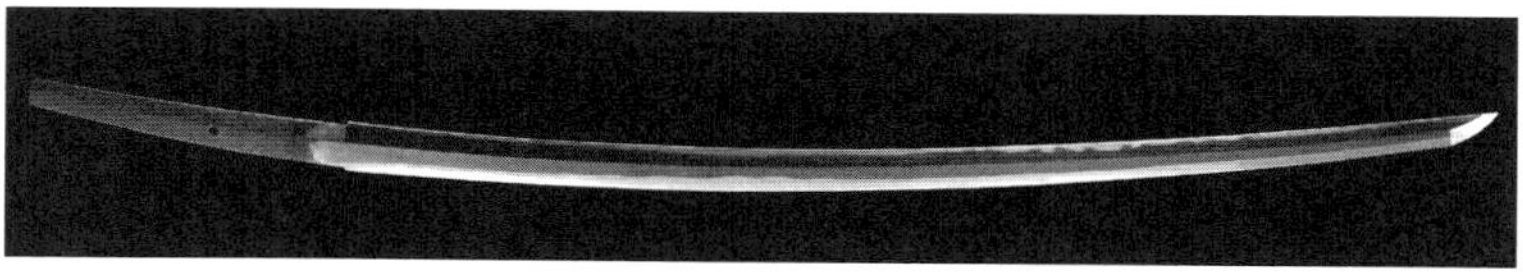

図17　太刀　銘「相州小田原義助」（小田原城天守閣蔵）

図18　鉄錆地四十八間筋兜
（小田原城天守閣蔵）

小田原鉢について。戦国期の兜鉢に小田原鉢と称されるものがある。全体に大振りで後頭部が盛り上がる阿古陀形風で、篠垂、檜垣などを鍛鉄で作り、筋を矧板の縁をひねり返して覆輪のように見せる筋差込の手法で作る点などに特徴がある。「相州」時代が下ると「相州小田原」と銘が刻まれることから小田原鉢と呼ばれるようになったとみられる。南北朝時代に京都より鎌倉に来住した雪ノ下明珍と呼ばれる一派の一部が小田原に来住したと考えられている。「相州住」の銘を切る、家吉、時久、吉宣などの作品が現存し、小田原城天守閣には「相州小田原明珍勝家」銘を切る兜鉢が所蔵されている。

小田原狩野について。小田原狩野の呼称は近代以降に作られたとされる。江戸期の画譜類にその根拠が求められ、具体的な様相は明らかではなかった。しかし、前島宗祐《まえじまそうゆう》、官南《かんなん》、右都御史《うとぎょし》など画譜類に記載がある絵師の作品が現存し、その様相が解明されつつある。前島宗祐は二十点ほどが知られ、東国の狩野派の中では、元信様式をもっとも本格的かつ忠実に踏襲する。十六世紀の第三四半期までを活躍の下限と考えられている。官南（金玉僊）は十点ほどが知られている。茨城県正宗寺から「清園雅集・飲中八仙図屏風」が発見され、北関東画壇にあったことが確認された。作風は元信様式もあるが、鎌倉派の祥啓の作品に類似する。右都御史之は十点ほどが知られている。それらに付された後世の箱書きには決まって狩野玉楽の作とする記銘があるが、同一人物であるかは定かではない。右都御史も元信様様式を継ぐが、行体のやわらかい筆致のものが多い。

江戸期の画譜類に名はないが、当該期の東国で狩野派様式を残す絵師に石樵昌安《せきしょうしょうあん》、式部輝忠などがいる。石樵昌安は元信様式に立脚した作品を十点余り残す。信濃の禅僧であることが判明し、藤沢清浄光寺には「渡唐天神像」が現存する。式部輝忠は小品も合わせれば百点ほどが知られている。極めて個性的な画風によって近年評価の高まっている絵師である。特に人物画では顔が体部に比較して大きく表情も特徴がある。

2章　戦国乱世を生き抜く

山口　博

(1) 二代　氏綱――関東管領への道――

氏綱の家督継承　宗瑞生前の永正十五年（一五一八）九月頃、氏綱《うじつな》は家督を継承したとみられている。すでに三十二歳前後の壮年であった。この年の四月、相模守護の扇谷上杉朝良《おうぎがやつうえすぎともよし》が没し、養子朝興《ともおき》が継いだ。朝良と宗瑞とは、同六年以来、相模支配をめぐり抗争していたが、朝良の晩年には、上総真里谷《まりやつ》城（千葉県木更津市）の武田信清《たけだのぶきよ》が古河《こが》公方足利高基《あしかがたかもと》の対抗馬として擁立した小弓《おゆみ》公方足利義明《よしあき》を支援する立場で一致していた。それゆえ宗瑞は、朝良の死去に伴い自らも退隠して次世代の氏綱と朝興との協調を期したのであろう。事実、翌年七月までには宗瑞・氏綱と朝興との間に講和が成立している（「新編会津風土記」）。

なお氏綱は、永正九年三月、宗瑞とともに三浦《みうら》氏の拠る相模岡崎《おかざき》城（神奈川県平塚市・伊勢原市）を攻撃した頃には、相模侵攻の前線基地である小田原《おだわら》城に入城していたとみられている（佐脇栄智、一九八一）。家督継承後も、宗瑞が本拠としていた伊豆韮山《にらやま》城（静岡県伊豆の国市）に移った形跡はなく、以後は小田原城が北条（伊勢）氏の本拠地となったと考えられる。

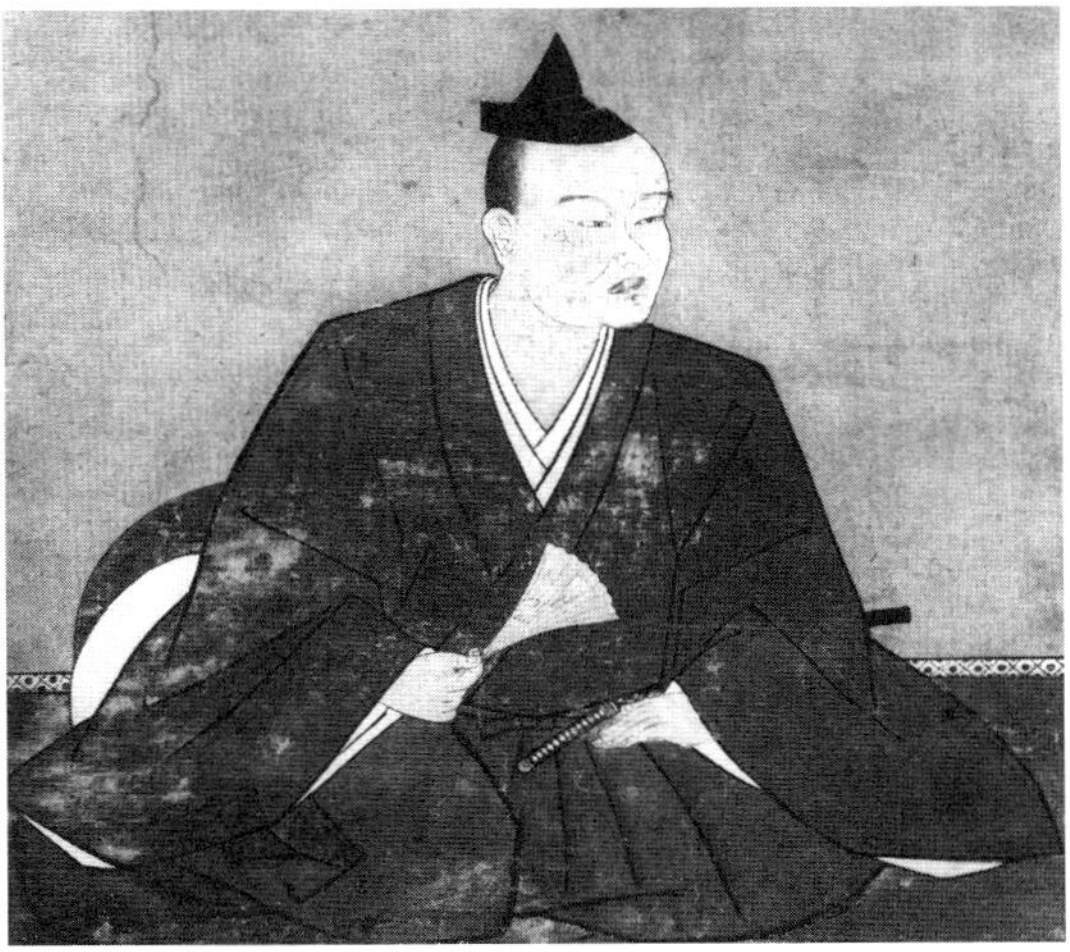
図19　北条氏綱（早雲寺蔵）

宗瑞が終生韮山を居城としたのは、足利義明や武田信清らとの共闘等を進める一方で、甥にあたる駿河の今川氏親《いまがわうじちか》やその生母で姉の北川殿《きたがわどの》との連携を重視していたからであろう。しかし氏綱が戦略上もっとも重視したのは、上総・武蔵方面の経営であったとみられ、この点で小田原は韮山より有利な立地にあった。

「伊勢」から「北条」への改称　大永三年（一五二三）六月、氏綱は相模箱根権現《はこねごんげん》（神奈川県箱根町）の宝殿を造営し、その棟《むな》札《ふだ》に宗瑞を「相州故太守」、自らを同「太守」と記している（箱根神社文書）。自身が「相州太守」＝相模国司（相模守）として相模の正当な支配者の地位にあることをアピールしたものだ。

次いで同年九月までの間に氏綱は、苗字を「伊勢」から「北条」に改める。そこには相模守を世襲した鎌倉幕府執権《しっけん》北条氏の名跡《みょうせき》を継承し、相模守護の扇谷上杉《おうぎがやつうえすぎ》氏に対抗し得る相模支配の正当性を獲得する狙いがあったとされる（佐脇栄智、一九九七）。「北条」が「前代日本の副将軍」（安房妙本寺文書）の家柄であることも意識されていたであろう。この点でそれは、以後氏綱が、「公方―管領《かんれい》体制」と呼ばれる伝統的な関東の支配体制の一翼を担う存在に自らを位置づけてゆく政治過程の起点ともなったといえる。

天文元年（一五三二）五月、源頼朝《みなもとのよりとも》以来、将軍《しょうぐん》・執権次いで関東公方らが担ってきた武家の守護神、鎌倉鶴岡《つるがおか》八幡宮《はちまんぐう》の造営を発意したのも、そうした意図の具現化にほかならない。当時の氏綱に対する「関東八カ国の大将軍であることは疑いない」（「快元僧都記」）との評価は、本人の意向を代弁するものでもあったろう。それゆえこの事業は、神意を背景とした敵対勢力への勧進《かんじん》や用材提供の要求等の面で濃厚な政治色を帯びるものとなった。

扇谷上杉朝興との攻防　大永四年（一五二四）正月、氏綱は扇谷上杉朝興の居城武蔵江戸城（東京都千代田区）を攻略した（「年代記配合抄」他）。そして四月までに蕨《わらび》（埼玉県蕨市）・岩付《いわつき》（同さいたま市）・毛呂《もろ》（同毛呂山町）・石戸《いしと》（同北本市）等の諸城を落とすなどして、もう一つの朝興の重要拠点河越《かわごえ》城の周辺を制圧する（「石川忠総留書」他）。この間、江戸城には当代随一の重臣遠山直景《とおやまなおかげ》を城代として配し、小田原・玉縄《たまなわ》（神奈川県鎌倉市）と毛呂・石戸とを結ぶ街道上の伝馬《てんま》を整備した（関山文書他）。

　これ以前に氏綱は、朝興の支配する多摩《たま》川以南の武蔵を制圧し、その配下にあった相模津久井《つくい》城（神奈川県相模原市）の内藤大和入道《ないとうやまとにゅうどう》、さらに長年対立してきた関東管領の山内上杉憲房《やまのうちうえすぎのりふさ》に従う武蔵由井《ゆい》城（東京都八王子市）の大石《おおいし》道俊《どうしゅん》、同勝沼《かつぬま》城（同青梅市）の三田政定《みたまささだ》らを服属させて武蔵西部方面にも勢力を伸ばしていた。宗瑞の晩年以来、連携関係にあったこの朝興への攻撃は、伊豆・相模に続き、武蔵全域の領国化を目指してなされたとみられている（黒田基樹、二〇〇四）。

　氏綱の攻勢の前に朝興は、いったん河越城を捨て藤田《ふじた》陣（埼玉県寄居町）に後退する。しかし、江戸落城の寸前、かねてから関係改善を求めていた山内上杉憲房との講和を取り付け、二月には甲斐の武田信虎《たけだのぶとら》とも結ぶ。そして六月に河越へ復帰すると、七月、信虎の支援を得て岩付城を奪還し、十月には憲房とともに毛呂城を包囲した。にわかに劣勢となった氏綱は毛呂城を開

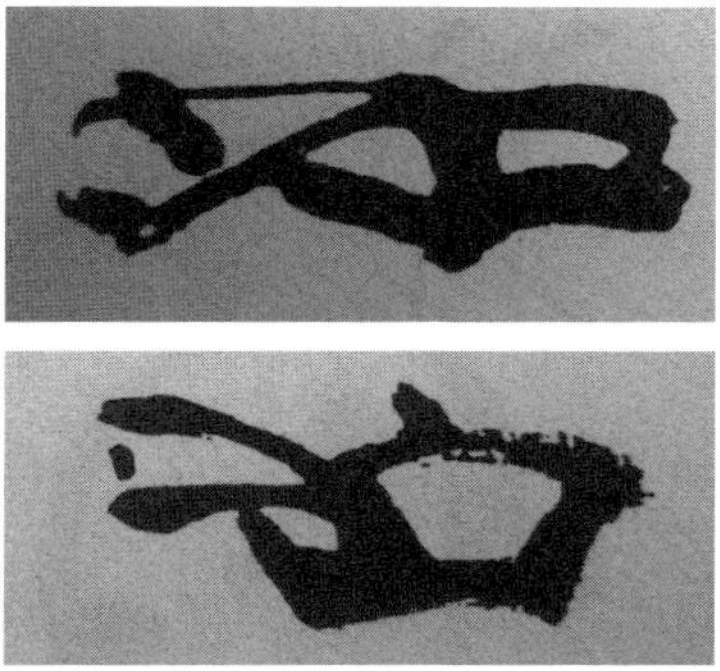

図20　伊勢宗瑞（上）と扇谷上杉朝興（下）の花押

き、いったん朝興・憲房および信虎と和談する（「石川忠総留書」他）。

この年七月までに、朝興は花押《かおう》を宗瑞花押に酷似する形態に改めていた。そこには宿敵の印鎰《いんやく》を将旗に見立て、これを奪う意図が込められていたという（佐藤進一、一九八八）。朝興の抜き差しならぬ覚悟がみてとれよう。

さらに朝興は、大永五年二月以前、小弓公方足利義明と武田信清に説いて氏綱と断交させる。里見《さとみ》義豊《よしとよ》も同調し、前年以来、氏綱・朝興の双方から支援要請を受けていた越後の長尾《ながお》為景《ためかげ》も朝興支援の意向を明らかにした（上杉文書）。これに対し氏綱は、相前後して再び北上し岩付城を攻略する。だが孤立化は否めず、八月には一門の伊勢九郎が武蔵白子原（埼玉県和光市）で朝興軍に大敗を喫し、翌六年六月には朝興・武田大夫（信清の嫡子）・里見義豊らに蕨城を奪還される（「石川忠総留書」他）。義豊は十一月にも海路鎌倉に入り鶴岡八幡宮を類焼させるなどしたらしい。また前年四月に没した憲房の後継憲寛《のりひろ》も、九月、朝興とともに武蔵小沢《おざわ》城（神奈川県川崎市）を攻略し、十一月、相模玉縄城を攻めたという。その後、享禄三年（一五三〇）正月には、朝興が、武蔵世田谷《せたがや》城（東京都世田谷区）等を落とし、翌年九月には朝興方の太田《おおた》資頼《すけより》が再び岩付城を奪還している（「年代記配合抄」他）。

河越城の攻略　大永六年（一五二六）以降、朝興らとの抗争の舞台は、武蔵の中北部から南部さらに相模にまで南下している。まぎれもなく氏綱の劣勢を示すものだ。ただその後、山内上杉氏ら朝興方の諸氏に相次いで内訌が生じ、戦局はしだいに氏綱有利へと傾いてゆく。

享禄四年（一五三一）九月、山内上杉憲寛が養父憲房の実子でいまだ五歳前後の憲政を支持する勢力に追われた（黒田基樹、二〇一三）。朝興が没する天文六年（一五三七）四月以前、憲政の政治動向は明確でなく、以後朝興は、山内家から有効な支援を得られない状況にあった可能性が高い。

次いで天文二年七月、里見義豊が家中に勢力を拡大させていた叔父実堯《さねたか》らを誅殺したことから、実堯の子義堯《よしたか》が氏綱に支援を求めてきた。この好機を捉えて氏綱は、翌年四月、義堯を支援して義豊を討ち、義堯を里見家当主に据えて自陣に引き込むことに成功する。

さらに同三年十一月頃、武田大夫の没後に家督を継承していた信清の次子信隆《のぶたか》（庶出）とその弟信応《のぶまさ》（嫡出）との間で家督をめぐる争いが起きた。氏綱は里見義堯とともに信隆を支援する。だが今回は、同六年五月、小弓公方足利義明が信応支援に動いて信隆を降したために敗北した。氏綱は義明に忠節を復する旨を申し入れ、里見義堯も朝興方に復帰する（東慶文書他）。

この間、朝興は、天文二年八月に江戸方面へ侵攻し、同年十一月、同四年九月には武田信虎と連携して相模中部の大磯《おおいそ》（神奈川県大磯町）・平塚《ひらつか》（同平塚市）等に放火している（妙国寺文書他）。氏綱と敵対していた里見実堯・武田信応への支援行動でもあろう。しかし同年十月、河越に近い武蔵入間《いるま》川（埼玉県狭山市）で氏綱および里見義堯・武田信隆らと衝突して以降（入間川合戦）、目立った軍事行動をみせていない。当時の氏綱方勢力が結束したこの戦いは、朝興に少なからぬ打撃を与えたようだ。

その後天文六年四月、朝興が一三歳前後の嫡子朝定《ともさだ》を残して死去した。六月末、朝定は、駿河に在陣していた氏綱の後背を突き、河越城を出て深大寺《じんだいじ》（東京都調布市）まで南下する。しかし朝興亡き後の扇谷家の衰退は覆いようもなかった。七月、駿河から帰陣した氏綱は、一気に攻勢に出て河越城を奪い、翌年二月には朝定の拠点の一つ下総葛《か》西《さい》城（東京都葛飾区）も攻略した（「快元僧都記」他）。河越には次子為昌《ためまさ》が城代として置かれ、葛西は江戸城の管轄とされた。

今川義元との対立　関東で朝興らとの抗争が続く中、大永六年（一五二六）六月、氏綱の従兄弟今川氏親が死去した。いまだ一四歳の後継氏輝《うじてる》は、翌年朝興と結ぶ武田信虎といったん和睦したものの、天文三年（一五三四）以降は、

図21　今川義元（臨済寺蔵）

再び氏綱と連携して信虎に対抗する。氏輝の姉瑞渓院《ずいけいいん》殿の氏康《うじやす》への輿入れも、こうした状況下で実現した。

天文五年三月、その氏輝が急死し、六月には、氏綱の支援を得て弟の義元《よしもと》（梅岳承芳《せんがくしょうほう》）が庶兄の玄広恵探《げんこうえたん》を討ち家督を継承する。だが義元は、翌年二月、信虎と盟約し、その娘定恵院《じょうけいいん》殿を妻に迎えた。これをみた氏綱は、ただちに今川領へ侵攻し、同八年七月までに富士川以東の駿河河東の地を占拠する（河東一乱）。

そこには東方での朝興らとの戦闘を念頭に、西方の義元との国境線を前進させておく狙いもあったであろう。むろん戦線の拡大というリスクもあった。それゆえ氏綱は、娘婿にあたる遠江見付《みつけ》端《は》城（静岡県磐田市）の堀越氏延《ほりこしうじのぶ》や同井伊谷《いいのや》（同浜松市）の井伊直宗《なおむね》、三河作手《つくで》城（愛知県新城市）の奥平定勝《おくだいらさだかつ》、同田原《たはら》城（同田原市）の戸田宗光《とだむねみつ》らと連絡し、義元を背後から牽制させている（有光友學、二〇〇八）。

小弓公方の打倒と関東管領就任　江戸城攻略後の大永四年（一五二四）三月、氏綱と江戸城代の遠山直景は、古河公方足利高基に忠節を尽くす旨を申し入れた（幸田成友氏旧蔵文書）。もともと小弓公方義明を支持する立場にあった氏綱だが、同じく義明支持派の朝興との抗争は、義明への敵対行為にも等しかったから、自然、高基へも接近を図ったのであろう。さすがに高基も「本心はどうであろうか。働き次第である」と懐疑的で、この時点での両者の関係改善はなされていない。

享禄四年（一五三一）六月に高基から公方位を継承した嫡子晴氏《はるうじ》の対応も、基本的には同様であった。ただ、すでにみたように天文六年（一五三七）五月、上総武田家の内訌が義明の介入で収束した際、氏綱は義明にあらためて服従の意向を表明する。義明方の扇谷上杉朝定と抗争を続ける氏綱と義明との関係は、実際のところ微妙といえたが、おそらく両者の接近に危機感を抱いた晴氏は、翌年五月までに氏綱を頼んで義明に対抗する道を選ぶ。

その年の九月、義明が里見義堯等を従えて北上し、下総国府台《こうのだい》（千葉県市川市）に進んだ。晴氏の本拠下総古河城（茨城県古河市）、同関宿城《せきやど》（千葉県野田市）等の攻略を目指したのであろう。晴氏は、迷うことなく氏綱に義明討伐を命じる。下総の千葉《ちば》昌胤《まさたね》、その重臣原胤清《はらたねきよ》、原に従う上総東金城《とうがね》（同東金市）の酒井氏らもこれに応じたようだ。

氏綱が、嫡男氏康とともに小田原を出陣したのは十月二日。六日、江戸城に入り、翌七日、国府台近くの相模台《さがみだい》（同松戸市）で、激戦の末に義明を打ち捕った（第一次国府台合戦）。義明の嫡子義純《よしずみ》、弟の基頼《もとより》も討たれ、小弓城にあった義明の末子頼淳《よりずみ》は義堯に護られ安房へと逃れた。

義明の滅亡により長年にわたる公方家の分裂は解消された。またこれに伴い、原胤清が小弓城を回復したのをはじめ、その配下で義明に属していた上総土気城《とけ》（千葉県千葉市）の酒井氏が原方に復帰し、氏綱と結ぶ武田信隆が上総武田家当主に返り咲くなど、氏綱の勢力圏は下総から上総北部にまで拡大する（黒田基樹、二〇〇八）。

さらに氏綱自身、戦功第一として晴氏から関東管領に任じられる（伊佐早文書）。同職は山内上杉憲政が家職として継承しており、それは異例のことであったが、これにより関東での氏綱の地位は一気に上昇した。次いで翌年八月、氏綱は晴氏に娘の芳春院殿《ほうしゅんいん》を入嫁させて公方家の「御一家」に列する（佐藤博信、一九八九）。家格の面でも憲政らと同等な地位を得て、氏綱は実質的な関東管領としての地位を固めてゆく。

(2) 三代　氏康——公方—管領体制の再生——

氏綱から氏康へ　天文十年（一五四一）五月二十一日、氏綱は、すでに二十七歳前後に達していた嫡男の氏康に宛てて置文《おきぶみ》をしたためている（宇留島常造氏所蔵文書）。この頃氏綱に「不予のこと（病気）があった」（「鎌倉管領九代後記」）とする所伝もあり、それが氏康への家督譲与を機としていた可能性は否定できない（佐脇栄智、一九七六）。ほどなくして氏綱は、七月四日に出家し、同十七日、五十五歳で病没した。

　さらに翌年五月には、あとを追うようにして弟の為昌が死去する。為昌は武蔵河越城代のほか、相模玉縄城・武蔵小机《こづくえ》城（神奈川県横浜市）の城主等を兼ねる存在であり、その死もまた氏康にとって大きな痛手となったにちがいない。翌年以降、祖父宗瑞の末子で叔父にあたる幻庵宗哲《げんあんそうてつ》が、為昌の所管していた武蔵小机領の支配等にあたっているのは、残された数少ない肉親の一人として、新当主氏康を支えるためにほかならない。以後宗哲は、家中において氏康夫妻に次ぐ枢要な地位を占めることとなる。

多難な船出　氏綱の没後間もない天文十年（一五四一）十月、山内上杉憲政・扇谷上杉朝定の軍勢が河越城に来襲した。守備兵はよく凌いで撃退し、十一月には反撃に転じた北条軍が憲政の本拠地上野との国境に近い武蔵本庄《ほんじょう》（埼

図 22　北条氏康（早雲寺蔵）

玉県本庄市）まで進んでいる（大藤文書他）。次いで同十三年四月、氏康は古河公方足利晴氏に従い上野に向け出陣した。前年三月、晴氏と氏康の姉妹芳春院殿との間に義氏《よしうじ》が誕生している。十一月には氏康が晴氏の重臣簗田《やなだ》高助《たかすけ》に対し支援等を約する起請文《きしようもん》を呈しており、その簗田の尽力もあってか公方家との関係は平穏に経過していたようだ。ただこの時は憲政方に手痛い敗北を喫し、荒川端まで追撃を受けて晴氏ともどもかなり危機的な状況に追い込まれている（平之内文書他）。

図23　武田信玄（高野山持明院蔵）

天文十二年頃から本格化した上総武田家の再乱を機に、里見義堯との対立も激化していた。当時、武田家中では、同九年の信隆死去後に家督を継承した信応のもとで、一族の信秋と朝信とが対立しており、氏康は朝信、義堯は信秋と結んで代理的な抗争を展開していたとみられている（黒田基樹、二〇〇八）。この過程で義堯は上総久留里《くるり》（千葉県君津市）・佐貫《さぬき》（同富津市）、氏康も嶺上《みねがみ》（同）等、武田氏の拠点城郭を接収している。

西方では、今川義元が虎視眈々と駿河河東奪還の機会を窺っており、富士川周辺の国境地帯は緊迫した状況にあった。また甲斐では、天文十年六月、武田信玄が父信虎を駿河に追放し家督を継承したが、その信玄も信虎が義元と結んだ盟約を維持していた。

こうして周囲を敵に囲まれた氏康の前途は、まことに多難であったといわなくてはならない。ただ天文十三年正月、義元と結ぶ信玄が氏康とも盟約したことは、こうした劣勢の打開に向けた大きな布石となる（「高白斎記」）。それは、同十年七月頃から信濃佐久《さく》郡で憲政と衝突していた信玄と氏康との利害の一致がもたらした結果であった。

逆転勝利の河越合戦　天文十四年（一五四五）七月、今川義元が河東に向け駿府を出陣、九月には北条方の拠点吉《よし》原《はら》城（静岡県富士市）を自落させ、さらに伊豆との国境に近い長久保《ながくぼ》城（同長泉町）を囲んだ（「為和卿集」他）。六月、幕府の復権に向け諸大名の支援を期待する将軍足利義晴《あしかがよしはる》が関白近衛《このえ》植家《たねいえ》を通じ、次いで七月にも聖護院道増《しょうごいんどうぞう》を義元の許に下して両者の講和を斡旋させていたが実らなかった（東海大学北尾コレクション他）。

氏康も、迎撃のため駿河に入るが、義元支援のため武田信玄が大石寺《たいせきじ》（静岡県富士宮市）へ着陣すると、伊豆三嶋（同三島市）に退却し、信玄に連絡する（「妙法寺記」他）。自身とも結ぶ信玄に、敵対する意思のないことを示し、義元との講和の斡旋を求めたのであろう。

同じ頃、山内上杉憲政・扇谷上杉朝定らが氏康一門の綱成《つなしげ》（伊勢九郎の子）や重臣の大道寺《だいどうじ》盛昌《もりまさ》らの守る河越城を包囲する。十月には足利晴氏も憲政らに合流した（「古証文」他）。氏康は、かねて晴氏に、自身にも憲政にも加担しないよう求めており、晴氏もいったんは了承していたが、義元・憲政らの圧倒的に有利な状況をみて、氏康の粛清を決意したのであろう。いずれにしても、この時の氏康に、義元と全面衝突する余裕はなかった。十月十日、鶴岡八幡宮に義元との戦いでの勝利を願った氏康願文の存在も、その窮状を物語る（鶴岡八幡宮文書）。

こうして氏康が生涯最大ともいえる危機に直面する中、信玄は、十月以降、腹心の駒井《こまい》高白斎《こうはくさい》に、氏康と義元との和睦に向けた交渉を進めさせる。義元の窓口を務めた太原崇孚《たいげんそうふ》らは、この機会に氏康を一気に殲滅する考えであったとみられ、交渉は難航したが、それでも駒井の再三にわたる説得が功を奏し、十一月初旬までには、氏康が長久保城を開き、河東から撤収することなどを条件として講和が成立した（「高白斎記」）。

さらに信玄は、河越城の明け渡しを条件に氏康と憲政らとの講和も斡旋したようだが、こちらは不調に終わっている。とはいえ、義元との講和による戦線の縮小が、河越方面での戦況を氏康有利に導いたことはいうまでもない。年を越えて河越包囲が長期化する中、氏康は包囲軍の調略を進めるなどして反撃の機会を待った。

翌天文十五年四月、氏康は急速に河越支援の軍を起こす。武蔵岩付城の太田《おおた》全鑑《ぜんかん》の来属等が契機となったようだ（上原文書）。出陣は中旬。途中十七日、江嶋弁財天《えのしまべざいてん》（神奈川県藤沢市）に戦勝を祈願すると、同二十日には河越近くの砂久保《すなくぼ》に着陣し、即日包囲軍との戦闘に突入した（岩本院文書他）。

勝利したのは氏康で、憲政は上野平井《ひらい》城（群馬県藤岡市）、晴氏は古河城へ退去し、朝定は討死した。余勢を駆って氏康は、河越北方の松山《まつやま》城（埼玉県吉見町）も攻略している（「太田資武状」他）。史上に名高い河越合戦は、まれにみる氏康の逆転勝利であった。

里見義堯への攻勢　河越合戦後の天文十五年（一五四六）九月、氏康は上総嶺上城等を拠点として、里見義堯の本拠の一つ佐貫城を攻めた。氏康と義堯の間には前年六月から九月にかけて講和に向けた動きがみられていたが、義堯と対立する武田信応の氏康への働きかけにより実現せず、両者は依然抗争を続けていた（安房妙本寺文書）。

その後同二十一年に武田信応が死去すると、氏康は上総の中西部に展開していたその旧領を接収して義堯への攻勢を強め、弘治元年（一五五五）秋には、江戸湾海上交通の要衝上総金谷《かなや》城（千葉県富津市）を攻略した。この頃までには佐貫も攻略していたとみられ、氏康は義堯に対しても、圧倒的な優位に立つこととなる。

山内上杉憲政の越後退去　河越合戦以降、太田全鑑のほか花園《はなぞの》城（埼玉県寄居町）の藤田《ふじた》泰邦《やすくに》、深谷《ふかや》城（同深谷市）の庁鼻和《こばなわ》（深谷）上杉憲賢《うえすぎのりかた》ら、これまで山内上杉憲政らに従ってきた武蔵の有力国衆が相次いで氏康に属した（浄法

図24　平井城址（群馬県藤岡市）

寺文書他）。このうち全鑑の弟資正《すけまさ》は、天文十五年（一五四六）九月に松山城を奪い、翌年十月に全鑑が没すると岩付城に入って氏康に抵抗したが、同年十二月、氏康は再度松山を接収し、次いで岩付も攻略して資正を屈服させている（「年代記配合抄」他）。

一方、天文十年以降、信濃への勢力拡大を図っていた憲政は、同十六年八月、武田信玄の猛攻に晒されていた志賀《しが》城（長野県佐久市）の笠原清繁《かさはらきよしげ》を支援すべく軍を起こしたものの、小田井原《おたいはら》（同御代田町）で武田軍に大敗を喫する。翌年二月、対信玄戦略で一致する葛尾《かつらお》城（同坂城町）の村上義清《むらかみよしきよ》らと結んだ盟約（上信同盟）も有利に働くことはなく、同年十二月には上野国峰《くにみね》城（群馬県甘楽町）の小幡憲重《おばたのりしげ》が氏康・信玄に通じて憲政方の国衆を攻撃するなど、膝下の上野においてさえ国衆統制がままならない状況となっていた（小林文書他）。

氏康が憲政の本拠平井城への攻撃に着手したのは、天文十九年十一月。同二十一年三月には激戦の末、憲政方の安保泰忠《あぼやすただ》の拠る武蔵御嶽《みたけ》城（埼玉県神川町）を落とし、城中にあった憲政の嫡子龍若丸《たつわかまる》の身柄を拘束する。その際上野赤石《あかし》城（群馬県伊勢崎市）の那波宗俊《なわむねとし》や利根川以西の山内上杉方国衆が氏康に与しており、これをみた憲政の馬廻《うままわり》は、憲政を平井から追い出して城を氏康に明け渡した。憲政はしばし上野に踏みとどまるが、五月、越後に逃れ上杉謙信《うえすぎけんしん》を頼った（「仁王経科註見聞私」奥書他）。

天文二十一年七月、憲政は謙信の支援を得て上野に侵攻した（岡部文書他）。金山《かなやま》城（群馬県太田市）の由良成繁《ゆらなりしげ》、下野足利《あしかが》城（栃木県足利市）の長尾《ながお》景長《かげなが》らが同調したが、関東への復帰はならず、由良らも弘治二年（一五五六）十一月までには氏康に従う（小野寺文書他）。その後氏康は、永禄二年（一五五九）八月までに沼田《ぬまた》城（群馬県沼田市）を接収して一門の康元《やすもと》（綱成の子）を置き、相前後して白井《しろい》城（同渋川市）の長尾《ながお》憲景《のりかげ》、岩下《いわした》城（同東吾妻町）の斎藤越前守らも服属させて上野のほぼ全域を制圧した（「御府内備考」他）。

武田信玄・今川義元との同盟　天文二十二年（一五五三）四月、武田信玄が村上義清の本拠信濃葛尾城等を攻略した。ほどなく義清は葛尾を回復するが、八月、憲政と同様に上杉謙信を頼って越後へ逃れ、九月には謙信が信濃川中島等で信玄と対峙する（第一次川中島合戦）。ともに強敵謙信と対抗するかたちとなった氏康と信玄には、さらなる結束が求められていた。

他方、天文十四年十一月に氏康から駿河河東を奪還した今川義元は、翌年の冬以降、西方の三河の攻略に着手していた。今川家発祥の地、三河の領国化は義元の宿願であり、これを進めるには、後背にある氏康との関係を安定させておく必要があった。

こうして三者の間に結束に向けた機運が高まる中、天文二十一年十一月、義元の娘嶺松院《れいしょういん》殿が信玄の嫡子義信《よしのぶ》に嫁す（「妙法寺記」）。同十九年六月、義元妻となっていた信玄の姉定恵院殿が死去しており、それは両家の新たな結束を期したものであった。次いで同二十二年初頭、氏康と信玄があらためて誓詞を交わし、翌年十二月には信玄の娘黄《おう》梅院《ばいいん》殿が氏康の後継氏政《うじまさ》に輿入れする（同）。これも従来の盟約の確認であった。

難航したのは氏康・義元間の交渉である。天文十七年三月、尾張の織田《おだ》信秀《のぶひで》に義元との関係を問われた氏康が「先年（天文十四年）に一和を遂げたが、義元の疑心はやまず迷惑」（「古証文」）と返答しているように、両者の関係はいまだ険悪だった。それでも盟約がなり、同二十三年七月、氏康の娘蔵春院《ぞうしゅんいん》殿が義元の嫡子氏真《うじざね》に嫁しているのは、信玄の根気強い働きかけもあってのことであろう（「妙法寺記」）。

甲相駿三国同盟と呼ばれる、この東国の三強の結束により、西方駿河および甲斐・信濃方面の安定を得た氏康は、以後北関東方面の経略に専心してゆく。

古河公方足利義氏　平井攻略を目前に控えた天文二十年（一五五一）十二月、氏康は、古河公方足利晴氏の重臣簗《やな》田《だ》晴助《はるすけ》（高助の子）にあらためて起請文を呈し、晴氏に忠誠を尽くすことなどを誓約していた（簗田文書）。これが奏功したのか、平井攻めに際し、晴氏が憲政を支援した形跡はない。ただ河越合戦以降、両者の関係はもはや修復しがたいまでに冷却化していた。

平井攻略後の天文二十一年十二月、氏康は晴氏に迫り、晴氏が後継と定めていた藤氏《ふじうじ》ではなく自身の甥義氏《よしうじ》に公方位を譲与させた（喜連川文書）。ほどなく義氏は、下総葛西城を座所に定めたとみられ、翌年三月には、氏康の後押しにより公方としての活動を開始する。

先代の晴氏も一度は義氏に従った（佐藤博信、二〇〇六）。しかし天文二十三年七月、先に廃嫡した藤氏とともに古河城で蜂起して敗れ、政治生命を終える。義氏への譲位は本意ではなかったのであろう。その後は氏康と和解したが、永禄三年（一五六〇）五月、保護を受けていた野田《のだ》氏の拠る下総栗橋《くりはし》城（茨城県五霞町）に近い栗橋島で病没した（野田文書他）。

関東管領北条氏康　足利義氏は、弘治元年（一五五五）十一月に元服《げんぷく》し、永禄元年（一五五八）二月、正五位下左《さ》馬頭《まのかみ》、翌年三月には、従四位上右兵衛佐《うひょうえのすけ》に叙された（妹尾文書他）。

この間の永禄元年三月には鎌倉鶴岡八幡宮に参詣し、次いで小田原の氏康館を訪問して公方としての権威を示すとともに氏康との一体感をアピールした（後藤文書他）。いずも氏康主導のもとで進められたものであろう。しかし義氏元服にあたり下総の結城政勝《ゆうきまさかつ》ら、鶴岡参詣に際しても下野の小山秀綱《おやまひでつな》らが祝意を表しているとおり、関東の北東部に蟠踞《ばんきょ》する有力諸氏の多くは、これを鎌倉府以来の伝統に彩られた公方権威の発現と認めざるを得なかった（皆川文書他）。

その義氏の意向にそうかたちで、氏康は、弘治二年四月、結城政勝を支援して常陸の小田氏治《おだうじはる》を討ち、翌年十二月には下野の宇都宮広綱《うつのみやひろつな》と壬生綱雄《みぶつなたけ》の抗争に介入して綱雄を誅伐する（大藤文書他）。壬生攻めの際、下野の那須資胤《なすすけたね》が壬生と断交しているのも義氏の威光ゆえのことであろう。また永禄三年九月から十一月にかけては、常陸の佐竹義昭《さたけよしあき》と陸奥の白川晴綱《しらかわはるつな》との紛争解決に動いている（那須文書他）。

義氏の権威は、たんに儀礼的な側面にとどまらず、政治・軍事の面でこれら諸氏を統制するうえで有効に作用していた。この点と義氏・氏康の融和等を核として「公方—管領体制」は再編成され、氏康はそこにおける実質的な関東管領としての地位を確固たるものとしたのである。永禄元年八月、氏康が義氏の座所を下総葛西城から北方の関宿城に移したのも、その権威のさらなる発揚を期してのことであろう（真壁文書他）。

かくして弘治年間頃までに、関東における氏康の地位と権威は絶頂に達した。永禄三年初頭「一代のうち横合いなき時、身を退くは聖人の教え」と家督を氏政に譲っているのは、氏康自身そうした認識を有していたことを示している（安房妙本寺文書）。

「小田原衆所領役帳」の作成　退隠を目前に控えた永禄二年（一五五九）二月、氏康は配下の太田泰昌らに命じ、家臣らに対する役の負担状況をとりまとめさせた。有名な「小田原衆所領役帳」（以下「役帳」という）である。

これによると、当時の氏康の家臣団は、氏康に直属する小田原衆・御馬廻《うままわり》衆と諸足軽《あしがる》衆、それに伊豆衆・玉縄衆・三浦衆（本光院殿衆）・津久井衆・小机衆・江戸衆・河越衆・松山衆という地域ごとに編成された軍団＝衆を主体

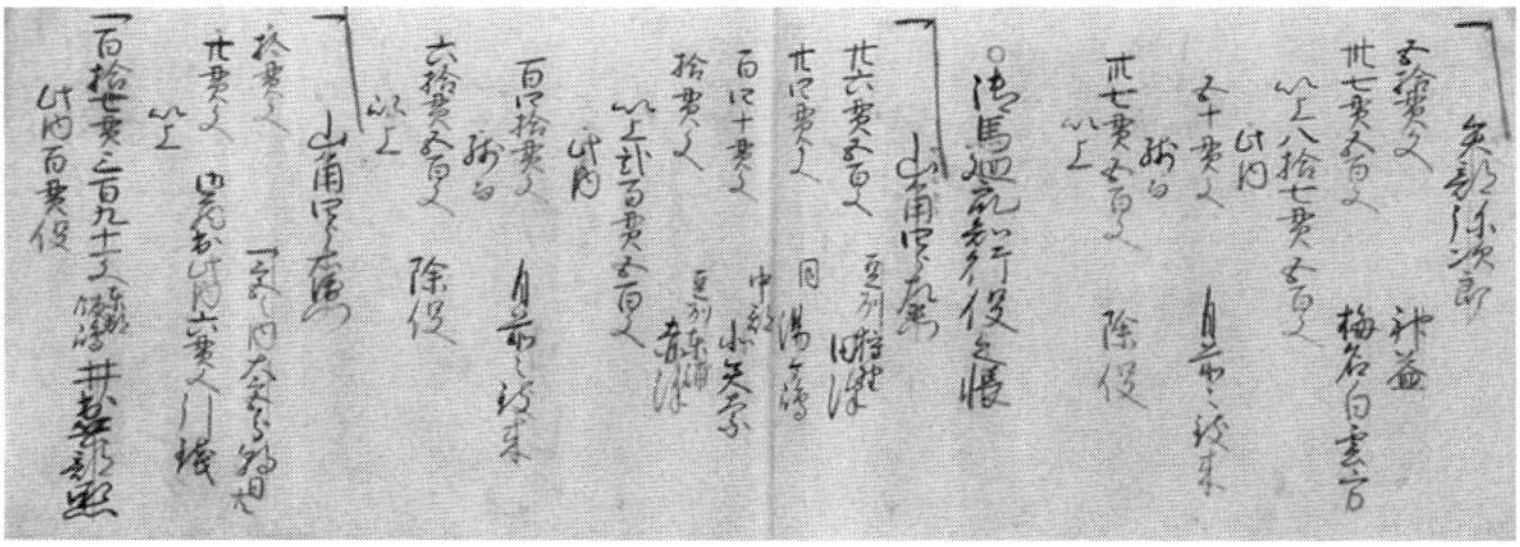
図25　小田原衆所領役帳（今井家蔵）

としていた。それは、重臣の寄親《よりおや》とその指揮に従う同心《どうしん》・寄子《よりこ》等からなる一軍を単位としており、伊豆衆・江戸衆・河越衆・松山衆の場合は、複数の寄親の率いる軍団で構成されていたことが知られる。

小田原衆と御馬廻衆は、それぞれ氏康の居城である本城小田原城の防備、氏康の身辺警護等に当たった。諸足軽衆は斥候、伏兵等を得意とした特殊部隊で相模中郡の田原城（神奈川秦野市）を拠点としていた。伊豆衆以下は、本城に対し支城と呼ばれる拠点城郭の付属軍団であり、伊豆衆は伊豆韮山城、玉縄衆は相模玉縄城、三浦衆は同三崎城、津久井衆は同津久井城、小机衆は武蔵小机城、江戸衆・河越衆・松山衆は、それぞれ武蔵の江戸城・河越城・松山城に配置されていた。

このような衆の編成と配置等は、「本国」とも呼ばれる氏康の直接支配領域の構成にほぼ対応している。「役帳」の成立当時、それは、伊豆、相模の西郡・中郡・三浦郡と津久井領（奥三保）、玉縄領（相模東郡、武蔵久良岐郡）、武蔵の小机領（武蔵都築・橘樹郡）、江戸地域（同荏原・豊島・葛飾郡、多東・新座郡の一部、下総葛西等）・河越地域（同入東・入西郡、新座郡の一部等）・松山領（同比企郡。のち「本国」から分離）からなり、相模西郡・中郡は本城小田原城、伊豆および三浦郡・津久井領と玉縄領・小机領・江戸地域・河越地域・松山領は、衆が配置されていた韮山以下の各支城の管轄とされていた（黒田基樹、二〇一四）。

衆は、領域の防衛等のほかその行政支配にもあたっており、右にみた領域ごとにこれを統括する担当者が定められていた。その権限には領域によって相違があり、相模西郡・中郡と伊豆には公事《くじ》の徴収を担う郡代、江戸・河越両地域には加えて各城に付属する衆の指揮権を有する城代、その他の支城領にはさらに領域内において衆に対する知行宛行権・裁判権等を与えられた支城主が置かれている。

ちなみに「役帳」成立時点における領域支配者の顔ぶれは、相模西郡郡代が御馬廻衆（無役）寄親の石巻家貞《いしまきいえさだ》、同中郡郡代が諸足軽衆筆頭の大藤政信《だいとうまさのぶ》、伊豆郡代が伊豆衆寄親の清水康英《しみずやすひで》と笠原綱信《かさはらつなのぶ》、江戸城代・河越城代が各々江戸衆・河越衆の寄親で筆頭の遠山綱景《とおやまつなかげ》（直景の子）・大道寺周勝《だいどうじかねかつ》（盛昌の子）、玉縄城・小机城・津久井城の支城主が、それぞれ北条綱成《ほうじょうつなしげ》（氏康の義兄弟）、北条三郎（幻庵宗哲の子）、内藤康行《ないとうやすゆき》（大和入道の孫）となっていた。なお松山城には松山衆寄親で筆頭の狩野介が城代として置かれていたとみられている。また相模三浦郡については当時玉縄城主の綱成が管轄しており、これに付属する三浦衆は氏康の指揮下にあった。

直接支配領域の外縁には、氏康に従属する国衆の支配領域が展開していた。「役帳」に「他国衆」として記載される武蔵勝沼城の三田綱定《みたつなさだ》、同岩付城の太田資正《おおたすけまさ》、同由井城の大石綱周《おおいしつなちか》、同忍《おし》城（埼玉県行田市）の成田長泰《なりたながやす》、下総小《こ》金《がね》城（千葉県松戸市）の高城胤吉《たかぎたねよし》、同臼井《うすい》城（同佐倉市）の原胤貞《はらたねさだ》、上総土気《とけ》城の酒井胤治《さかいたねはる》、同東金《とうがね》城の酒井胤敏《さかいたねとし》らの支配領域である。そこでは行政支配と軍団編成の両面で国衆による自律的な支配が行われ、氏康の権力が直接に及ぶことはなかったが、その拠点もまた支城と呼ばれ、それぞれが北条領国の一画をなしていた。

(3) 民政の展開

虎印判等の創案　永正十五年（一五一八）十月、氏綱は、伊豆の御料所《ごりょうしょ》（直轄領）木負《きしょう》（静岡県沼津市）の百姓らに宛てて、虎印判《とらいんばん》（上部に虎の横たわる形象を添えた七五ミリ四方の二重郭方印。郭内に「禄寿応穏」と陽刻されている）を押した四ヵ条の法度書を下した（木負大川文書）。そこでは年貢以外の各種公事は直接に虎印判状で申し付ける、虎印判状がなければ郡代・代官の命令があっても応じてはならない、不法があれば直訴せよ等、郡代らによる中間搾取の排除が表明されていた。

虎印判は、この法度の施行に合わせ、御料所に対し直接そして一度に多数の文書を下すために創案された。民政重視で知られる北条氏の政治姿勢を体現するアイテムともいえよう。磨滅等による改刻は認められるものの、以後氏康・氏政・氏直と四代七〇年以上に渡って襲用されており、この間その用途も、御料所のみならず家臣・寺社等の知行地からの公事の徴収、職人の統制、軍勢による村への不法禁止等に拡大されている。

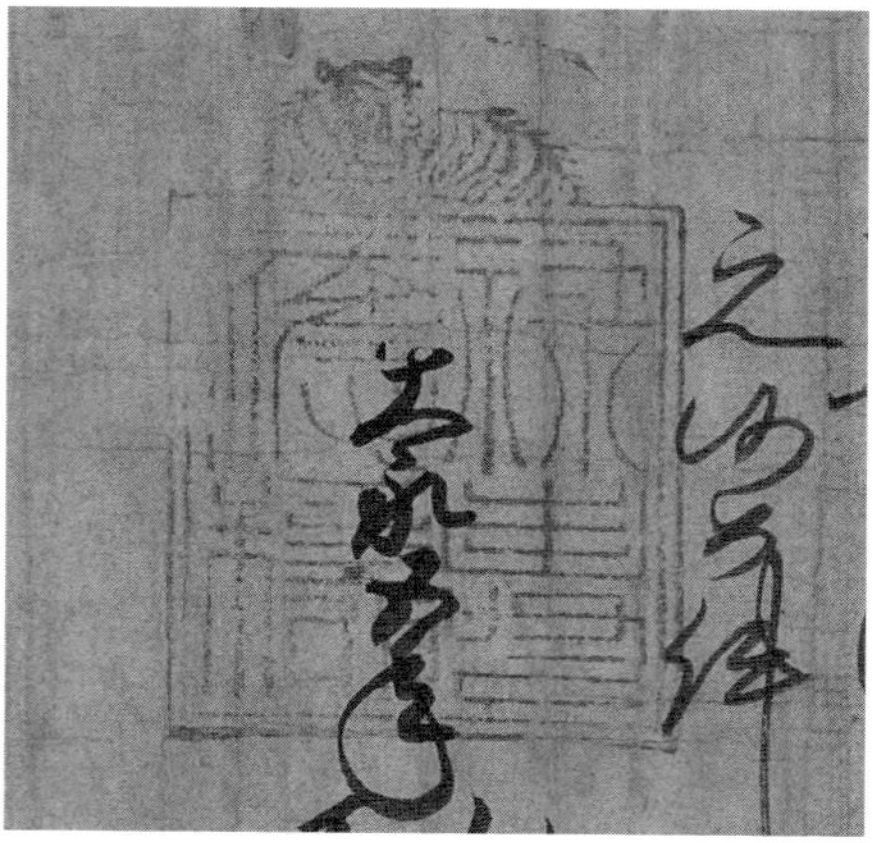

図26　虎印判

虎印判とほぼ同時に、氏綱は印文「調」の印判（二五ミリ四方の二重郭方印）も創案した。永正十五年十月、配下の後藤繁能・関時長が鎌倉在住の鍛冶に対し「用件のある時はこの印判で申付ける。自分（後藤ら）の花押を加える」（福本文書）と伝えた書下《かきくだし》の袖に押されているのが初見である。奉行らによる恣意的な職人の徴発を防止するのが目的であり、そこには虎印判と共通する機能を認めることができよう。

ただ以後においてこれに類する用例はみられていない。天文年間には関所の通過を認める過所《かしょ》への押印が確認されるが、これもほどなくして姿を消し、最終的にはもっぱら続紙《つぎがみ》の継目、口上《こうじょう》の覚《おぼえ》等に押されるようになっている。職人徴発令書や過所には、その後虎印判が押印されており、その機能は虎印判に吸収されたとみることができよう。

税制の改革と整備　初代宗瑞は、家臣らの知行地を含む村々の検地を実施し、ほぼ田は一反五〇〇文、畑は一反一六五文という換算率によって村ごとに算定した貫高を基準として年貢額を確定する施策を進めた。これを継承して氏綱は永正十七年（一五二〇）に小田原と鎌倉の周辺、氏康も天文十一年（一五四二）から翌年にかけて伊豆・相模と武蔵南部、弘治元年（一五五五）に武蔵北部でまとまった検地を行っている（佐脇栄智、一九七六）。

次いで氏康は、天文十九年四月、従来畑地に課されていた雑多な公事を貫高に基づく懸銭《かけせん》に整理する税制改革を断行した。そしてこれを皮切りに、田地に課される反銭《たんせん》や人身を徴発する夫役《ふえき》等に関しても貫高を基準に賦課する仕組みを整えてゆく。それは前年四月に発生した巨大地震に起因するという「国中諸郡退転」（剣持文書他）、つまり全領国的規模の農村荒廃状況に対応するかたちで進められたと考えられている（黒田基樹、二〇〇五）。

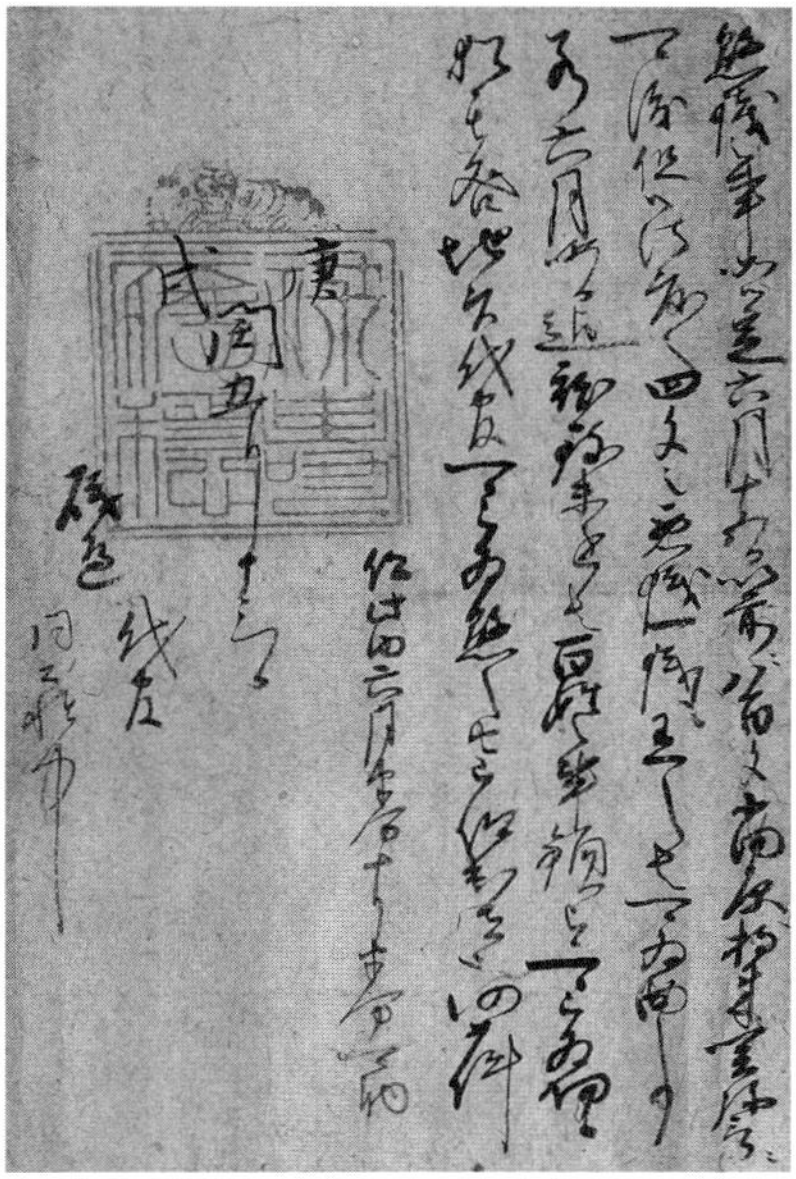

図 27　縣銭の納入を命じた配符（天文 19 年閏 5 月，富士山本宮浅間大社蔵）

役銭と総称される新税の懸銭や新基準の反銭等に関し、氏康は良質な銭貨＝精銭《せいせん》による納入を原則とした（富士山本宮浅間大社文書他）。当時、精銭並みの価値を認められない粗悪な銭貨＝悪銭《あくせん》が多く流通していたためである。だが百姓らが精銭を得るには自らの生産品を市場で売却する必要があり、そこでも悪銭による取引が横行していたから、貢納のための精銭入手は容易でなかった。その結果百姓らは、妻子・牛馬、田畠の売却・質入れ等を余儀なくされてゆく。これには弘治三年（一五五七）の気候不順を機に永禄十年（一五六七）頃まで続いた飢饉状況も関連していたとされる。

氏康が、永禄元年（一五五八）以降、貢納にあたり二割五分から三割の比率で中程度の品質の銭貨＝地悪銭（中銭）の混入を認める一方、同三年二月から三月にかけて実施した徳政令《とくせいれい》で、百姓らの借銭等の破棄、期限付きで売られた妻子等の取戻し、秋に収める年貢の半分の米納を認めたのは、そうした事態を踏まえての措置であった（三須文書他）。打ち続く戦乱と飢饉の中、この徳政令は氏康に代わる新当主氏政の代始めの施策というかたちで行われた。とはいえ氏康は、以後も御料所支配や役銭徴収等の民政を主導してゆく。戦地への出馬を停止した永禄九年の五月には、そうした事務の遂行のために印文「武栄」の印判（縦七五ミリ・横五五ミリの二重郭長方印）を創案しているほどだ（山口博、二〇〇七）。この徳政もまた氏康の主導で施行されたと考えられている。

その後、永禄七年九月には貢納と市場取引きを精銭のみで行うことが定められ、以後北条領における年貢等の貢納形態は、以後同年代末頃までに銭納から現物納へと転換する（藤木久志、一九七四）。課税基準の設定といい、現物納の採用といい、氏康による税制の整備は、税を負担する村々の再建と密接に関連しながら進められた。

中間搾取等の排除　貫高で表示される年貢等の現物納は、貫高と米穀等現物の換算率＝納法の操作による水増し収納を横行させた。同じ税額でも安価なほど現物量は増加するから、収納側の領主や代官は、より安値による換算を標榜したのである。不正な枡の使用もみられた。当時は同じ一升でも実際の分量の異なる枡が存在し、収納側はより大きな枡で計量することで、実質的な増収が可能であった。

百姓がこれに反発したことはいうまでもない。そこで氏康は、市場価格を勘案し年ごとに納法を公定するとともに、榛原枡《はいばらます》を年貢計量等の際の公定枡とすることとした。さらに収納時の計量を百姓側が行うこと、枡に米穀を山盛りにせず平らにして計量することを定め、収納者側に不法があれば訴状を呈するよう百姓に奨励するなど、収納現場における氏康の百姓側への配慮は実にきめ細かい。年貢等の着実な収納のため、代官・領主による中間搾取等の不正は、何としても排除されなくてはならなかった。並行して収納者側では小代官《こだいかん》、納入者側では名主《みょうしゅ》等、有力百姓を主体とする税の収取機構も整備される。

市場の振興　少し遡るが、「北条五代記」によると、天文十九年（一五五〇）、氏康が「銭にはいろいろ種類があるが、永楽銭《えいらくせん》にまさるものはないから、今後は永楽銭のみを使うよう」命じる高札《こうさつ》を立てたのを機に「関八州の市町では永楽銭を用いた」という。北条領で通用した銭貨の主体は精銭で、永楽銭はそれよりも価値が高く通用も限定されていたから、これを全面的に信じることはできない。

ただ天文十九年は、すでにみたとおり、税制改革によって原則銭納の懸銭が創設された年。百姓らが精銭を得やすい環境を整えるため、おりしも氏康が市場を整備するなどの必要に迫られていた時期にあたる。その年九月、武蔵世田谷城の吉良《きら》頼康《よりやす》が領内上小田中《かみこだなか》市場（神奈川県川崎市）に接する泉沢寺《せんたくじ》門前の諸役等を免除し商人の来住を促しているのは、氏康の施策と連動していた可能性が高い（泉沢寺文書）。それは北条領国における楽市の初見でもあった（佐々木銀弥、一九九四）。

弘治元年（一五五五）四月には、氏康自身、武蔵北野《きたの》天《てん》神社（埼玉県所沢市）の神事の際に開設される市場での押買等を禁じており、永禄五年（一五六二）十二月・同十年十月にも、坂東三十三観音の札所として賑わう相模飯泉山《いいずみざん》（神奈川県小田原市）・武蔵弘明寺《ぐみょうじ》（同横浜市）の門前市における諸役免除・不法禁止等が定められている（北野天神社文書他）。

また天文二十二年三月、氏康は上野国内とみられる某所の市の日を四日・九日と定めている（高山文書）。毎月の四日・九日、十四日・十九日、二十四日・二十九日を開催日とする六斎市《ろくさいいち》の可能性が高いであろう。六斎市開催日の公定は、永禄七年九月の武蔵関戸郷（東京都多摩市）、天正六年（一五七八）九月の武蔵世田谷新宿（東京都世田谷区）、同十一年十一月の同高萩新宿（埼玉県日高市）、同十三年二月の相模荻野（神奈川県厚木市）等、氏政・氏直時代にも進められた（「武州文書」他）。その際には近隣の市の日と重複しないよう調整が図られている。

ただこの間の永禄七年以降は貢租の現物納化が進められており、少なくとも天正期における六斎市の盛行は、貢租銭納の視点のみでは説明できない。その前提には、近隣百姓らによる塩・塩合物・水産加工品や鍋・釜、農具などの日常必需品の調達はむろん、特産品、余剰農産物、縄莚《なわむしろ》・織物など手工業品等の換金の場、給人や現地代官等による年貢米投下の場等としての市場の発展があったと考えられる。そこには小田原や各支城等を拠点とする領国内商人のほか、伊勢大湊《おおみなと》（三重県伊勢市）の角屋《かどや》ら領国外の豪商等の関与も想定される。

訴訟制度の整備　永禄四年（一五六一）五月、氏康が老師と仰ぐ箱根権現別当融山に宛てた書状には「百姓に対しても誤りなく裁判を行うため、十年以来目安箱《めやすばこ》を設置し、諸人の訴えを聞き届けて道理を探求した」と記されている（安房妙本寺文書）。

弘治元年（一五五五）正月以前、氏康は領内の訴訟を処理する機関として評定衆《ひょうじょうしゅう》を組織しており、目安箱の設置は、目安呈出の手続きの簡略化による評定衆の有効な運営を図るための措置であった。むろんそれは、家臣・寺社等の私領を含め、北条氏に訴える伝手のない百姓ら一般庶民を主たる対象としていたとみられる。

評定衆は、氏康の身辺を固める御馬廻衆と小田原衆を主体に構成されており、審議の結果（裁許）は、裁許状《さいきょじょう》と呼ばれる文書によって勝訴者側に伝えられた。差出には「評定衆」と記され、発給主体は評定衆と解される。左脇に記名し花押を据える者は、その筆頭とされるが、天正五年（一五七七）四月十日付の二通の裁許状には、それぞれ石巻康保《いしまきやすもり》・山角康定《やまかくやすさだ》の記名等があるから、むしろ事案担当者とみるのが妥当であろう。日付上に押印された虎印判は、当主が裁許内容を承認したことを示す証判と考えられる。発給日は十日・二十日・二十八日の前後に集中しており、裁許は月三回、ほぼ定期的に行われたようだ。

裁許に際しては案件に関わる証文が重視され、過去の判例のほか、「御成敗式目《ごせいばいしきもく》」等が参照された。北条氏の場合、「今川《いまがわ》仮名《かな》目録《もくろく》」や「甲州法度《こうしゅうはっと》之《の》次第《しだい》」のような分国法を制定していないが、天正十八年まで四十年ほどに及んだ評定衆の活動期間中において、膨大な判例・関連法規等が集積されていたことはまちがいない。

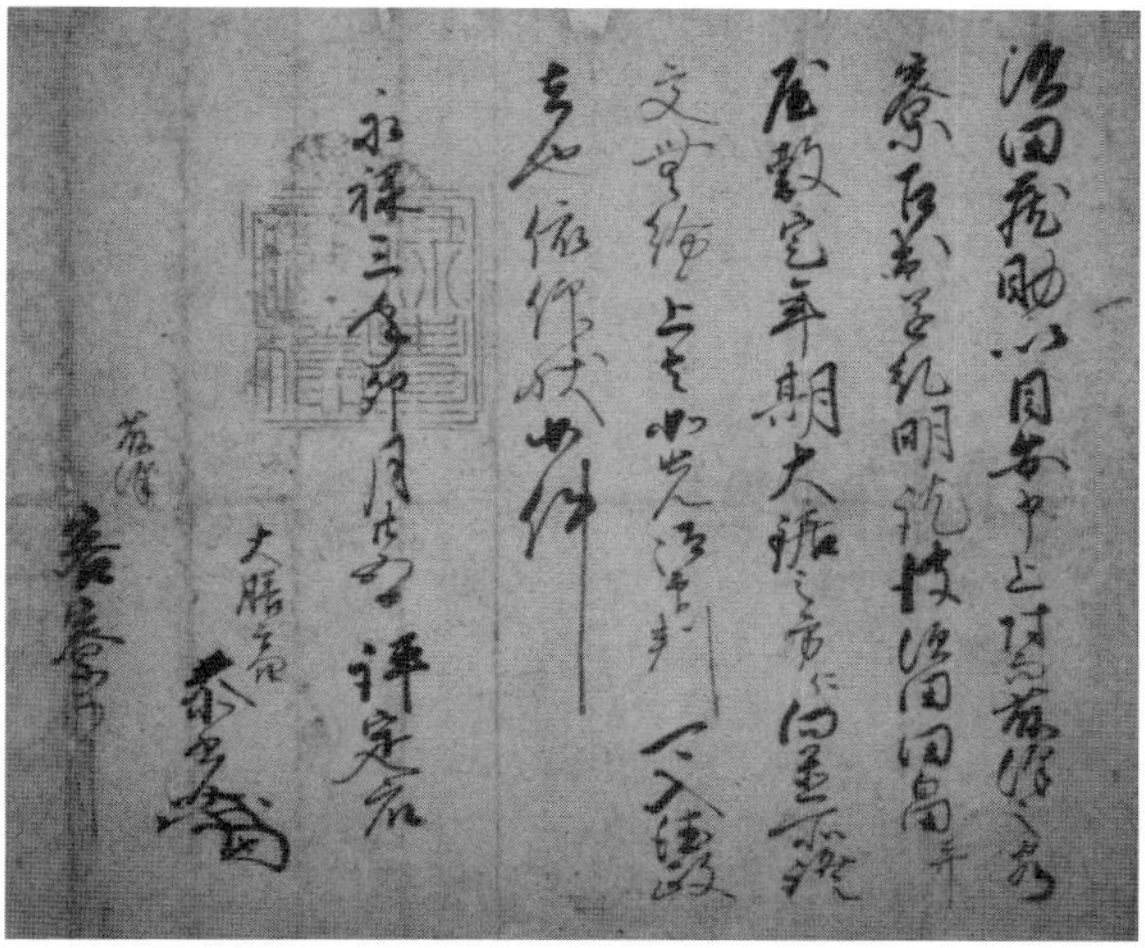

図28　裁許状（永禄3年4月，森家蔵）

氏康の民政　先にふれた融山宛の書状で氏康は「万民を哀憐し、百姓に礼を尽くすべし」との融山の意見に対し、「去年（永禄三年〈一五六〇〉）分国中の諸郷へ徳政を下し、妻子や下人の売券を破棄させ、年数を経たものまで糾明し、ことごとく返還させた」と応じている。永禄三年の徳政令の発令が氏康の意向を踏まえたものであったことに加え、「万民を哀憐し、百姓に礼を尽くす」ためのアイテムとして、氏康が徳政を重視していたことが窺えよう。天文十九年（一五五〇）の税制改革に際しても、氏康は徳政を施行していた。

氏康の民政の前提に、撫民思想があったことはまちがいない。ただすでにみた税制の整備は、統一的な基準に基づく公平な税の設定とともに、その確実な収納を目的としていた。それゆえ氏康は、年貢等の未納に対し、牛馬を没収する、未納者の首を切る、などの厳しい措置も辞さなかった。広域的な飢餓状況への対応とされる永禄三年の徳政令でも、年貢等の減免はいっさい認めておらず、代官に年貢未納分の形《かた》として入れていた米穀の徳政による返還を求める相模酒匂《さかわ》（神奈川県小田原市）十カ村の訴えも評定衆により退けられていた（小島文書）。撫民とともに、領国の経済基盤の安定化、法秩序の維持もまた、氏康にとって大きな課題であった。

氏康が死去する直前の元亀二年（一五七一）八月、武蔵白子（埼玉県和光市）等の反銭納入等について定めた虎印判状で、後継の氏政は、収納時における榛原枡の使用等、氏康の主導で整えられた税制関連の諸規定を確認し、今後税額が変わらなければ、改めて貢納を命じる配符は下さないとしている。税制整備に区切りがついたとの認識からであろう。ただ、それは反面で、氏政の民政への取組みへの消極さを窺わせる面もある。

TOPIC

関東諸勢力と小田原北条氏

岡　潔

(1)室町・戦国時代の関東

鎌倉府による関東支配　室町時代の関東には、鎌倉時代に武家政治の本拠地がおかれたという歴史的な経緯をふまえ、室町幕府の出先機関として特別に鎌倉府がおかれ、独立性を強く志向した固有の統治が行われていたとされる。その管国は、相模・武蔵・安房・上総・下総・常陸・上野・下野の八カ国（現在の関東地方全域）に伊豆・甲斐（静岡県東部と山梨県）を加えた十カ国（一時的には、陸奥・出羽の二カ国＝東北地方全域や、信濃＝長野県なども管轄に含まれることがあった）に及び、長官には室町幕府を開いた足利尊氏《あしかがたかうじ》の子基氏《もとうじ》が派遣され、代々その子孫が世襲した。また、その補佐役の執事《しつじ》を足利氏の外戚である上杉《うえすぎ》氏が独占するようになり、やがて、京都室町の将軍家が公方《くぼう》と称されるようになると、鎌倉御所《かまくらごしょ》あるいは鎌倉殿《かまくらどの》と呼ばれた基氏の一族もこれにならい（関東公方《かんとうくぼう》、鎌倉公方とも）、執事の職は関東管領に統合され、山内上杉氏が世襲した。鎌倉府の組織は、公方・管領のもと、公方直属の家臣となった足利氏の一門と根本被官（足利氏の古くからの家臣）や関東の国人領主《こくじんりょうしゅ》などからなる奉公衆《ほうこうしゅう》（諮問機関の評定衆《ひょうじょうしゅう》と裁判を管轄する引付衆《ひきつけしゅう》などを構成）、下総の千葉《ちば》氏・結城《ゆうき》氏、常陸の佐竹《さたけ》氏・小田《おだ》氏、下野の宇都宮《うつのみや》氏・小山《おやま》氏・那須《なす》氏・長沼《ながぬま》氏ら守護大名《しゅごだいみょう》などの外様《とざま》によって構成されていた。

鎌倉府の権限は、当初、管国内の軍事的な指揮権を中心とするものであったが、所領の安堵や充て行い、裁判などの権利を獲得し、次第に強化されていく。これによって、関東公方は関東の諸勢力と直接的に主従関係で結ばれ、領域支配の基盤が整い、室町幕府に対する独立性を高めていった。歴代の関東公方は、足利氏の一門として将軍に代わりうる血統や家柄を有するとの自負があったから、これに対抗意識を持ち、ことあるごとに反発した。一方、関東管領上杉氏は関東公方を補佐するとともに、幕府の意向をふまえて調停にまわるべき、いわばお目付け役のような立場にあったので（関東管領職の任免権は幕府が保持した）、関東公方との関に軋轢が生じていった。

康暦元年（一三七九）、二代関東公方の氏満《うじみつ》は、幕府内部の抗争（康暦《こうりゃく》の政変）にさいし、三代将軍義満《よしみつ》に対し挙兵を企てたが、関東管領上杉憲春《のりはる》に死をもっていさめられ、断念する。さらに、三代満兼《みつかね》は義満に対する有力守護大名《しゅごだいみょう》大内義弘《おおうちよしひろ》の反乱（応永《おうえい》の乱）に加担し、応永六年（一三九九）に京に向け進軍するが、関東管領上杉朝宗《ともむね》や上杉憲定《のりさだ》の諫言と、義弘敗死の報を受けて鎌倉に引き返すなど、早期から対立の構図が現れはじめていた。この時は、幕府に服従の意思を示してゆるされたが、四代持氏《もちうじ》の時代になると、幕府や関東管領との対立は決定的なものとなっていく。

関東公方と関東管領の対立　持氏との不和が原因で関東管領を罷免された犬懸《いぬがけ》上杉氏憲《うじのり》（禅秀《ぜんしゅう》）が、応永二十三年（一四一六）十月に関東の諸氏を巻き込んで大規模な反乱をおこすと（上杉禅秀の乱）、一時は鎌倉を追われた持氏だが、幕府の援軍を得て翌年正月にこれを鎮圧する。乱の背後には、関東にあって将軍と直接主従関係を持っていた親幕府・反鎌倉府勢力である一部の国人たちの動きも関係していたから、戦後処理を口実としつつ、持氏は直接この反乱に加担していなかった者も含め、その勢力（京都扶持衆《きょうとふちしゅう》など）の一掃を企てる。また、応永三十二年二月に病死した五代将軍義量《よしかず》の後継者選びに自身が候補となれず、くじ引きで義教《よしのり》が六代将軍となったことに強い不満を抱いて祝儀を怠り、中央の改元に随わず、永享十年（一四三八）六月の嫡子の元服にさいして将軍の偏諱《へんき》（実名の一字）を受ける慣例を無視するなど、対立の姿勢を強めていった。この間、関東管領上杉憲実《のりざね》は持氏を再三いさめるが聞き入れられず調停を断念、管領職を辞して同年八月に鎌倉を去り領国の平井城《ひらい》（藤岡市）に退去した。これを謀反とみなした持氏が追討の兵を差し向けたため、憲実の救援要請をうけた幕府は、朝廷に要請して持氏を朝敵とし、駿河《するが》守護《しゅご》今川範忠《いまがわのりただ》ら討伐の軍勢を派遣する。敗北した持氏は降伏して出家し、憲実により助命嘆願がなされたが、義教はこれを却下し憲実に命じて翌十一年二月に自害に追い込んだ。ここに鎌倉府はいったん滅亡する（永享《えいきょう》の乱）。

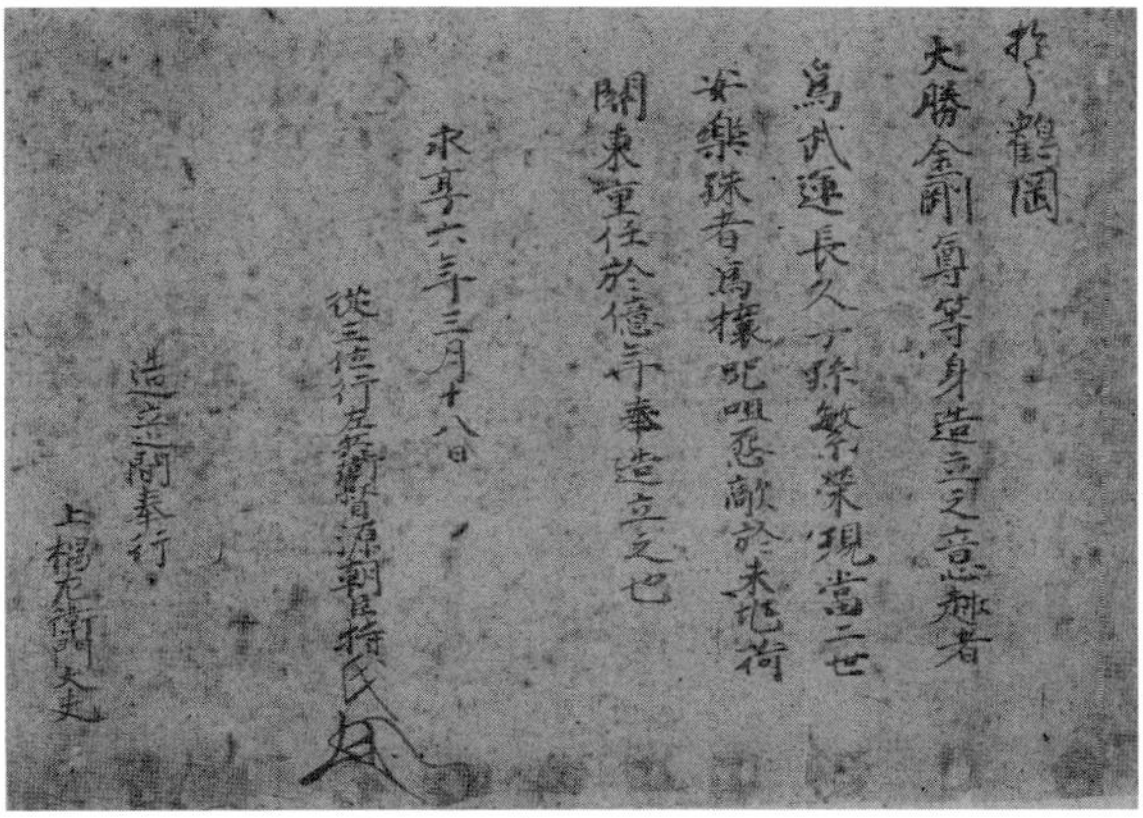
於鶴岡
大勝金剛尊等身造立之意趣者
為武運長久子孫繁栄現当二世
安楽殊者為攘呪咀怨敵於未兆荷
関東重任於億年奉造立之也
永享六年三月十八日
従三位行左兵衛督源朝臣持氏（花押）
造立間奉行
上椙左衛門大夫

図29　足利持氏血書願文　永享6年3月18日（鶴岡八幡宮蔵）
持氏が鶴岡八幡宮に納めた自筆の血書願文。文言の「呪詛怨敵」の対象は足利義教とされる。

永享の乱後、幕府や関東管領上杉氏に不満をいだく下総の結城《ゆうき》氏《うじ》朝《とも》・持朝《もちとも》父子らは、同十二年三月に持氏の遺児（春王丸《はるおうまる》・安王丸《やすおうまる》ら）を奉じて反乱をおこすも、翌嘉吉元年（一四四一）四月に敗死し（結城合戦）、同年六月、その戦勝祝いの名目で赤松満祐《あかまつみつすけ》の自邸に招かれた義教が暗殺された（嘉吉《かきつ》の乱）。専制を強めていた義教が死去し、七代義勝《よしかつ》・八代義政《よしまさ》と二代続けて幼い将軍が就任したことで、将軍の権威が揺らぎはじめる。また、関東では永享の乱や結城合戦により、上杉氏の勢力が拡大する一方、かつて持氏を支えた奉公衆や外様の勢力は圧迫され不満をつのらせた。こうした緊張関係の調停を望む双方が鎌倉府復活を求め、文安四年（一四四七）、幕府は足利成氏《しげうじ》（持氏の遺児）の関東公方就任を許し、宝徳元年（一四四九）に鎌倉府が再興される。

鎌倉府が再興されたものの、関東公方と有力な国人らが連携して上杉氏と対抗する構図は解消されず、成氏が同二年四月の江島《えのしま》合戦などで関係が悪化していた関東管領上杉憲忠《のりただ》（憲実の子）を享徳三年（一四五四）十二月に殺害したことを契機として、三十年近くにおよぶ享徳《きょうとく》の大乱へと突入する。この間、上杉氏の援軍として幕府から派遣された駿河守護今川範忠が、同四年六月、成氏の遠征中に鎌倉を制圧し、成氏は下総古河《こが》（古河市）に本拠を移したため（古河《こが》公方《くぼう》）、八代将軍足利義政《よしまさ》は、長禄二年（一四五八）六月頃、異母兄の足利政知《まさとも》を新たな関東公方として派遣したが、関東の諸氏から十分に支持や協力を得ることができず、鎌倉に入れぬまま伊豆の堀越《ほりごえ》（伊豆の国市）に御所を構えた（堀越《ほりごえ》公方《くぼう》）。一方、堀越公方を補佐する上杉氏の内部では、宗家《そうけ》となり関東管領を独占した山内上杉《やまのうちうえすぎ》氏を庶家の扇谷上杉《おうぎがやつうえすぎ》氏らが支えていたが、関東管領山内上杉顕定《あきさだ》の家宰《かさい》（家長に代わり家政を取りしきる筆頭重臣）の座をめぐり、文明九年（一四七七）正月に重臣の長尾《ながお》景春《かげはる》が反乱をおこし（長尾景春の乱）、その鎮圧を口実に扇谷上杉定正《さだまさ》の家宰太田《おおた》道灌《どうかん》が巧みに扇谷上杉氏の勢力を拡大する状況となった。これに危機を感じた顕定は同十年正月に古河公方足利成氏と和睦。その後、同十四年十一月に成氏と幕府の和睦も成立し、享徳の乱が収束する。この結果、堀越公方は、かろうじて伊豆一国の支配権を認められる形で存続することとなった。また、この内乱の過程で力を伸ばし、宗家の山内上杉氏に対抗し得る勢力に成長しつつあった扇谷上杉氏にとっては、この和睦は不服であり、長享元年（一四八七）、今度は上杉氏同士が対立し、越後守護上杉氏や古河公方を巻き込んで抗争するようになり（長享《ちょうきょう》の乱）、小田原北条《おだわらほうじょう》氏（伊勢《いせ》氏）は、この争いの過程で関東に進出する。

十五世紀末、伊勢宗瑞《そうずい》が下向する直前の関東は、おおまかに整理すると、当時の利根川をはさんで東部地域が古河公方足利氏の勢力圏、西部地域が関東管領上杉氏の勢力圏とに二分され、さらに西部地域は北に関東管領山内上杉氏、

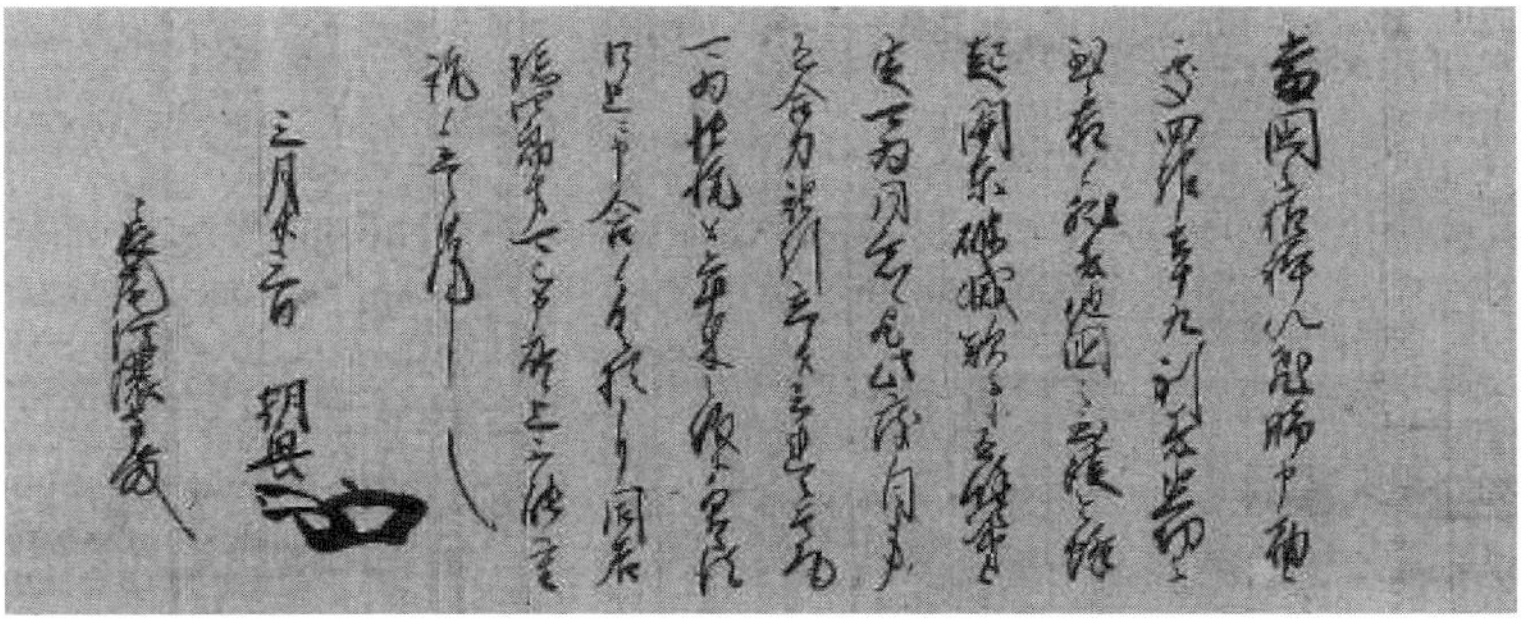

図30　上杉朝興書状　（大永5年）3月23日（米沢市上杉博物館蔵）
越後守護代長尾為景宛。「他国之凶徒（＝北条氏綱）蜂起せしめ，関東破滅」とある。

南に相模国守護扇谷上杉氏の勢力圏とに分かれて抗争が続き、戦国的様相を呈する状況となっていた。

他国の逆徒　小田原北条氏（伊勢氏）は、東国に政治的権力や経済的基盤を有していない、いわばゼロの状態からスタートし、数か国を版図とする全国でも屈指の戦国大名にまで成長した。多くの戦国大名が、守護大名や守護代、国《くに》衆《しゅう》などの系譜を有し、在地に伝統的な基盤を持つ大小の地域領主から発展したとされるなか、稀有な存在として知られている。

小田原北条氏の祖となった伊勢宗瑞は、室町幕府政所執事《まんどころしつじ》を世襲した伊勢氏の近親と幕府の吏僚としての出自、その縁で姻戚となった駿河守護今川氏の軍事力、さらに明応《めいおう》の政変後の新将軍と管領《かんれい》の意向などを後ろ盾とし、実力で堀《ほり》越公方《ごえくぼう》を討滅して、にわかに伊豆の国主となった。したがって、これまで長期にわたって東国に地盤を築いてきた、関東の公方や管領、国衆など伝統的な諸勢力からみれば、まさに「他国之逆徒《たこくのぎゃくと》」（『新編会津風土記《しんぺんあいづふどき》』巻之七所収　大蔵院宗好書状）＝「よそから来て関東の秩序に反逆した侵略者」あるいは「他国（南方）之凶徒」（上杉朝興《ともおき》書状など）というべき、容易ならざる存在であった。

このため、小田原北条氏は、新たに自らの存在を関東の秩序に位置付けるべく、中央の権威を利用し、伊勢氏から関東にゆかりの深い北条氏への改姓、周辺勢力との対抗関係を優位にし、支配の正当性を認知させる上で有効となる、左京大夫《さきょうのだいぶ》や相模守《さがみのかみ》などへの任官を実現していく。さらに関東における政治的権威である関東管領《かんとうかんれい》への就任、宗教的権威であった箱根権現《はこねごんげん》（箱根町）や鶴岡八幡宮《つるがおかはちまんぐう》（鎌倉市）ら寺社の再興・造営などを積極的に推し進めて、関東の盟主を志向すると同時に、これらで解決し得ない矛盾は、徐々に蓄えていった経済力や軍事力をもって実力で排除し、地位を確立していった。

骨肉相食む戦国時代にあっては、家督《かとく》をめぐる父子や兄弟の争いなど、一族間の内紛は後を絶たなかった。関東公方足利家や関東管領上杉家をはじめ、関東周辺にあった駿河の今川《いまがわ》家、甲斐の武田《たけだ》家、越後の長尾《ながお》家などもその例にもれない。内紛を経て不安定要因や旧弊が取り除かれ、体制が強化される効果も期待できた反面、他勢力から干渉を受け、衰退に向かう危険をはらんでいた。これら、他家の内紛や周辺諸勢力を巻き込んでの抗争の好機をたくみにとらえ、着実に勢力を扶植していったのが他ならぬ小田原北条氏であるから、彼らにとって、自身の内紛は最も避けねばならない優先的課題と認識され、結果的に、家督争いや家中の権力闘争など、表立った一族間の対立や抗争が一度も看取されない点でも、稀有な戦国大名となった。

「よそ者」の新興勢力として、関東に伝統的な基盤が確立されていなかった小田原北条氏は、関東固有の統治システムにそのまま依存しえない反面、むしろ、そのしがらみから一定程度自由な立場にあったといえる。虎印判《とらいんばん》の創始による、個別の領主（家臣）を介さず百姓らと直接向き合う姿勢、所領の貫高《かんだか》にもとづく統一基準による軍役《ぐんやく》の付加という、合理的な手法による軍事力の編成、その前提となる統一的な検地《けんち》の実施と税制の整備など、小田原北条氏の独自の政治的理念や権力基盤は、「他国之逆徒」＝外来の新興勢力として、関東の諸勢力と対峙するなかで形成されていった。

(2)戦国大名小田原北条氏の登場

堀越公方の討滅と伊豆平定　古河公方との和睦により享徳の乱が収束し、関東支配の望みを失った堀越公方足利政知は、幕府の方針を転換させるべく、管領細川政元《ほそかわまさもと》と連携して子息清晃《せいこう》の将軍擁立を画策する。甥で九代将軍の義尚《よしひさ》は病弱なうえ実子がなく、将軍の後継問題が浮上していた。応仁《おうにん》・文明《ぶんめい》の乱で東軍を率いた細川勝元《かつもと》の子である政元は、西軍に擁立されていた足利義視《よしみ》・義材《よしき》（義稙《よしたね》）父子の復権を恐れ、両者の思惑が一致したのである。長享元年（一四八七）五月、政知は将軍の後継候補として子息清晃を上洛させて天龍寺香厳院《てんりゅうじきょうごんいん》に入れ、清晃の異母兄の茶々丸《ちゃちゃまる》を廃嫡（家督相続の権利をなくすこと）し、同母弟の潤童子《じゅんどうじ》を跡継ぎに定めた。同三年三月に義尚が病死すると、政元は清晃を後継に推すが、義尚の生母日野《ひの》富子《とみこ》らの意向で義材が将軍に就くこととなる。これを不服とした政元は、延徳三年（一四九一）二月に摂関家の九条政基《くじょうまさもと》の子（澄之《すみゆき》）を養子に迎える。澄之は、清晃・潤童子兄弟とは母方の従兄弟にあたることから、政知は清晃・潤童子兄弟を京都将軍と鎌倉公方にすえて古河公方と対峙し、政元は将軍の従兄弟を管領細川家の当主にすえて政権基盤を固めようと意図していたことが想定され、茶々丸の排斥は、この血縁から外れたためとみてよい。その計画が実現しないまま同年四月に政知が病死すると、茶々丸が潤童子とその生母円満《えんまん》院《いん》を殺害して二代堀越公方に就任し、関東管領山内上杉顕定《かんとうかんれいやまのうちうえすぎあきさだ》もこれを承認した。長享の乱で扇谷上杉定正《おうぎがやつうえすぎさだまさ》と敵対し、古河公方勢力との関係を修復しつつあった顕定にとって、もはや政知の思惑に随い、古河公方との抗争を再開する状況にはなかったのである。

明応二年（一四九三）四月、細川政元はついに計画を実行に移し、河内《かわち》に出陣中の義材を廃し、日野富子や伊勢《いせ》貞《さだ》宗《むね》・貞陸《さだみち》らと清晃（後の義澄《よしずみ》）を擁立して十一代将軍とした（明応の政変）。この結果、義澄の生母と実弟を殺害して堀越公方となっていた庶兄足利茶々丸は将軍の敵として討伐の対象となり、それを実行したのが義澄擁立に加担した伊勢貞宗の従兄弟で、隣国駿河に在国した伊勢宗瑞であった（これより前、宗瑞は政知の奉公衆となり、伊豆国内に所領を得ていたとみられているから、政知の遺志に背いた茶々丸は宗瑞にとっても敵にあたる）。同年、宗瑞は堀越御所を急襲して茶々丸の討伐を開始する。それは、伊豆の守護であり堀越公方を庇護する立場の関東管領山内上杉氏との敵対と、扇谷上杉氏との連携を意味し、長享の乱と連動して進行した。堀越を脱した茶々丸は各地を転戦して抵抗を続けたが、同七年八月に自害して堀越公方は滅亡し、この過程で堀越公方方の勢力を一掃して伊豆を平定した宗瑞は、扇谷上杉から山内上杉方に転じたとみられる大森《おおもり》氏に替わり相模西郡の要所小田原の支配を認めさせ、戦国大名への足掛かりを固めていった。

永正の乱と相模平定

永正元年（一五〇四）九月、扇谷上杉朝良《ともよし》・今川氏親《うじちか》・伊勢宗瑞の連合軍が、武蔵立河原《むさしたちがわら》（立川市）で古河公方足利政氏《まさうじ》を擁する関東管領山内上杉顕定の軍に大勝するが、顕定は実弟で越後守護の上杉房能《ふさよし》の援軍を得て攻勢に転じ、本拠地河越《かわごえ》（川越市）を包囲された朝良は同二年三月に降伏し、和睦が成立して長享の乱が終わる。ところが、同四年八月、越後守護《しゅご》代《だい》長尾《ながお》為景《ためかげ》（上杉謙信《うえすぎけんしん》の父）が房能と対立して自害に追い込み、定実《さだざね》（房能の従兄弟）を守護に擁立したため、同六年に為景討伐のために顕定が越後に出陣すると、そのすきをつき、為景を支援するかたちで長尾景春《かげはる》が再び反乱をおこし、伊勢宗瑞も連携して相模侵攻を開始する。京では、同四年六月に細川政元が暗殺され、翌五年七月に足利義稙が義澄を追って将軍に復帰していた。復権以前から定実と通じていた義稙は定実の越後守護継承を公認しており、これより以前に義稙との連携に転じていた宗瑞らが、為景の支援に動いたものとみられている。同七年六月、越後に出陣した顕定が敗死し、養子顕実《あきざね》（足利政氏の子、成氏の子とも）が山内上杉氏の家督と関東管領の職を継承するが、同じく顕定の養子で、顕実の継承を不服とした憲房《のりふさ》（憲忠の甥）と対立し、さらにその対応をめぐり、顕定の調停によっておさめられていた古河公方家内の政氏と嫡男高基《たかもと》の対立が連動して大規模な内紛となった（永正《えいしょう》の乱）。関宿《せきやど》（野田市）の簗田《やなだ》高助《たかすけ》のもとに移って政氏に対抗した高基は、政氏が実子の顕実を支援すると、憲房と結んで蜂起した（後に憲房は高基の子憲寛《のりひろ》を養子に迎える）。高基の支援を得た憲房は、同九年六月に顕実を破って山内上杉氏の家督を継ぎ、同七月には高基が政氏を追って古河にもどり、後に古河公方を継承する。一方、山内上杉顕定に随った扇谷上杉朝良や三浦《みうら》道寸《どうすん》・義意《よしおき》父子と争って相模侵攻を進めていた伊勢宗瑞は、政氏・憲房の支援を得た朝良の反撃にあい同八年十一月に一時的に和睦するが、公方・管領の内紛が連動して激化すると、同九年八月に侵攻を再開する。政氏を支持した朝良は、政氏と憲房の和睦に奔走するものの成果がなく、むしろ憲房との緊張が高まり、三浦氏に対する支援行動に移れない状況にあった。この好機をとらえた宗瑞は、岡崎城（伊勢原市・平塚市）を攻略し、同十三年七月に三崎（三浦市）に拠った三浦氏を滅ぼし、相模攻略を果たす。さらに、足利高基を支援する下総の千葉《ちば》勝胤《かつたね》や原朝胤《はらともたね》らと敵対していた上総《かずさ》真里谷《まりやつ》（木更津市）の武田《たけだ》恕鑑《じょかん》（信清《のぶきよ》）を支援するため、同年十一月に渡海して藻原《もばら》（茂原《もばら》市）に侵攻した。

図31　足利政氏（甘棠院蔵）
政氏晩年の姿を描く法体像。玉隠英璵賛。

　高基の弟に僧籍となり鶴岡八幡宮若宮別当《つるがおかはちまんぐうわかみやべっとう》を継承していた空然《こうねん》（雪下殿《ゆのしたどの》）があり、はじめ高基に同調して政氏と対立したが、高基が古河に復帰した頃から対立するようになり、還俗（僧籍を離れて俗人にもどること）して義明《よしあき》と名乗った。同十五年四月に扇谷上杉朝良が没して朝興《ともおき》が後継になると、これを契機に足利政氏が隠棲し、政氏の後継者を自負する義明は、高基方の原朝胤を小弓《おゆみ》城（千葉市）から追った武田恕鑑に擁立されて下総に下り、同年七月に小弓に入って、新たな公方となった（小弓公方《おゆみくぼう》）。武田氏を支援した宗瑞も、義明の陣営に取り込まれるかたちとなり、同じく義明を支援する扇谷上杉朝興らとともに、古河公方足利高基・関東管領山内上杉憲房に対抗した。

小田原北条氏の武蔵侵攻と小弓公方の滅亡　永正十六年（一五一九）八月に伊勢宗瑞が没した後、後継者の氏綱《うじつな》は、宗瑞の政治的な立場を継承しつつ、代替わり政策として鎌倉の寺社領や相模西郡《さがみにしぐん》での検地、北条氏への改姓、寒川神社《さむかわじんじゃ》（寒川町）・箱根三所大権現《はこねさんしょだいごんげん》（箱根町）・伊豆山権現《いずさんごんげん》（熱海市）の再建などを進め、実質的な相模の国主としての地位を確立していく。領国支配に専念して大規模な軍事行動はみられなくなるが、実際には、大永三年（一五二三）頃までに、武蔵小机領《むさしこづくえりょう》（横浜市・川崎市）周辺をおさえて支配下に入れ、津久井《つくい》（相模原市）の内藤《ないとう》氏、油井《ゆい》（八王子市）の大石《おおいし》氏、勝沼《かつぬま》（青梅市）の三田《みた》氏ら、相模北西部や武蔵南西部の国衆《くにしゅう》を着々と服属させていた。氏綱の動向を焦慮した扇谷上杉朝興は、北条氏と敵対する山内上杉憲房との和睦や甲斐の武田信虎《たけだのぶとら》（武田信玄《しんげん》の父）との連携を画策する。両上杉氏の和睦は同四年正月に成立するが、その直後、氏綱はこの和睦に異議のあった太田資高《おおたすけたか》（朝興の重臣で、江戸《えど》城の守将）を内応させ、江戸城を奪取。四月までには、岩付《いわつき》（さいたま市）・蕨《わらび》（戸田市）・毛呂《もろ》（毛呂山町）の諸城を攻略し、朝興の本拠河越《かわごえ》（川越市）に迫った。これに対し朝興は、憲房・信虎の援軍を得て反撃に転じ、その後両陣営は一進一退の攻防を展開する。翌五年、朝興は真里谷武田氏《まりやつたけだし》に働きかけ、小弓公方《おゆみくぼう》とともに氏綱《うじつな》と断交させることに成功する。江戸湾《えどわん》の重要拠点であった品川湊《しながわみなと》を抑えた北条氏と小弓公方らとは、海上交通路の支配をめぐって利害が衝突し、関係が悪化していた。氏綱は孤立し次第に劣勢に立たされていくが、朝興方の諸家に内紛がおこり、

図 32　「北条九代記鴻之台合戦」（小田原市郷土文化館蔵）
国府台合戦を描く歌川芳虎の錦絵。中央に小弓公方足利義明，遠方に北条氏康，さらに里見義弘らが登場し，第一次・二次の合戦を同時におさめている。

状況に変化が生じてゆく。

山内上杉氏では、大永五年三月に憲房が没し、実子憲政《のりまさ》が幼少のため足利高基の子で憲房の養子となっていた憲寛が家督と関東管領職を継承したが、享禄二年（一五二九）に至り憲政との間に抗争がおこり、同じく古河公方家でも高基と嫡子晴氏《はるうじ》との間に抗争がおこったとみられ、同四年六月に晴氏、九月に憲政が各々古河公方と関東管領を継承した。さらに、天文二年（一五三三）七月に朝興方の安房《あわ》里見《さとみ》家《け》で内紛が発生すると氏綱はこれに介入し、翌三年四月に氏綱が支援した庶家の義堯《よしたか》が家督を継いだ。また、同年七月に武田恕鑑が没すると、家督を継承していた信応《のぶまさ》と庶長子の信隆《のぶたか》が対立し、氏綱は義堯とともに信隆を支援する。同六年五月に小弓公方足利義明が信応支援にまわると義堯もこれに従い、氏綱と信隆は敗れた。氏綱にとって、支援した信隆が敗れ、義堯とも敵対関係となり房総における影響力を低下させることとなったが、内紛により義明を後見する立場にあった真里谷武田氏が衰退に向かい、結果的には義明の勢力を弱体化させた。これは、同年四月に朝興の死により朝《とも》定《さだ》が家督を継承していた扇谷上杉氏にとっても同様であり、氏綱は同年七月に河越城を攻略して朝定を松山城《まつやま》（吉見町）へ追い、翌七年二月には下総《しもうさ》葛西《かさい》城（葛飾区）をも奪取した。

大永四年に江戸城を攻略した氏綱は、古河公方足利高基への従属を申し入れていた。敵対する小弓公方に属していたため、この段階では信頼を得られなかったようだが、その後の安房里見氏や真里谷武田氏の内紛への介入の動向から、義明との対立構図は明確となっていた。古河公方方の拠点関宿城（野田市）の攻略を企図した義明は、天文七年十月に里見氏ら房総の勢力を率いて下総国府《こうの》台《だい》（市川市）に進撃。晴氏は義明の討伐を氏綱に命じた。氏綱・氏康《うじやす》父子は江戸城を出撃し、北方の相模台《さがみだい》（松戸市）で両軍が激突した（第一次国府台合戦）。激戦の末、北条氏は義明をはじめ、嫡子義純《よしずみ》や弟基頼《もとより》をも討ち取る勝利をおさめ、小弓公方は滅亡する。その勲功として、氏綱は晴氏から御内書《ごないしょ》をもって関東管領に任じられたと伝え、さらに翌年八月に息女（芳春院殿《ほうしゅんいんでん》）を晴氏の正室に嫁がせ、足利氏の外戚としての地位を獲得する。

(3) 関東支配の正当性をめぐって

扇谷上杉氏の滅亡と山内上杉氏の関東退去　北条氏では、天文十年（一五四一）七月に氏綱が没し、氏康が家督を継承した。山内上杉憲政と扇谷上杉朝定は、当主交代の隙をつき、河越城を奪還すべく行動を起こす。二度にわたり河越城を攻撃したが、同年十一月、籠城軍に撃退され、反撃に転じた氏康は、翌十二月に山内上杉氏の本拠地上野との国境に近い武蔵本庄《ほんじょう》（本庄市）まで軍を進めた。一方、同十三年四月には氏康が劣勢となったとみえ、河越周辺の荒川端《あらかわばた》・小用《こよう》（鳩山町）付近まで追撃されるなど、両者は一進一退の攻防を展開する。

翌天文十四年四月、忍《おし》城（行田市）の成田《なりた》親泰《ちかやす》が没すると、翌五月には嫡男の長泰《ながやす》が山内上杉氏から離反し、氏康に服属した。憲政は状況を打開すべく、氏康の背後にあった駿河の今川義元《よしもと》と、これと結ぶ甲斐の武田晴信《はるのぶ》との連携をはかる。同年七月、氏綱に奪われていた駿河河東《かとう》地域（富士川以東）の奪還をめざす義元は、同盟する武田晴信と

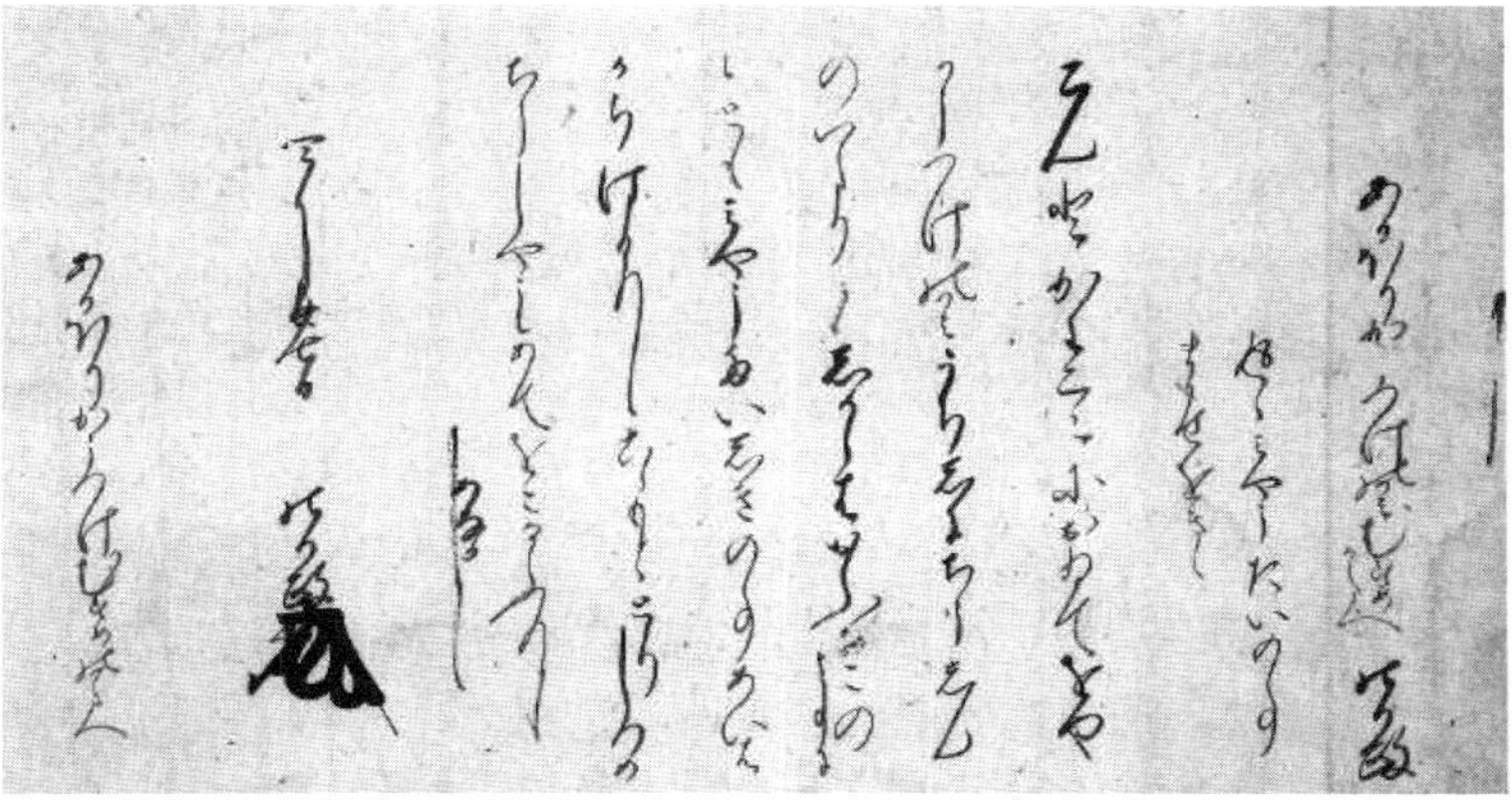

図33　赤堀文書1「上杉憲政安堵状」（天文15年）4月27日（埼玉県立文書館蔵）
憲政が河越合戦で討死した家臣赤堀上野守の娘に宛て，名代として跡職を安堵した判物。女性に宛てたため，仮名書きで記されている。

連携して侵攻を開始する。この動きに呼応した憲政と朝定は九月までに河越城を包囲し、さらに古河公方足利晴氏に北条氏との義絶を求めた。晴氏は、氏康から上杉・北条のいずれにも味方しないよう求められ、了承していたが、その後に憲政に同意して十月初旬には包囲に加わった。危機に立たされた氏康は、晴信の調停で双方と講和に向けた交渉を開始し、まず、河東地域の放棄を条件に義元と和睦を成立させる。対武蔵方面に専念できるようになった氏康は、和睦交渉を継続しつつ、朝定の重臣で岩付城の太田《おおた》全鑑《ぜんかん》を調略するなどの切り崩しを行ったうえで、翌十五年四月に至り昨秋から北条綱《つな》成《しげ》らが死守する河越城救援のため、全軍を率いて進発し、河越城の南方、砂窪《すなくぼ》（川越市）に布陣した。山内扇谷両上杉氏と古河公方の連合軍を前に、城兵の助命を条件に城の明け渡しを申し出るなど、恭順の意を示して油断させ、一気に攻勢に転じたと伝えるが、詳細はわからない。砂窪の陣に上杉勢が押し寄せたため、氏康は迎撃を命じるとともに同時に城兵を出撃させて両方面から挟撃したところ、朝定の軍が脱落して連合軍がいっきに総崩れとなったらしい。憲政は馬廻衆《うままわりしゅう》倉賀野《くらがの》三河守《みかわのかみ》ら三千余の手勢を失って本国平井（藤岡市）へ敗走したといい、晴氏は古河へ退去した。朝定は陣没（死因は不明。討死とも）して扇谷上杉氏は滅亡し、氏康は八月に松山城（吉見町）をも攻略した。

上野に戻り、態勢の立て直しを図った憲政は、信濃侵攻を進める武田晴信によって包囲された志賀《しが》城（佐久市）の笠原清繁《かさはらきよしげ》に援軍を差し向けたが、翌十六年八月に信濃小田井原《おたいはら》（御代田町）で晴信の軍に大敗した。これら両度の大敗以降、憲政は求心力を失い、武蔵花園《はなぞの》城（寄居町）の藤田泰邦《ふじたやすくに》や上野国峰《くにみね》城（甘楽町）の小幡憲重《おばたのりしげ》ら武蔵・上野の国衆が次々と離反し始める。氏康は平井城の攻略を進め、同二十一年三月に憲政の子龍若丸《たつわかまる》を擁する武蔵御嶽《みたけ》城（神川町）を落とすと、近臣の馬廻衆まで離反し、憲政は平井城を追われた。新田金山《にったかなやま》城（太田市）の横瀬《よこせ》（由良《ゆら》）成繁《なりしげ》や下野足利《あしかが》城（足利市）の長尾当長《まさなが》らを頼るが、氏康に応じた国衆との間で戦闘状態となっていたため受け容れられず、しばらく越後との国境付近に留まっていたが、同年五月には長尾景虎《かげとら》（上杉謙信《けんしん》）を頼り越後に逃れた。これにより、北条氏はついに上杉氏を関東から駆逐することに成功するが、憲政が越後を頼ったことで、代わって景虎と対峙することとなった。

長尾景虎の越山と関東の国衆　上杉憲政を迎えた越後の長尾景虎は、憲政の関東復帰を支援すべく、天文二十一年（一五五二）七月に上野方面に侵攻する。この時点では成果をあげられなかったが、永禄二年（一五五九）に上洛して将軍足利義輝《よしてる》に拝謁し、憲政の進退を任せる旨の御内書を獲得すると、本格的な侵攻を開始した。以後「越山《えつざん》」と称し、関東方面への侵攻を度々繰り返すこととなり、最も大きな影響を及ぼしたのが、同三年八月から翌四年六月にかけての越山であった。北条氏は、同二年十二月に家督交代が行われて氏康が隠居し、「御本城様《ごほんじょうさま》」として氏政《うじまさ》の政務を後見していた。翌三年五月に北条氏が里見氏の本拠久留里《くるり》城（君津市）を攻めると、景虎は里見氏の要請に応じ、憲政を奉じて越山した。

北条氏は迎撃すべく房総から撤退して武蔵松山まで軍を進めるが、将軍のお墨付きを得て関東管領再興をめざす景

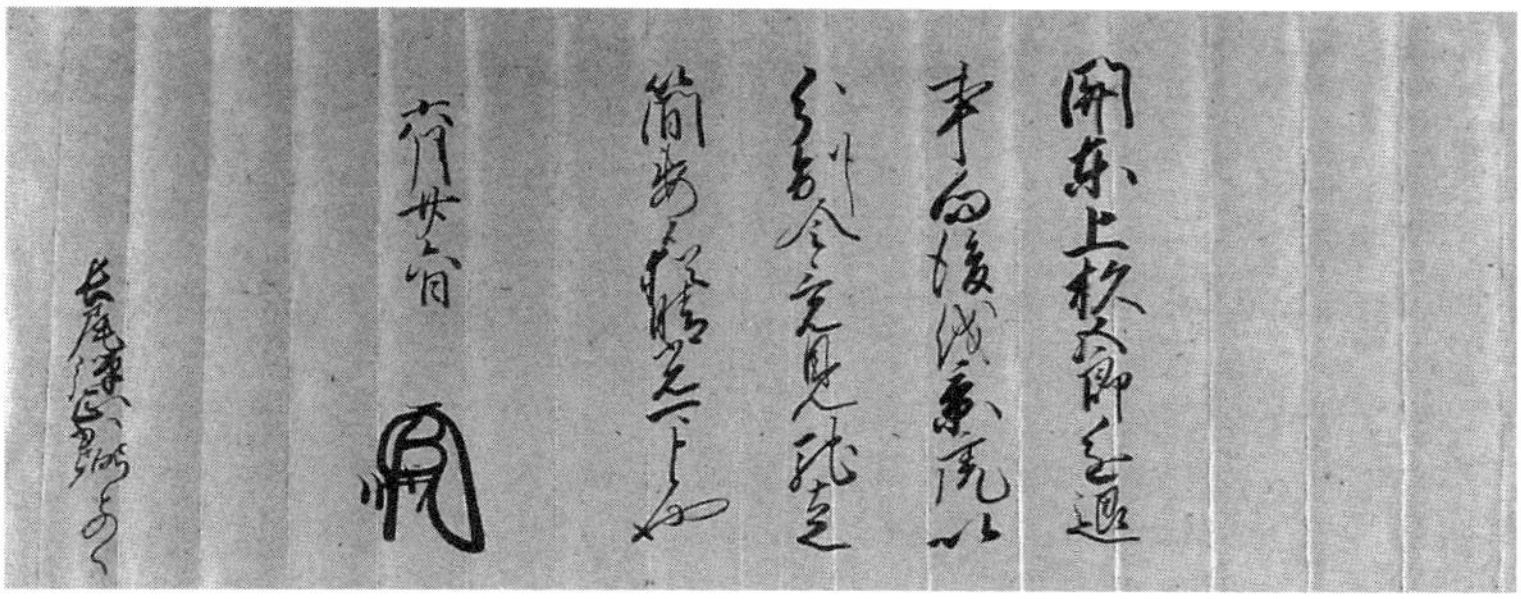

図 34　足利義輝御内書（永禄 2 年）6 月 26 日　（米沢市上杉博物館蔵）
長尾景虎宛。上杉五郎（憲政）の進退につき，指示した文書。景虎（謙信）の関東出兵の大義名分となった。

虎の軍事行動に応じ、上野・下野・武蔵・上総・下総・安房・常陸の国衆が続々とこれに参陣する事態となった。このため、北関東に防衛戦を構築することを断念し、河越・江戸などの主要な支城を固めて相模に後退、これ以前の天文二十三年に相互の婚姻により結んだ強固な盟約（相甲駿三国同盟）にもとづき、今川・武田両氏の支援を得て対抗した。景虎は諸将の参陣を待って上野厩《まや》橋《ばし》城（前橋市）で越年し、翌永禄四年三月にはついに北条氏の本拠小田原に侵攻する。北条氏の主力が籠り防備を固める小田原城に対し、長陣の疲労や補給の不安などから景虎は早々に攻略を断念して帰国するが、途中鎌倉に立ち寄り、鶴岡八幡宮において山内上杉《やまのうちうえすぎ》氏の名跡を継承し、憲政の偏諱をうけて上杉政虎《まさとら》と改名した（以後は便宜謙信《けんしん》と表記する）。このことは関東管領職の継承をも意味するから、以後はその地位と、関東支配の正当性をめぐって両者が争う構図となった。

　北条氏は本拠小田原まで襲撃されて面目を失い、ほぼ制圧しつつあった上野・武蔵の国衆の多くが離反したことに衝撃を受けた。謙信が撤退すると、同四年九月には武蔵勝沼《かつぬま》城（青梅市）の三田《みた》綱定《つなさだ》を討滅するなど反撃を開始し、武田氏らと連携しつつ、謙信に攻略された諸城の奪還を進め、既得権の安堵や新たな知行を給付するなどして再び国衆を従属させ、有力な国衆との間では、婚姻や養子縁組、偏諱の授与などを通じて結束を高めた。その後も謙信は度々関東に侵攻するが、国衆の従属性を高めた北条氏が優位となって次第にその効果を得られなくなり、天正四年（一五七六）五月を最後に越山は確認されなくなる。同十八年の小田原合戦の段階においては、もはや北条氏から離反する国衆がほとんど現れなかった。

古河公方の断絶と小田原北条氏の関東制覇

一方、河越合戦において両上杉氏に加担した古河公方足利晴氏は、北条氏綱息女出生の梅千《うめち》代《よ》王丸《おうまる》ではなく、関宿（野田市）城主簗田高助《たかすけ》の娘との間にもうけた長子藤氏《ふじうじ》を後継とし、評定衆や引付衆を組織して権力基盤の再建をはかるなど、北条氏との関に緊張が高まっていた。氏康は晴氏に忠誠を誓いつつも圧力を強め、山内上杉憲政の越後退去で軍事的な支柱を失った晴氏は、天文二十一年（一五五二）に藤氏を廃嫡して家督を梅千代王丸に譲って隠居し、同二十三年に下野小山氏や下総相馬氏の支援を頼り藤氏らと古河城（古河市）奪還をはかるが、破れて相模波多野《はだの》（秦野市）に幽閉され、後に栗橋《くりはし》（五霞町）の野田氏に預けられるなどして永禄三年（一五六〇）に没した。藤氏は謙信に擁立され一時古河に復帰するが北条氏に追われ同九年頃に没している。

十歳で古河公方の継承者となった梅千代王丸は下総葛西《かさい》城（葛飾区）に入り（葛西様）、弘治元年（一五五五）に北条氏の後見で元服し、将軍足利義輝《よしてる》の偏諱を得て義氏《よしうじ》と称した。さらに、永禄元年には古河公方として初めて鶴岡八幡宮参詣をはたし、関宿城（野田市）に入り（関宿を進献した簗田氏は替わって古河城に移った）、後に氏康の息女（浄《じょう》光院殿《こういんでん》）を室に迎える。古河公方の外戚の地位を確立した北条氏は、公方の権威を前提として下野の宇都宮・小山・那須、下総の結城、常陸の佐竹・大掾《だいじょう》・真壁《まかべ》、陸奥の白河結城《しらかわゆうき》らの諸氏と優位な立場で交渉を展開し、彼ら国衆や大名間の抗争にたいして、和睦の調停や武力介入により勢力を拡大した。また、永禄十年から氏康の三男氏照《うじてる》が古河公方への取次の任にあたり、翌十一年から古河公方の重臣野田氏の本拠下総栗橋城を管轄し、天正二年（一五七四）から公方家の後見を務めたことが確認され、この頃に義氏は古河城、氏照は栗橋城に在城していたとみられる。北条氏

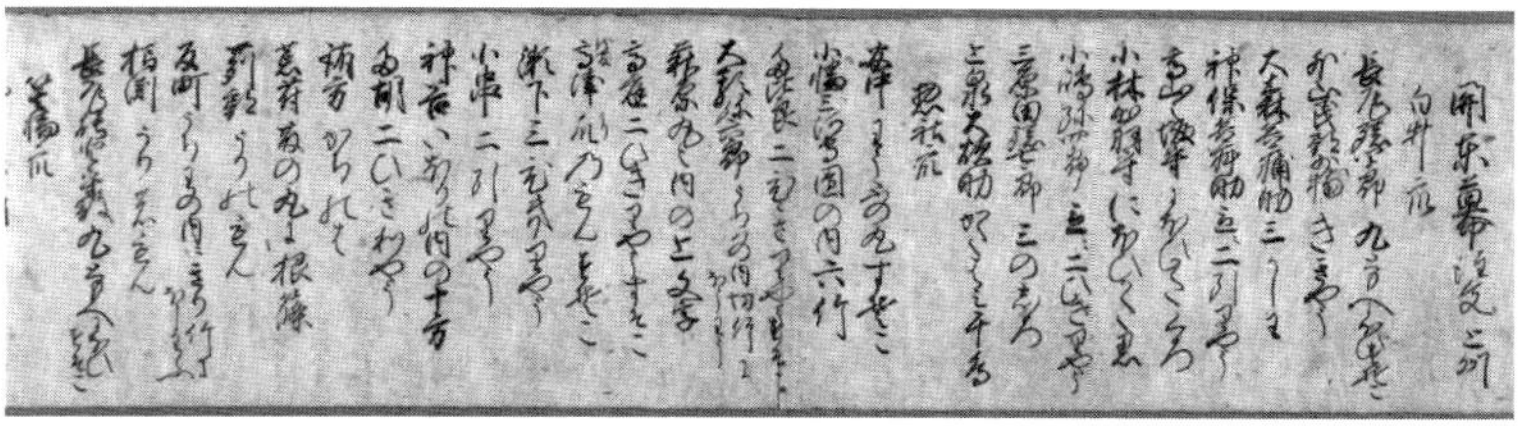

図 35　関東幕注文（冒頭部分，米沢市上杉博物館蔵）
永禄 3〜4 年の越山の際に長尾景虎に参じた関東諸勢力の名が記される。

は上杉方に転じていた簗田氏を攻め、同年閏十一月に関宿城を攻略。簗田氏は下総水海《みずみ》城（古河市）に退去し、義氏の赦免を得て再び北条氏に従属した。これにより、古河公方の奉公衆で北条氏に敵対するものがなくなり、古河公方の領国は義氏を通じて実質的に北条氏の勢力圏に取り込まれ、佐竹義重《よししげ》を中心として結成された結城晴朝《はるとも》・那須資胤《すけたね》・宇都宮広綱《ひろつな》ら北関東諸氏の連合と対抗する構図となった。

　同六年三月に上杉謙信が没すると、共に謙信の養子となっていた景虎《かげとら》（氏政弟）と景勝《かげかつ》（謙信甥）との間に家督相続争いがおこる（御館《おたて》の乱）。北条氏政は景虎を支援し、同年五月には同盟関係にあった武田勝頼《かつより》も連携して出陣するが、六月に勝頼が景勝の和睦要請を受け入れたことで景勝が優位となり、翌七年三月、景虎は敗死した。氏政は勝頼と断交し、武田勝頼と上杉景勝の甲越同盟と佐竹氏ら北関東諸氏連合に包囲される形勢となる。徳川《とくがわ》家康《いえやす》と盟約して対抗したものの劣勢の展開となったため、さらに織田《おだ》信長《のぶなが》との接近を図り、同八年に織田氏への従属を決断する。この時、氏政は信長にたいして「御縁辺相整え、関東八州御分国に参る」（『信長公記《しんちょうこうき》』巻十三）との趣旨を伝えたとされ、織田氏との縁組（信長娘と嫡子氏直《うじなお》の婚姻）と北条氏による関東全域の領有を承認させることを前提として織田氏の政権に属することを表明したことになる。同年八月、氏政は織田氏との婚姻の主体となる氏直への家督譲渡を行い、「御隠居様」と称されて氏直の政務を後見し、氏康の場合と同じく主導的立場に就いた。同十年織田氏の武田領侵攻に際し、上野・駿河両方面から侵攻してこれに加勢したが、上野を滝川一益《たきがわかずます》、駿河を徳川家康が得て後退を余儀なくさ

Column

戦国都市小田原の風景

佐々木健策

(1)北条領国の首府としての小田原

小田原が小田原北条氏(以下、北条氏)の本拠として位置づけられるのは、北条氏初代伊勢宗瑞の代からではなく、永正十五年(一五一八)に家督を継いだ二代伊勢氏綱《うじつな》の代からである。宗瑞は、小田原城を得て相模国(神奈川県の大半)へと進出して以降も韮山《にらやま》城(静岡県伊豆の国市)を居城とし、小田原城には嫡子氏綱を置いた。そして、永正十五年の氏綱家督相続を期に、小田原は北条氏の本拠として位置づけられた。

小田原の本拠化については、永正三年(一五〇六)に死去した宗瑞室南陽院殿《なんよういんでん》の菩提を弔うための伝心庵《でんしんあん》が小田原に建立されていることから(Ⅰ三二一)※、氏綱家督継承以前から準備されていた可能性があるが、永正十六年(一五一九)四月二十八日に宗瑞から末子菊寿丸《きくじゅまる》宛てに所領注文(Ⅱ三三二)が出されていることなどから、永正十六年に下がるとの考えもある(黒田基樹、二〇一九)。しかし、いずれにしても永正十六年六月二十日には雲見《くもみ》(静岡県松崎町)の高橋氏に、結肌《ゆはだ》の儀・お産を雲見と小田原のどちらで行うかを宗瑞が問い合わせている事例が確認できるため(Ⅱ三四)、宗瑞存命中の永正十六年六月二十日以前の段階で小田原が北条氏の本拠と認識されていたことは間違いないであろう。

では、氏綱が本拠とし、後に関東の首府へと成長する小田原はどのような景観であったのだろうか。氏綱がどのような志向性で小田原を整備し、どのような風景ができあがったのかを確認してみたい。

(2)文献史料からみた戦国期の小田原

家督を継いだ氏綱は、北条領国の首府と位置づけた小田原のインフラ整備を進めている。

たとえば、天文十四年（一五四五）の『東国紀行《とうごくきこう》』（Ⅰ五五二）には「太守より、館花いまださかりなれば、朝夕参上すべきよし御内議あり、君卓のかざられ庭籠の鳥、かずかずのおもしろさ、やり水のかけひ雨にまがわず、水上は箱根の水海（芦ノ湖）よりなどき丶侍りて、驚ばかりなり」との記述がある。注目すべきは、太守（三代氏康）館の庭には掛樋《かけひ》により芦ノ湖（から流れる早川）の水が引かれていると聞いて驚いたとの記述である。早川からの引水は「小田原陣仕寄陣取図」（図36）にも「かわ」と表現されており、後に「小田原用水（早川上水）」と呼ばれた東海道に沿って流れる水路であることがわかる。

この時、すでに氏綱は没しているが、『東国紀行』の記述を引用すれば、天文十四年段階にはすでに「小田原用水」が成立していたことになり、基幹である東海道に沿って流れているという点を考慮すれば、都市インフラ整備初期の段階、すなわち氏綱期に整備された可能性が高いといえよう。

他に、戦国期の小田原の景観を示した記述として、南禅寺《なんぜんじ》の僧東嶺智旺《とうれいちおう》が天文二十年（一五五一）に記した『明叔録』（Ⅰ五五九）がある。「（前略）到府中小田原、町小路数万間地無一塵、東南海也、海水遶小田原麓也、太守塁、喬木森丶、高館巨麗、三方有大池焉、池水湛丶、浅深不可量也、白鳥其外水鳥翼丶然也（後略）」との記述であり、府中小田原の町には整然と塵一つない小路が整い、東南には町の麓まで海が広がっている。太守（三代氏康）の砦には高木が繁り、館は巨麗にして三方を大池に囲まれており、池水の深さは測りかねない、との内容である。

この『明叔録』の記述は、小田原城が三方を水堀で囲まれた要害であることを説明する際などには用いられてきたが（田代道彌、一九九五）、その他の部分についての検証はあまり行われていなかった。しかし、小田原城および城下を描いた絵図を確認すると、「町小路数万間地無一塵」を彷彿とさせる状況が確認できる。

(3) 絵図に描かれた小田原

戦国期の小田原城下の様子を描いた絵図は、毛利家に伝わる豊臣秀吉来攻の際の陣取図「小《お》田《だ》原《わら》陣《じん》仕《し》寄《より》陣《じん》取《とり》図《ず》」（図36・41）など数種類が伝来しているが、それらからは町割りの詳細を知ることはできない。その他は近世以降に描かれた絵図で、最も古いものと評価されているのが「相州小田原古絵図（通称「加藤図」、図37）」である。

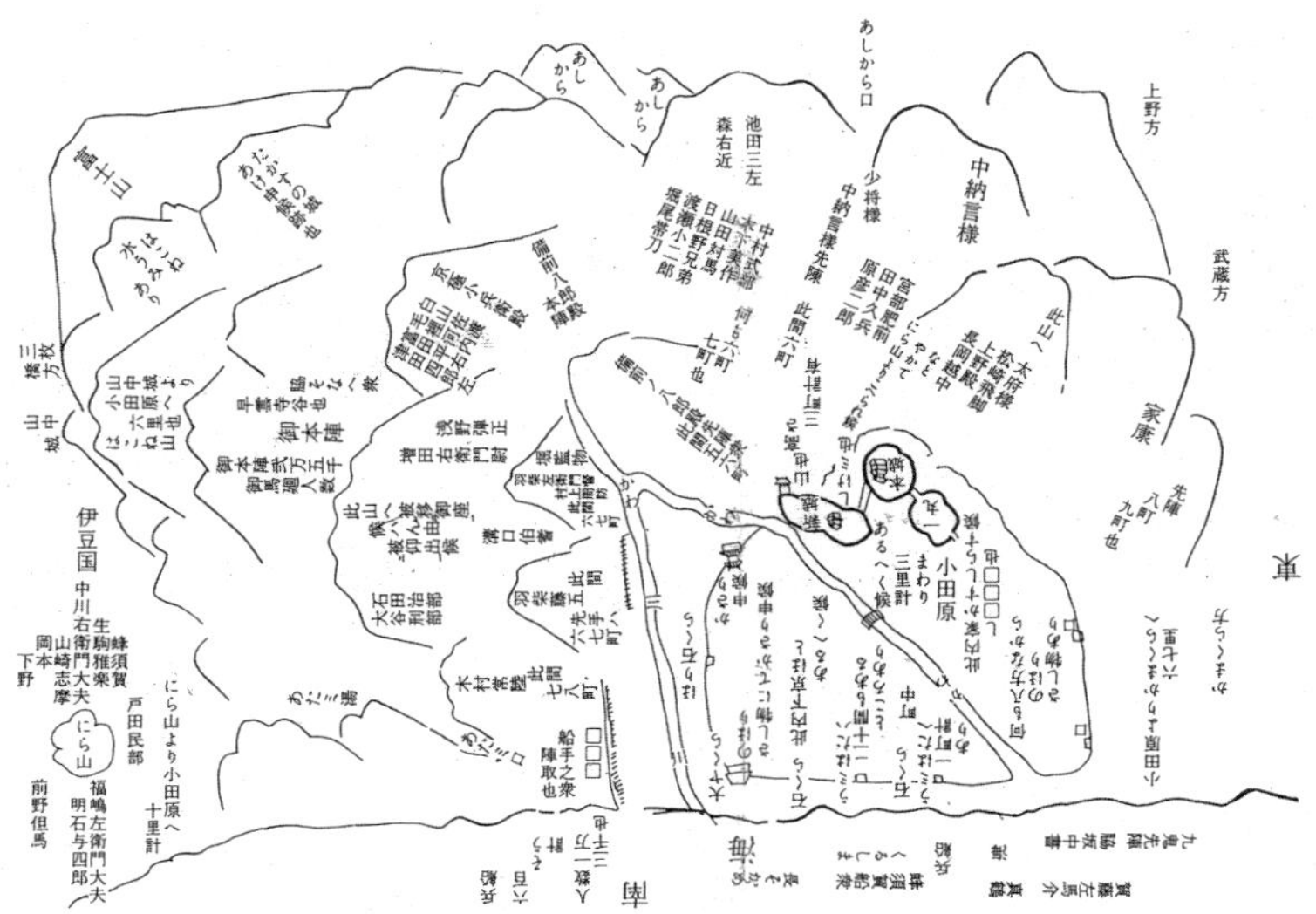

図36 「小田原陣仕寄陣取図」（トレース図）

「加藤図」は歪みが大きいこともあり、長らく信憑性が問われていたが、近年の発掘調査では「加藤図」の描写を裏付ける成果が相次いでいる。これらの遺構は、出土遺物や遺構の切り合い関係から十七世紀初頭までに埋没した遺構と位置づけられ、「加藤図」は慶長十九年（一六一四）から寛永九年（一六三二）までの小田原城の姿を表した絵図として再評価されている（田代道彌、一九九五）。このことは、寛永十年（一六三三）から行われる稲葉氏による小田原城近世化工事以前の姿を描いていることを示しており、小田原合戦以降の小田原城の改修履歴を考えると（本書「近世都市への変換」参照）、虎口《こぐち》や堀割《ほりわ》りなどの城郭の部分的な改修は行われているものの、城下には戦国期の姿が色濃く残されている時期の絵図と評価できる。

しかし、前述の通り「加藤図」は現況地形と比べると歪みが強く、「加藤図」の描写を単純に現在の町割りに充てて考えることは難しい。そのため、その他の絵図・地形図類や現地調査の情報を踏まえ、それらと

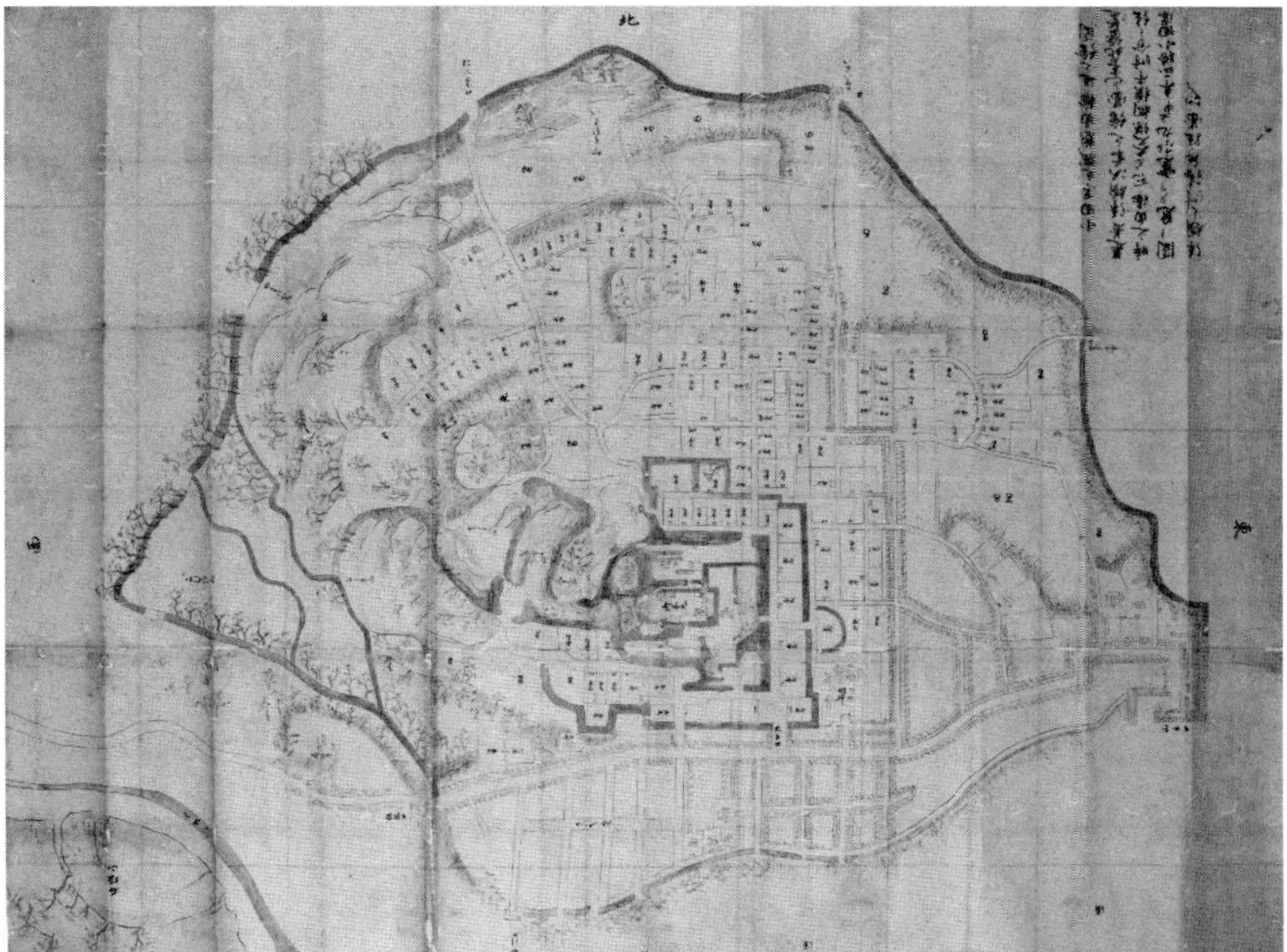

図 37　「相州小田原古絵図」（「加藤図」）

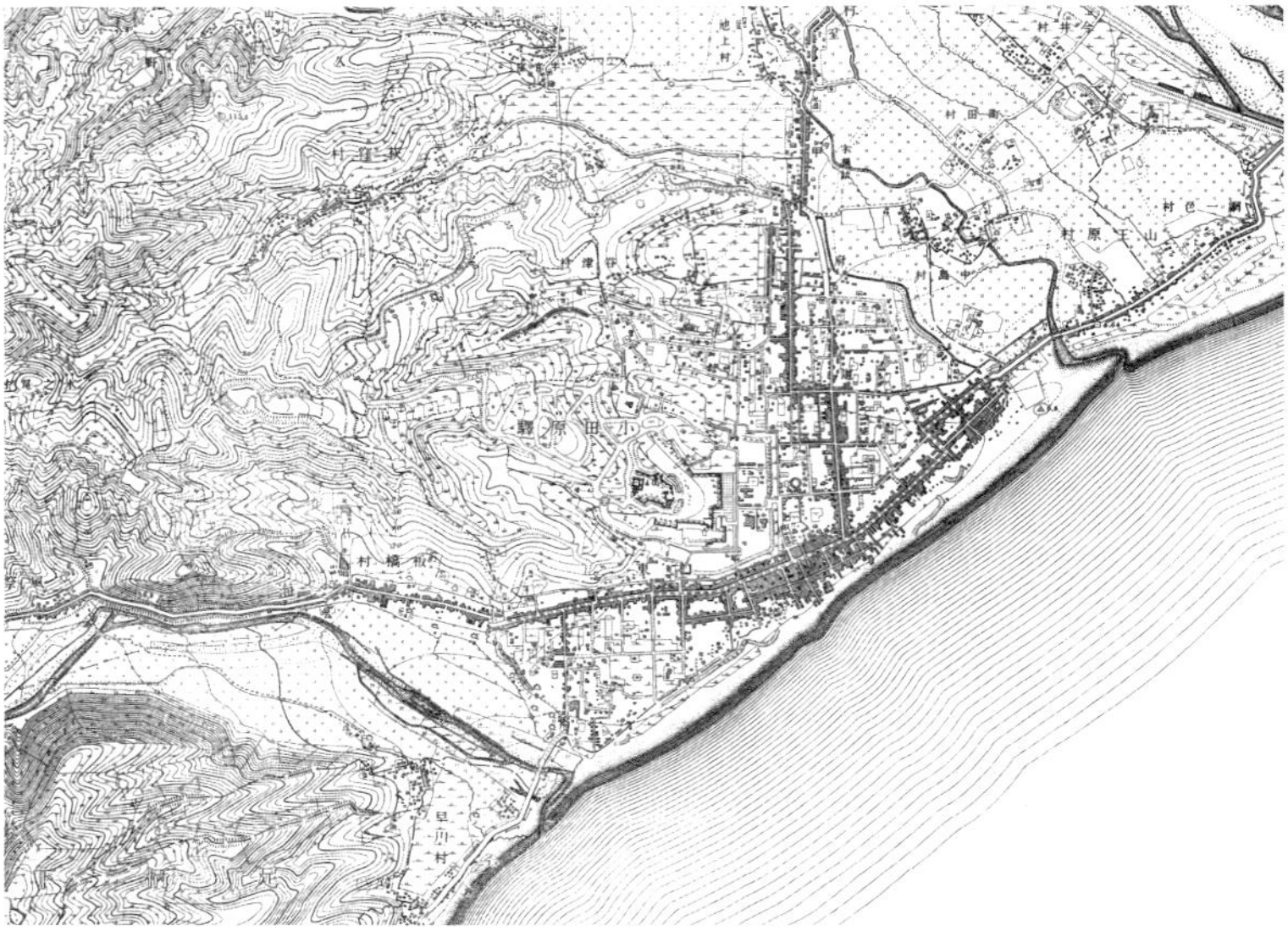

図 38 「明治十九年測量地形圖」（部分）

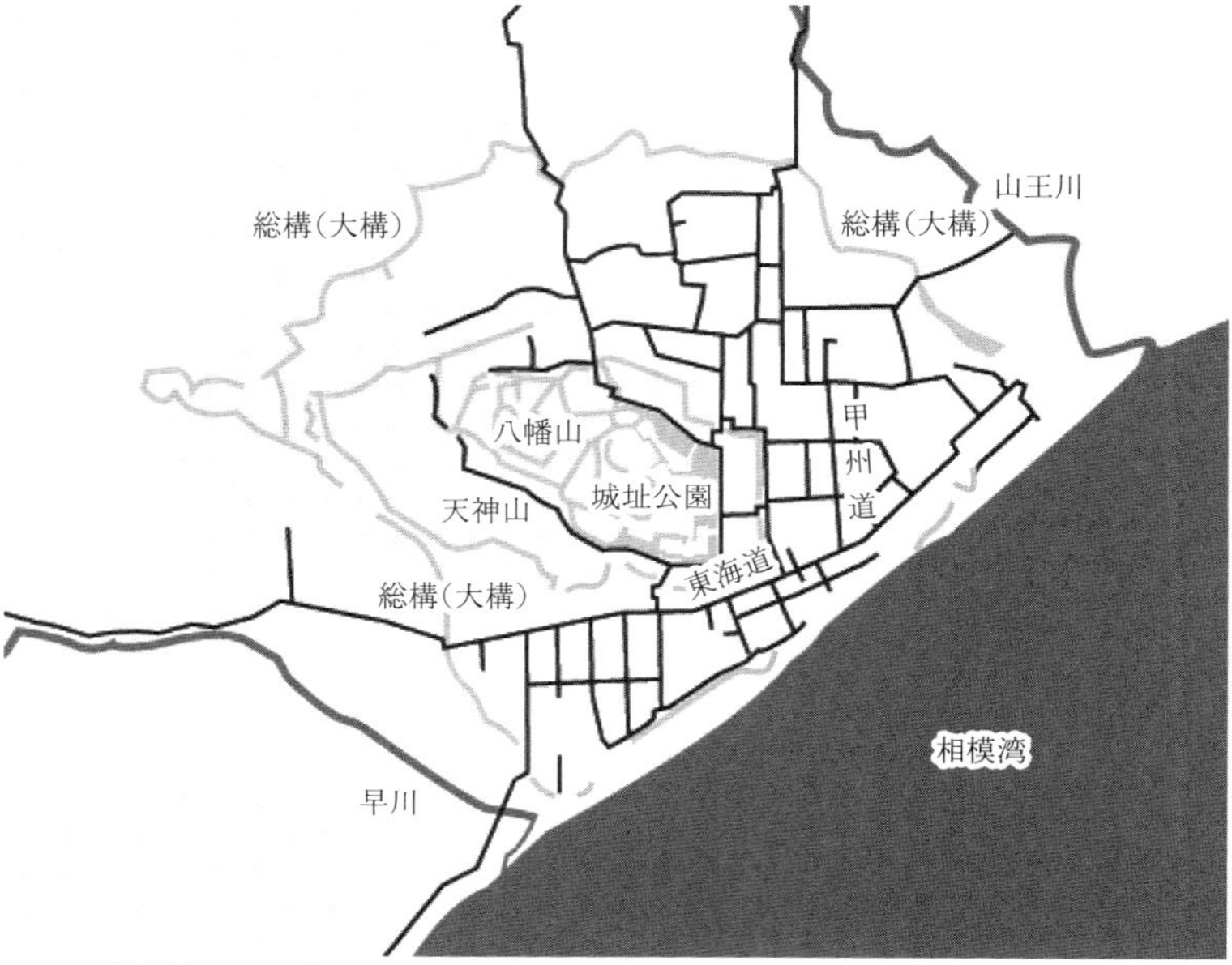

図 39 「加藤図」に描かれた現在の道路

比較検証することで「加藤図」に描かれた道路の現地比定を行う必要がある。

作業原図としては、明治十九年（一八八六）に大日本帝國陸地測量部により作成された地形図を用いた（図38）。「明治十九年測量地形圖」は、明治十七年の「地形測量課服務概則」よれば、第九条で多面体影式を採用し、子午線は英国緑威（グリニッジ）観象台から起算し、第十三条では三角点を用いた水準測量もしくは三角水準測量によって標高を求めた平板測量による近代的測量方法によっていることがわかる（内閣記録局編、一九八二）。そのため、都市計画図（平成十八年測量、同三十年補正）と比較しても大きな齟齬は見受けられず、むしろ明治十九年以降の開発などにより失われた情報も多く見受けられることから、より正確に「加藤図」との比較が可能となる。

その結果、作成した「加藤図」の道路復元図が図39である。

これをみると、城郭に近い部分については、寛永十年改変の東海道・甲州道以外は現状も正方位を基軸としている道路が目立つことがわかる。「加藤図」描写以降の改変により、「加藤図」通りの道すべてが現在まで残っているわけではないことを考えれば、図39にみられる道路の正方位率はきわめて高いといえる。

北条氏滅亡後の前期大久保期（一五九〇～一六一九）には、小田原城下の町割りに大きな改変を加えるような事象・事例は、文献史料的にも考古学的にも確認できないため（佐々木健策、二〇〇五）、「加藤図」に描かれた道路が示す正方位の町割りは、北条氏により形成された可能性が高いと評価できよう。

(4) 発掘調査成果からみた戦国期の小田原

そのことを確認するため、考古学的手法により時間軸を与え、そのような正方位の道路がいつ敷設されたものであるかを確認してみたい。

これまでに、小田原城周辺では五〇〇カ所を超える発掘調査が行われている。その中から、道路のみならず〝区画（線）〟を構成したと考えられる遺構（堀・溝状遺構）を抽出し、分析してみると、確実に十六世紀代に構築されたと位置づけられる遺構の大半が正方位軸で構築されていることがわかった（佐々木健策、二〇〇五・二〇一〇）。

それら遺構の軸線方向を、道路状遺構、堀・溝状遺構に分けて示したのが図40である。表では磁北を「北」として示しているが、ほぼ全てがおよそ七度東偏する「真北」との間に収まり、これら正方位の遺構には現在の町境などと一致するものも多い。

このことから、戦国期小田原の都市プランは正方位を志向したものであったと評価でき、これは文献史料・絵図・発掘調査成果すべてから確認し得ることといえる。小田原の都市としての形成過程を考えると、このような都市計画は氏綱により想起されたと考えられ、その背景には北条氏の京都を意識した志向性の存在が指摘できよう（佐々木健策、二〇〇九・二〇一八b）。

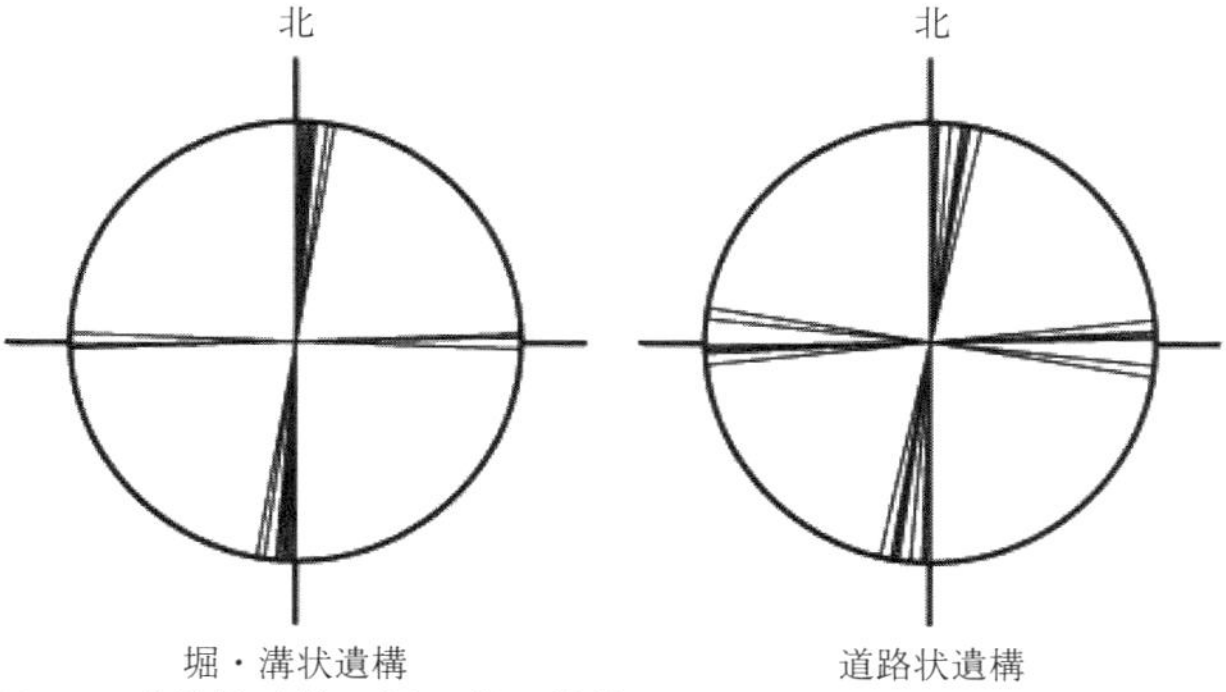

図40　道路状遺構・堀・溝の軸線

(5)戦国期小田原の範囲

図39をみると、東海道・甲州道以外では北西丘陵部と南側海浜部などが正方位プランとは異なっている様子がみられる。それらは、地形的制約を考慮すれば理解できることともいえるが、総構《そうがまえ》（大構）により区画された「府

内」全体に統一的なプランが存在したわけではないことがうかがえる。

一方で、『北条記』には小田原の都市的な広がりが「東は一色より板橋に至迄、其間一里の程に店を張り」と表現されている。この記述を採ると、戦国時代の小田原の範囲は、後に総構が敷設される範囲を超え、現在の小田原市浜町四丁目から板橋までの約四キロに達するということになる。図36とは異なる「小田原陣仕寄陣取図」には（図41）、東海道沿いにのみ街並みが描かれ、「小田原市場」と記されており、『北条記』の「一色より板橋」という線的な表現とともに小田原の都市的な広がりは街道沿いに限定される可能性が指摘できる。

小田原では、天正十五年（一五八七）以降に総構が敷設され（佐々木健策、二〇〇五・森幸夫、二〇〇九）、天正十八年（一五九〇）段階には周囲九キロに及ぶ規模となる。天正十八年六月の時点で、当主北条氏直が陣中掟《じんちゅうおきて》で「府内」と述べている文書が存在し（Ⅲ二〇六九）、近世以降に総構以内を「府内」と表現していることを考慮すると、北条氏の段階から総構以内が「府内」

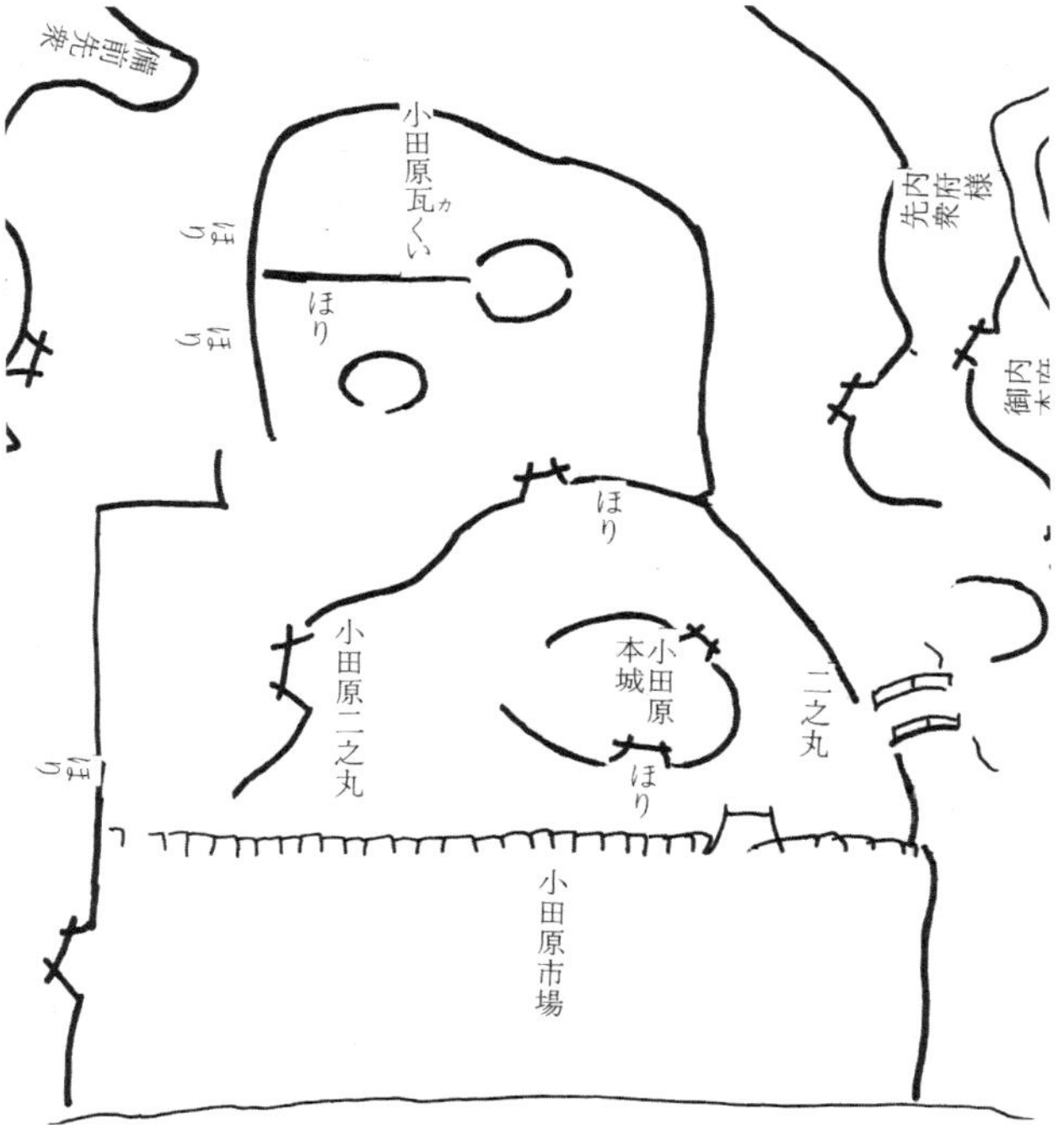

図41 「小田原陣仕寄陣取図」（部分，トレース図）

と呼ばれる特定の空間認識のうえに成り立っていたことが理解できる。

しかし、これまでの発掘調査成果をみると「府内」における遺跡の密度にも濃淡があり、「府内」外縁部の総構付近にまで濃密に遺跡が分布するという状況は想定し難い。

先に触れた永正十六年（一五一九）の菊寿丸宛所領注文からは（Ⅱ三三）、宗瑞から菊寿丸へと受け継がれた「おたハら（小田原）」は、農村部の貫高「四百くわん文」と宿場の商人・職能民に課せられたとされる「宿のちせん（地子銭）」「六くわん文」、武士の屋敷に課せられたとされる「おの丶より出やしきせん（屋敷銭）」「廿くわん文」で形成されている。つまり、氏綱入城時点での小田原は、農村部を主体として宿《しゅく》・門前町《もんぜんまち》などが近接して存在する複合的な空間構成であったと考えられる（佐々木健策、二〇〇八）。そのような状況にあって、総構の敷設により最終的には「府内」が面的に掌握されるようになったとも解釈できるが、遺跡の広がりなどを踏まえると、戦国期の小田原城下の中心は東海道を中心とした街村形態に過ぎなかったと考える方が妥当ではなかろうか。

天文元年（一五三二）五月より開始された鶴岡八幡宮《つるがおかはちまんぐう》造営に参加した職能民の居住地が、東海道の脇町（鋳物師：古新宿）、甲州道沿い（銀師：須藤町）などとなることは（佐々木健策、二〇〇八）、それら地域が新規入植可能な空閑地であり、発展が後発的であったことに起因するとも評価できよう。

その点については、近世小田原城の発展と合わせ、本書「近世都市への転換」の中でも触れてみることとする。

ここでは、氏綱が小田原を北条氏の本拠とし、正方位を基軸とした都市へと整備したことを証してきた。戦国期の小田原の景観を考えることで、都市プランだけでなく、北条氏の志向性までもがかいまみえたといえよう。

文献史料からは、他国より関東に入った伊勢氏綱が既存勢力に対するため、さまざまな施策を実施している様子が確認されている。そして、北条氏は朝廷・室町幕府・関東府（鎌倉府）それぞれの秩序の中に自らを位置づけ、関東に勢力を伸ばすうえでの正統性を手に入れていったのである（佐々木健策、二〇〇九）。そして、その本拠である小田原には関東地方には例のない正方位を基軸とした町割りを造り出し、それを具現化したことで北条家という権威・志向性を表出させ、視覚的に関東の国衆・敵対勢力にプレッシャーを与えることとなった（小野正敏、二〇一八）。

また、用いる道具も氏綱の時期より京都系の手づくね成形のかわらけを導入している様子が確認されている（佐々木健策、二〇〇九）。氏綱は、小田原に周辺地域とは異なる都市景観を造り上げることによりその違いを明確にし、道具においてもロクロ成形のかわらけが主体の関東において、京都系の手づくね成形のかわらけを用いることで、関東における北条氏の存在感の違いを明確化したのである。

戦国都市小田原の風景からは、何の裏付けもない関東という土地に入り、約一〇〇年にわたって複数カ国を領するに至った北条氏の志向性、豊臣秀吉率いる天下の軍勢に立ち向かったプライドがかいまみえよう。

※ 本文中で引用した史料はすべて『小田原市史　史料編中世』Ⅰ～Ⅲに掲載されているものである。本文中では書名を略し、巻数と文書番号のみを記した。

3章　天下人との戦い——氏政と氏直の時代——

黒田基樹

(1)上杉謙信との抗争

強敵上杉謙信に対抗　四代当主の氏政《うじまさ》は、三代氏康《うじやす》の次男だった。天文八年（一五三九）生まれで（黒田基樹、二〇一八）、母は氏康の正妻今川氏親《いまがわうじちか》娘（瑞渓院《ずいけいいん》殿）である。兄に新九郎《しんくろう》氏親（天用院《てんよういん》殿）があり、その通称からわかるように、初めは彼が氏康の嫡子《ちゃくし》だった。しかし同二十一年三月に早世したため、かわって氏政が嫡子になった。幼名は松千代丸といった可能性が高い。兄氏親の死後に元服して、歴代の仮名新九郎を称した。氏政の名では天文二十三年六月からみられる。その年の十二月、駿甲相三国同盟の一環として甲斐武田《たけだ》信玄《しんげん》の娘（黄梅院《おうばいいん》殿）を正妻に迎えている。翌弘治元年（一五五五）五月に上総で初陣し、また発給文書がみられだし、永禄二年（一五五九）十二月二十三日に、氏康から家督《かとく》を譲られ、北条氏四代当主になった。

氏政の最初の施策は、翌永禄三年二月・三月に、領国内の村々に出した徳政令《とくせいれい》である。しかしこれは、実際には氏康の命によるものだった。そもそも氏康の隠居は、領国が飢饉状態に陥ったことへの責任をとったものだったから、新当主の氏政には、何よりも領国復興の担い手としての役割が求められていた。いわば新しい王による世直しの実現である。こうした代替わりの事情から、その後しばらく実権は氏康が握っていた。特に軍事・外交では、引き続き氏康が担っていたし、内政面でも、徳政令の発令を実際には氏康が行ったように、内実は氏康があたっていた。氏政が実質的にも当主らしくなるのは、氏康が出馬を停止した永禄九年からになる。

当主になった頃、領国は飢饉状態にあったが、さらにそれに追い打ちをかけるように、その年永禄三年九月から、越後上杉謙信《うえすぎけんしん》（当時は長尾景虎《ながおかげとら》）の侵攻がみられた。かつて氏康に関東から追放されていた関東管領《かんとうかんれい》上杉憲政《のりまさ》を擁し、その政治復権を名目にしていた。謙信が関東に侵攻してくると、それまで北条氏に従属していた上野や北武蔵などの国衆《くにしゅう》は、相次いで服属、あるいは滅亡させられ、北条氏の勢力圏は一気に武蔵中部まで後退した。そして翌永禄四年三月に本拠の小田原城まで攻められた。本拠までに進軍を許したのは、北条氏にとって初めてのことだった。それだけに、氏康は大きな衝撃をうけ、危機感を募らせている。謙信はすぐに退陣するが、その帰途に、鎌倉鶴岡八幡宮《つるがおかはちまんぐう》の社前で、上杉憲政から名跡を継承し、関東管領山内上杉《やまのうちうえすぎ》氏の当主になった。これにより謙信は、同じく関東管領にあった北条《ほうじょう》氏と、関東支配において同等の立場になった。

六月に謙信がいったん、越後に帰国すると、北条氏は反撃に出て、寝返った国衆らの服属をすすめた。また同盟者の武田信玄に支援を要請した。信玄はすでに北信濃の領有をめぐって謙信と激しく対抗しており、著名な川中島《かわなかじま》合戦はこの年九月のことであった。そしてその直後の十一月から、信玄は西上野に侵攻して、関東での謙信の勢力圏の切り崩しをすすめていった。信玄も、謙信との攻防の場を、関東に移していった。こうして関東支配をめぐって、北条氏・武田氏と上杉氏との攻防が繰り広げられることになった。

その一方、領国の飢饉状態は容易に解消されなかった。そもそも飢饉状態にあり、徳政令による復興にあたっていた矢先、最初の収穫期に謙信の侵攻がみられた。これにより復興もままならず、北条氏は翌永禄四年に在村給人《ざいそんきゅうにん》に徳政を出し、その翌五年には職人衆にも徳政を出すというように、引き続き復興対策を強いられている。謙信との攻防は、そうした飢饉状態のなかで行われたのであり、それによって大規模な軍事行動を強いられたため、なかなか復興がすすまなかったのである。それでも謙信との攻防は、しだいに北条氏の優勢に展開していった。

決定的となったのは、永禄九年三月・四月における謙信の下総小金《こがね》城（千葉県松戸市）・臼井《うすい》城（同佐倉市）攻略の失敗だった。その後、雪崩をうったように関東の国衆は北条氏に従属してきた。謙信の重臣で上野厩橋《まやばし》城（群馬県前橋市）に在城し、関東経略の先兵の役割を担っていた毛利北条高広《きたじょうたかひろ》までが従属してきた。また西上野では、武田氏の領国化が遂げられた。これらにより謙信の勢力は、上野・下野の一部に縮小した。さらに十年末には下野からも撤退し、十一年には関東への出陣そのものがみられなくなる。こうして謙信の関東支配は大きく頓挫した。その永禄九年から翌十年夏にかけて、関東は再び深刻な飢饉に陥っていた。国衆の相次ぐ従属も、そうした状況に規定されたものだろう。そしてこれに同調するように、十年秋から関東の飢饉状態は回復に向かっていった。

越相同盟から甲相同盟へ　ところが永禄十一年十二月の武田信玄による三国同盟破棄により、情勢は急展開する。駿河に侵攻する信玄に対し、北条氏は、すぐさま今川氏に援軍を派遣し、同十二日には氏政も小田原城を出陣した。翌十三日に今川氏真《いまがわうじざね》は本拠駿府《すんぷ》館《かん》を攻略されて、遠江懸川《かけがわ》城（静岡県掛川市）に後退した。翌十四日に、北条氏の先陣は富士川《ふじがわ》を越えて蒲原《かんばら》城（静岡市）に入城し、河東地域一帯を制圧した。

その一方、外交政策を大転換させて、謙信との同盟を図った。上杉氏からは年内のうちに、同盟成立のための条件が提示されてきたようで、翌十二年正月二日に、小田原在城の氏康が、条件の受諾の旨を上杉方の沼田《ぬまた》在城衆に宛てて書状を送った。これ以後、両氏の同盟交渉が展開していく。同盟の条件は、おおよそ①関東管領職の譲渡、②領土割譲、③謙信関東出陣の際の氏政の同陣、それらを保証するための④養子縁組であった。そして六月にはほぼ合意を得て、起請文《きしようもん》の交換が行われて、同盟が成立した。この同盟は、越後（上杉氏）・相模（北条氏）から一字をとって越《えつ》相《そう》同盟と称している。

　永禄十二年二月、駿河河東の吉原《よしはら》城（富士市）に在陣していた氏政は、薩埵《さつた》山（静岡市）在陣の武田勢を撃退して、同陣に布陣した。その後、興津《おきつ》城（静岡市）在陣の信玄と対陣したが、四月に信玄が甲斐への退路を断たれるのを嫌って帰国すると、今川氏真が籠城する懸川城を包囲していた三河徳川家康《とくがわいえやす》と交渉して、氏真の救出を工作した。五月九日に和睦が成立し、同十五日に氏真は同城を開城して、北条氏に引き取られた。これをうけて氏政は相模に帰国した。その後、閏五月には、駿河御厨《みくりや》地域の防衛拠点として深沢《ふかざわ》城（御殿場市）を構築した。しかし七月に、北条方の富士信忠《ふじのぶただ》が拠る大宮《おおみや》城（富士宮市）が攻略され、富士郡北部は武田氏の勢力下に入った。

　九月になると、信玄は武蔵に進軍し、さらに月末頃に小田原に進軍して小田原城攻撃の機会をうかがった。十月四日に小田原から退陣し、五日に相模津久井《つくい》（神奈川県相模原市）に後退した。氏照《うじてる》・氏邦《うじくに》は三増峠《みませとうげ》（愛川町）に在陣してこれを待ち構えたが、六日早朝、信玄にこれを突破され、甲斐に帰国された。氏政は、五日に小田原を出陣したが、一日の差でこれに間に合わず、信玄の退却を許してしまった。十一月、信玄は今度は駿河に侵攻し、十二月六日に蒲原城を攻略した。守将北条氏信《ほうじょううじのぶ》をはじめとする在城衆は戦死した。同十二日に、北条方の最前線であった薩埵陣も崩壊し、翌十三日に信玄は駿府の再占領を遂げた。

　翌元亀元年（一五七〇）五月に、信玄は駿東郡・伊豆に進攻し、八月にも再び同地域に進攻して韮山《にらやま》城（静岡県伊豆の国市）・興国寺《こうこくじ》城（沼津市）を攻撃した。十二月に再び御厨地域に進攻され、翌元亀二年正月三日から深沢城を包囲された。十六日、守将北条綱成《つなしげ》は支えきれずに同城を開城した。これにより北条氏は、御厨地域を失い、駿河における勢力は駿東郡南部に限定された。武蔵北部においては、元亀元年六月五日に、御嶽《みたけ》城（埼玉県神川町）の平沢政《ひらさわまさ》実《ざね》が武田氏に従属している。さらに信玄は、深沢城攻略後は鉢形《はちがた》領への攻撃を展開し、同二年九月、十二月と同領への進攻がみられている。

武田氏との抗争は、全体的には劣勢の展開だった。そうしたなか元亀二年十月三日に氏康が死去した。これによって、ようやく氏政の単独政権が誕生することになった。氏政は、氏康の死去を契機に外交政策を大転換させ、越相同盟を破棄し、甲相同盟を復活させた。もっともこれについては、この年の四月にすでに風聞されており、上杉謙信から詰問をうけて、氏康がこれを否定しているから、氏康生前からの懸案であった。同盟締結後、度重なる援軍要請に一向に応じようとしない謙信に対して、北条氏は越相同盟の不実用性を認識していたため、氏康死去を契機に実現化されたということになろう。

武田氏との同盟交渉はかなり極秘にすすめられたようで、北条氏の御一家衆・家老らにも十二月二十七日に初めて公表されたという。氏政は、ただちに弟氏邦に命じて、北条氏に従属する上野国衆に対して、上杉方への戦略を指令した。武田氏との同盟締結にあたっては、互いの分国の承認と不可侵を協定する「国分《くにわけ》」が行われた。関東についでは北条氏の領有権が認められ、武田氏はこれに干渉しないこと、ただし武田氏が支配している西上野に関しては武田氏の領有を認め、北条氏からは干渉しないことが協定された。

上野をめぐる武田勝頼との攻防　甲相同盟の締結により、再び北条氏・武田氏と上杉氏との抗争が展開されることになった。そして天正二年（一五七四）閏十一月十九日に、下総関宿城《せきやど》（千葉県野田市）の攻略によって、北条氏と上杉氏との攻防は、一応の決着がつけられ、武蔵・下総ともに北条氏の勢力下に帰した。とりわけ、かつて氏康が「一国を取りなされ候にも替わるべからず候」（「喜連川文書」）と、一国を取ることに匹敵する、と評価していた関宿城を攻略したことの意義は大きかった。関宿は、利根川水系と常陸川水系とを連絡する交通・流通上の要地にあった。同地を直接に掌握することにより、北条氏は関東全域の流通体系に大きな影響力を有することになる。

天正三年から氏政の経略の標的は、下野小山《おやま》氏、安房里見《さとみ》氏らに向けられた。これに対し、八月に佐竹《さたけ》氏・宇都宮《うつのみや》氏は再び謙信と盟約したのをはじめ、謙信と里見氏との盟約、佐竹氏と里見氏との盟約が相次いで成立され、謙信と佐竹氏・里見氏との政治的連携関係が成立された。謙信は里見氏からの要請をうけて、九月下旬頃に「越山」したが、もはや謙信の「越山」も大きな効果をもたらしえなかった。そして北条氏は、十二月末に小山氏の本拠小山城（栃木県小山市）の攻略を遂げて、下野への本格的な進出を果たした。

翌天正四年五月にも謙信は「越山」し、由良《ゆら》氏領と館林長尾《ながお》氏領を攻撃した。そしてこれが、謙信の最後の「越山」となる。氏政は、天正五年九月に房総に大規模に出陣し、同月下旬に里見方の長南武田氏を従属させた。さらに里見氏の本拠佐貫《さぬき》城（千葉県富津市）を攻撃した末、十一月初めには里見氏と和睦を結び、同盟関係を成立させた。これ以後、里見氏との抗争はみられなくなり、房総半島の情勢は一応の安定をみることになる。

こうした下野進出、房総平定により、佐竹氏らの北関東諸将は危機感を強めた。彼らは互いに婚姻関係を結び、同年末には佐竹氏を中心に諸家が「一統」する状況が生まれ、反北条氏連合を形成した。天正六年に入ると、氏政は佐竹氏攻略をすすめ、北下総に出陣した。五月に結城（茨城県結城市）・山川両城を攻撃した。これに対して佐竹氏ら北関東諸将は、結城氏救援のために南下してきた。そして氏政は結城陣に、佐竹氏らは常陸小川台（下館市）にそれぞれ陣して、両軍は絹川を挟んで対陣した。両軍の対陣は、双方に決定的な動きをとることができないまま七月初めまで続き、ようやく停戦となってそれぞれ退陣した。氏政は、北関東諸将の連合の前に、いわば立ち往生を強いられた。

天正六年三月十三日、上杉謙信が死去し、上杉氏では謙信の家督をめぐる景虎と景勝《かげかつ》による家中を二分しての抗争が展開された（御館《おたて》の乱）。景虎は、かつて越相同盟の際に謙信の養子とされて越後に赴いていた氏政の弟であり、そのため景虎は兄氏政に援軍の派遣を求めた。しかし氏政は、当時は下総・常陸国境の絹川《きぬがわ》に在陣中であったため、ただちには本格的な支援は行えなかった。そのため同盟者の武田勝頼《たけだかつより》に援軍の派遣を要請するとともに、弟氏邦や新田由良国繁《にったゆらくにしげ》など上野の他国衆を通じて、上野在国の上杉方諸将を調略し、彼らをもって景虎支援のための先鋒の役割を担わせた。

景虎方諸将は、七月十七日に沼田城(群馬県沼田市)を攻略、そのまま越後上田庄《うえだ》(新潟県南魚沼市)に進攻した。八月になると北条氏の軍勢も上野に進軍し、九月初めには氏邦らが上田庄まで進軍した。一方、氏政から景虎支援の要請をうけた武田勝頼は、五月末には越後国境まで先鋒を進軍させていたが、六月上旬になって景勝と和議を結んだ。勝頼は、景虎と景勝との和睦の斡旋を図る一方で、八月半ばには景勝と同盟(甲越同盟)を締結し、同月末には甲斐に帰国してしまった。勝頼と景勝との同盟成立は、景勝方にきわめて有利に作用し、景虎方の劣勢を決定づけた。翌七年になると景勝方の攻勢は強まり、二月中に上野の景虎方諸将は上野に後退した。そして三月二十四日に景虎も滅亡を遂げ、御館の乱は景勝の勝利に帰した。

こうした経緯から、氏政と勝頼との関係はしだいに悪化していった。甲越同盟の締結にあたって、勝頼の妹が景勝に嫁ぐという両者間の婚姻関係が成立し、あわせて景勝は東上野支配権を勝頼に譲渡したとされる。氏政はすでに二月の時点で武田氏に対する警戒を強めており、五月頃から小田原城などの普請《ふしん》を行っている。これは武田氏との対決を想定してのものとみられ、もはや両者の衝突は避け得ない状況となっていた。

(2)織田信長への服属

織田信長、家康と結ぶ　天正七年八月下旬、武田勝頼は駿河に出陣し、伊豆国境に沼津城《ぬまづ》(静岡県沼津市)を構築して、北条氏に対して公然と敵対行動をとった。さらに勝頼は、佐竹氏ら反北条方諸将との連携を図り、七月には両者間に盟約が成立している。こうした勝頼の敵対行動に対して、氏政は遠江徳川家康と盟約し、軍事行動を連携して勝頼の挟撃を図り、九月中旬に伊豆に出陣した。そして両軍は、伊豆・駿河国境の黄瀬《きせ》川を挟んで対陣した。こうして北条氏と武田氏は、本格的な抗争を展開することになった。北条氏は徳川氏と、武田氏は佐竹氏らとそれぞれ盟約し、互いに遠交近攻策をとって対抗した。また氏政は、家康と盟約したうえでさらに、その同盟者である織田信長への接近をも図った。

黄瀬川での対陣は、双方に決定的な動きはなく、十一月下旬に氏政は退陣し、勝頼も十二月に帰国している。しかしその間に、勝頼は厩橋毛利北条高広ら、北条氏に属す旧上杉方の国衆の調略に成功し、彼らをもって氏邦の家臣が在城していた沼田城を攻撃させている。これにより上野において北条氏に従属する国衆は、御館の乱以前からの由良氏・館林長尾氏らのみとなった。また佐竹氏らの進攻は、下野から下総までの広範囲にわたって、断続的に行われている。さらに上野・武蔵国境地域においても北条・武田両軍の抗争が繰り広げられ、北武蔵における最大の拠点である氏邦の居城鉢形《はちがた》城（埼玉県寄居町）が武田勢の攻撃にさらされた。

武田氏との抗争は、氏政にとっては劣勢の展開であったといえ、そのため翌天正八年三月に、氏政は織田信長に再び使者を派遣した。このときの使者派遣の趣旨は、「御縁辺相調《あいととの》え、関東八州御分国に参る」（「信長公記」）というものであった。これは織田氏側の認識ではあるが、氏政は、北条氏と織田氏との婚姻関係の成立を要請し、これをもって北条氏はその領国を信長の領国のうちに参じることを申し出たのであった。いうまでもなく、これは北条氏の信長への従属の表明を意味した。氏政は、勝頼の攻勢の前に、ついに中央政権織田氏の旗下に属す途を選択したのである。ちなみに両氏の婚姻関係については、嫡子氏直に信長の娘を娶るという約束がなされた。またここで、北条氏の領国は「関東八州」と称されているが、これは北条氏の関東全域の領有を信長が承認したことを意味した。

氏政は再び家康と軍事行動を連携し、三月末に伊豆に出陣して、六月初めまで勝頼と対陣した。さらに七月末にも、武田勢の伊豆方面への進攻をうけて、再び家康との連携のうえで、氏直が伊豆に出陣している。氏直は、九月末まで伊豆に在陣している。その一方、八月末頃に上野において北条氏の唯一の拠点であった沼田城が攻略された。九月には、勝頼が東上野に侵攻した。佐竹氏らも盛んに活動し、北条方の下野壬生《みぶ》氏・佐野《さの》氏をも味方につけた。さらに九月から十月の勝頼の上野侵攻に合わせて、小山・足利《あしかが》（栃木県足利市）・館林《たてばやし》（群馬県館林市）を攻撃している。もはや下野の国衆で北条方のものは存在しなくなり、佐竹氏らの進軍は上野まで及ぶようになった。氏政は、勝頼の迎撃のために出陣したものの、勝頼が利根《とね》川を越えてくると、決戦を避け、すぐに退陣した。勝頼も十月に甲斐に帰国している。

この間において何よりも注目されるのは、八月十九日に、氏政が氏直に軍配団扇《ぐんばいうちわ》を譲渡していることである。軍配団扇というのは、軍勢を指揮するための団扇であり、いわば軍事指揮権を象徴する。軍配団扇が氏政から氏直へ譲渡されたということは、軍事指揮権の譲渡を意味し、すなわち、家督の委譲を示している。この八月十九日の時点で、氏直は伊豆に向けて出陣する直前にあったから、この軍配団扇の譲渡は、その出陣に際して行われたのだろう。

なぜ、この時期に家督が交代されたのか。理由を示す史料はみられないが、おそらく信長に派遣していた使者が帰国し、氏政の申し出に対する信長の返答が伝えられ、これをうけて、信長の娘婿となるべき氏直を一刻も早く家督に据える必要が生じたのだろう。そのため氏直の出陣にともない、実質的な家督の交代がなされたと考えられる。北条氏は、織田政権への従属の途を選択し、その実現のために、家督が交代されたとみられる。

この後、氏政は「御隠居様」と称され、「截流斎《せつりゅうさい》」の斎号を称した。一方の氏直は「御屋形様」、その陣中は「大《おお》手《て》」と称される。もっとも隠居とはいっても、その立場は当主と同等であり、権力から離れるわけではなかった。事実、氏康がそうであったように、氏政もこの後においても実質的な北条氏権力の最高指導者として君臨し、当主氏直を立てつつも、実質的に北条氏権力を主導していくのであった。とくに外交については、最後まで氏政が主導するものとなっている。

(3) 天正壬午の乱と徳川家康との同盟

神流川合戦　五代当主の氏直は、四代氏政の長男で、永禄五年（一五六二）生まれ。母は通説では氏政の正妻武田信玄娘（黄梅院殿）とされてきたが、近時、庶出と推測されるようになっている（浅倉直美、二〇一九）。氏直は正確には次男にあたり、弘治元年（一五五五）十一月生まれの嫡出の兄がいた。しかし彼は早世したらしく、氏直が誕生したときには、氏直が長男だった。幼名は国王丸といい、永禄十二年五月、没落した駿河今川氏真から名跡を譲られている。しかしその後の甲相同盟の締結によって、この話は解消され、すでに黄梅院殿も死去して嫡出子の誕生はなくなったため、長男であった氏直が、あらためて氏政嫡子に位置づけられたとみなされる。

天正四年（一五七六）末か同五年初め頃に、元服して歴代の仮名新九郎を称した。同五年十月の上総出陣で初陣を遂げている。そして同八年八月十九日、武田氏との対戦の最中に、氏政から家督を譲られた。武田氏との抗争は、遠江徳川家康と連携してすすめられ、さらに氏政は、その同盟者の織田信長に服属を表明した。その際、氏直に信長の娘を迎える約束がなされた。家督交替は、信長の婿となる氏直を当主に据える必要からだった。

天正十年二月、信長による武田氏攻めが開始された。北条氏も同月末から、駿河・西上野の武田領国に侵攻した。信長の軍事力は圧倒的で、北条氏が長年にわたって対戦してきた武田氏を、わずか一ヵ月で滅亡させてしまった。三月二十三日に武田領国の仕置《しおき》を発表し、駿河は家康に、上野は宿老滝川一益《たきがわかずます》に与えられた。武田氏攻めの過程で、東駿河を制圧し、東上野の国衆を従属させていた北条氏にとって、これは事実上の領国削減であった。すでに信長に服属を表明した以上、その決定には従わざるをえなかった。

ところが六月二日に京都本能寺《ほんのうじ》の変によって信長が死去したため、にわかに織田分国は分裂化の様相を呈した。氏政は信長死去とその後の情勢については、徳川家康から連絡を受けていたようであり、六月十一日に一益に書状を送り、「京都の様子」について実儀を尋ねている。さらに氏政は、当方に対して少しも疑心を抱く必要のないこと、氏政父子に相談してくれたなら、何事についても精一杯協力することを伝えている。この書状は、武蔵深谷《ふかや》（埼玉県深谷市）に在陣する狩野宗円（弟氏照の家老）からの注進をうけて出されたものであるから、氏照衆が深谷に在陣していること、一益がその氏照衆に対して何らかの働きかけを行っていることがうかがわれる。

信長死去により、北条氏・滝川氏ともに互いに「疑心」を抱き、上野・武蔵国境地域の情勢が不安定なものとなったのであろう。そのため北条氏は深谷に軍勢を派遣し、滝川氏も同様の動きをみせていたとみられる。しかし氏政が協力を申し出ているのは、あくまでも社交辞令であり、すでに武蔵国境に軍勢を派遣しているから、両者の政治的対立は決定的であった。そもそも北条氏は、上野半国の領国化を遂げていたにもかかわらず、それらが従属する国衆領であったことから、織田氏の東国進出にともなって、事実上の撤退を強いられていた。信長死去を契機に、その回復を図ったことは十分に推測される。そしてその数日後には、両者は手切れとなり、十六日に氏直を大将とする北条軍が上野倉賀野《くらがの》（群馬県高崎市）を攻め、一益がこれを迎撃した。次いで十八日・十九日に上野・武蔵国境の神流《かんな》川畔の金窪《かなくぼ》（埼玉県上里町）・本庄原（本庄市）において両軍の激突がみられた。神流川合戦である。

十八日の初戦では、それぞれ先陣を務める氏邦勢と上野国衆勢が激突し、滝川方が勝利したが、続く十九日に氏直軍と一益軍の本軍同士が激突し、ここでは氏直軍が大勝し、滝川軍は退却した。さらに一益は、二十日に厩橋城からも後退して西上野の松井田城《まついだ》（群馬県安中市）に着城し、翌二十一日には信濃小諸城《こもろ》（長野県小諸市）に着城した。一方の氏直は、そのまま滝川勢を追撃して倉賀野を越え、惣社《そうじゃ》（群馬県前橋市）と箕輪《みのわ》（高崎市）の間まで進軍した。さらに同月下旬には上野・信濃国境の碓氷峠《うすい》を越えて信濃に進軍した。一益は小諸城において態勢の立て直しを図ったが、すでに上野国衆や東信濃の国衆のほとんどが北条氏の調略に応じたため、二十六日に小諸城を発って、本国伊勢へ後退した。

滝川一益が上野・東信濃から没落すると同時に、信濃に配置されていた他の織田氏諸将も没落し、甲斐や信濃における織田分国はたちまちに崩壊した。にわかに空白地となった旧織田分国には、東信濃へは一益を追撃するかたちで北条氏が、北信濃へは越後上杉景勝が、甲斐・南信濃へは遠江徳川家康が進軍し、それら周辺大名の草刈り場と化した。

徳川家康の娘を娶る

滝川軍を追撃しつつ信濃に進攻した氏直は、七月十二日に小県郡《ちいさがた》海野《うんの》（長野県東御市）に着陣し、翌十三日に真田昌幸《さなだまさゆき》ら小県・佐久《さく》両郡の国衆から出仕をうけ、諏訪郡《すわ》の諏訪頼忠《よりただ》の従属に成功している。一方、徳川家康は甲斐を制圧したあと、信濃の経略をすすめ、先陣の酒井忠次が諏訪に着陣、諏訪氏を攻撃した。諏訪氏は援軍を氏直に要請し、そのため氏直は諏訪郡に向けて南進した。八月一日には先鋒の上野国衆小幡信真《おばたのぶざね》の軍勢が、諏訪高島城《たかしま》（長野県諏訪市）を包囲する徳川軍に迫っている。ここに信濃領有をめぐり、北条氏は徳川氏との抗争を展開することとなった。氏直の進軍をうけて、諏訪在陣の徳川軍は甲斐に後退した。氏直はこれを追って甲斐に進攻し、若神子《わかみこ》（山梨県須玉町）まで進軍して、新府城《しんぷ》に在陣する家康と対陣した。また北条氏は、氏忠《うじただ》（氏政義弟）を大将とする軍勢を、武蔵から甲斐郡内に進攻させ、郡内地域を確保した。

ところが九月末になって、信濃の真田昌幸が徳川方に寝返り、十月に入ると家康と連携した佐竹氏ら北関東諸将による上野・下野への進攻がみられた。また家康においても、北信濃をめぐる上杉氏との攻防もあり、織田信長の遺子信雄《のぶかつ》の勧めもあって、北条・徳川両氏は和睦を結ぶこととなった。十月二十九日に両氏間に和睦が成立し、甲斐郡内・信濃佐久郡・同諏訪郡は北条氏から徳川氏に割譲され、徳川方の真田氏が領有する上野吾妻《あがつま》・沼田二領は北条氏に割譲されるという、「国分」協定が結ばれた。さらに翌日、家康の娘が氏直に嫁すという婚姻関係も約され、両氏間の和睦は同盟関係へと転換した。

家康との和睦により、氏直は同年十一月十二日に武蔵に退陣し、小田原に帰陣した。その後、真田氏攻めのために北上野に出陣した。氏直は、上野国衆に参陣を要請したが、厩橋毛利北条氏がこれに応じず、さらに離叛した。そのため氏直は、翌天正十一年正月から同氏攻略をすすめた。四月、氏直は再び厩橋北条氏攻略のために出陣する予定であったが、徳川氏との婚姻のために延引となった。八月十五日に徳川家康の娘督姫《とくひめ》が小田原に着輿して、氏直との祝言が行われた。この婚姻の成立により、徳川氏との、真田氏領の沼田・吾妻二領の北条氏への割譲協定が正式に成立した。この祝言ののち、氏直は厩橋北条氏の本格的な攻略にかかり、九月十八日に同氏を降服させた。

ところが翌十月に、今度は新田由良国繁・館林長尾《ながお》顕長《あきなが》が北条氏から離叛した。これは由良国繁・長尾顕長兄弟が、厩橋北条氏攻略の祝儀を述べるために厩橋城（群馬県前橋市）に在陣する氏直のもとに出仕した際、氏直が下野の本格的侵攻に備えて、両者に本城の借用を申し入れたところ、その家臣らが所領没収と早とちりして本城に帰城して籠城の用意をし、そのまま離叛に至ったものであった。国繁・顕長は捕縛されて小田原に送られ、軟禁された。北条氏は両者の本城の金山《かなやま》城（太田市）と館林城を攻撃した。翌十二年四月、北条氏は由良・長尾両氏と隣接する佐野氏攻略のために、下野足利領と佐野領に進攻した。これに対して、由良・長尾両氏らを支援する佐竹氏らが佐野領に出陣してきたため、両軍は渡良瀬《わたらせ》川を挟んで、それぞれ藤岡《ふじおか》・沼尻《ぬまじり》（栃木県藤岡町）に陣し、対陣した。対陣は四月下旬から七月上旬まで、約三カ月におよんで展開された。七月十三日になって、佐竹方を支援する越後上杉景勝が上野国境に進軍してきたため、北条氏は氏照に佐竹方との和睦周旋を図らせ、双方で血判起請文を交換して、同月二十二日に両軍ともに退陣した。

この両軍の藤岡・沼尻対陣において注目されるのは、ちょうどこの間に中央において羽柴秀吉《はしばひでよし》と徳川家康との小《こ》牧《まき》・長久手《ながくて》合戦が行われていることである。北条氏は徳川氏と、佐竹方勢力は羽柴氏と結びついており、徳川氏は尾張への出陣に際して北条氏に加勢の派遣を要請していた。結局、北条氏が下野で佐竹方と対陣に至るため、徳川氏への援軍派遣は実現されなかった。そこには羽柴氏による、北条氏の徳川氏への援軍派遣阻止の働きかけがなされていた。上杉氏の出陣についても、膠着化した戦況を打開するための羽柴氏からの要請によるものであった。この両合戦は密接に結びついて展開されていたのであり、もはや関東における抗争も、中央情勢と全く無関係に展開されることは許されなくなった。

天正十三年（一五八五）正月初め、氏直は、由良氏・長尾氏を降服させた。これにより、上野において北条氏に従属していない国衆は、真田氏のみとなった。さらに六月から、氏直は陸奥伊達政宗への接近を図っている。両者は共に反佐竹氏の立場として、以後において頻繁に連絡を取り合って、事実上の軍事的連携化を図っていく。

(4) 羽柴秀吉との交渉と決裂

羽柴秀吉との交渉　小牧・長久手合戦は、羽柴秀吉の政治的優位のかたちで一応の決着がつけられ、翌天正十三年（一五八五）になると、秀吉は紀伊の雑賀《さいが》一揆、四国の長宗我部元親《ちょうそかべもとちか》、北陸の佐々成政《さっさなりまさ》らを相次いで制圧した。また中国地方の毛利輝元、北陸の上杉景勝との領国境を確定して、畿内を中心とした羽柴領国の確立を遂げた。さらに、その間に秀吉は旧主筋の織田信雄を従属させ、七月には関白に任官して武家政権の首長としての政治的地位を確立させた。信雄・景勝ともに秀吉への従属が確定したことにより、家康は直接に羽柴氏勢力と領国を接することになった。秀吉は同年六月頃から家康、北条氏討伐の意を広く表明した。

同年十月二十八日に、北条氏の家老二十人の起請文が徳川氏に送られ、徳川氏からも国衆・長人（家老）衆の起請文が北条氏に送られている。これは、そうした状況に対して、北条氏と徳川氏があらためて互いの同盟関係を確認したものだろう。その具体的な内容は、およそ徳川氏と羽柴氏とが再び抗争に至った場合には、北条氏は徳川氏を支援する、というものであった。秀吉の来攻に備えて、両氏は互いの同盟関係のさらなる強化を図った。

しかし十一月十三日に、家康の譜代家老の石川数正が秀吉のもとに出奔した。譜代家老の出奔は家康に大きな衝撃を与え、さらに小笠原氏・木曽氏の離叛により、家康の信濃における勢力圏も、佐久・諏訪・伊那各郡に縮小することになった。こうした秀吉による家康に対する政治的圧迫を踏まえて、翌天正十四年正月二十七日に、秀吉の意をうけた織田信雄が、三河岡崎（愛知県岡崎市）に来訪した。家康と会面して、両者間の関係の周旋を図った。家康はついに秀吉との和議の成立を決し、二月上旬に両者間の和議が成立する。

それから一ヵ月後の三月上旬に、北条氏政と家康は伊豆・駿河国境において会面した。両者の会面は、家康から氏政に申し入れたものであった。まず三月九日に、家康が北条領国・徳川領国の領境である黄瀬川を越えて、伊豆三島（静岡県三島市）に赴き、次いで十一日に、今度は氏政が黄瀬川を越えて駿河沼津（沼津市）に赴いて、二度にわたって行われている。そして会面の後に、黄瀬川東岸の北条領側の惣河原において酒宴が催された。さらに酒宴の後、家康は沼津まで北条方に見送られたが、その際、三枚橋城（沼津市）を破却している状況を見せ、また取次の任にある北条氏規に、三枚橋城の兵粮米一万俵を遣わして、北条領に対する武装解除の姿勢をアピールしている。

この氏政・家康の会面により、両者間の親交が深められた。しかしこの会面は、家康からの申し入れによるものであり、家康は北条領に対する国境防衛の解除を示しているように、家康がきわめて低姿勢に立って行われている。これは同盟関係を強化しておきながら、一方的に秀吉と和議を成立させたことに対する、釈明のために行われたものとみられる。それから十月になって、秀吉は家康に対上洛・出仕を厳しく要求した。ここに至り、家康は秀吉のもとへの出仕を決意、二十七日に秀吉の本拠大坂城に登城し、諸大名列座の面前において秀吉への従属を表明した。この家康の従属をうけて、秀吉は東国諸大名に対する取次役を家康に委ねるとともに、「関東・奥両国惣無事」の実現を家康に命じた。

この惣無事令は、秀吉が全国統治者、武家政権の首長という自覚のもと、諸大名の交戦を私戦とみなし、その停止を命じるものである。したがってこの惣無事令の受諾は、秀吉への従属と一体のものとなり、秀吉従属下の諸大名は、秀吉の承認なくしては、もはや他大名との交戦はできないという論理を有するものであった。これまで戦国大名が自らの領国とその「平和」を維持するために、隣接勢力との紛争を解決するための最終的裁判権として行使してきた交戦権が、統一政権としての秀吉の強い統制下に編成されることになる。

北条氏は、家康の上洛前後における秀吉の三河・関東進攻の標榜に対応し、家康と秀吉との対面が不調に終わった場合、家康からの要請次第にただちに家康への援軍の派遣を図った。十一月初めに御一家衆の氏邦をはじめ、大規模な出陣の準備を命じている。さらに他国衆から一斉に人質（「証人」）を徴収し、忠節の意志の確認を図っている。そうしたなか、秀吉への従属を遂げた家康から、「関東惣無事令」の実現というかたちで、秀吉への従属を要求されるのであった。ここに北条氏は、中央政権たる秀吉への従属か、対決かの選択を迫られた。

名胡桃城奪取事件と交渉の決裂　天正十五年（一五八七）末から翌十六年初めにかけて、秀吉による北条氏攻めが広く風聞され、そのため北条氏は全領国挙げての軍勢の大動員を行った。しかし、三月には秀吉による北条氏攻めは取りやめになった。その後、家康は、五月二十一日に氏政・氏直父子に三箇条の起請文を送付した。内容は、①家康は氏政・氏直父子について秀吉に対して讒言しないこと、北条氏の領国については些かも所望していないこと、②今月中に兄弟衆を秀吉への御礼言上のために上洛させるのがいいこと、③秀吉への出仕を拒否する場合は、娘督姫を離別してもらいたいこと、というものである。北条氏に対して全く他意を抱いていないことを言明したうえで、秀吉への出仕を勧告したものだった。

家康からこのような勧告をうけた北条氏は、翌閏五月には秀吉に「何様にも上意次第たるべし」（「白土文書」）という旨の返事をした。これは秀吉への従属の意志の表明であった。これをうけて秀吉は、北条氏の「懇望」を認め、「赦免」した。秀吉への従属について、北条氏では「京都御一所」と表現し、六月初めには「赦免」に対する御礼の言上のため、氏規の上洛が決定された。しかし氏規の上洛は、当初の予定からは遅延し、七月十四日に在京中の家康は、自身の在京中における氏規の上洛を催促している。それをうけて氏規は、八月十日に上洛のために出立し、十七日に入京した。そして二十二日に、聚楽第に出仕して秀吉に対面した。そして同二十九日に秀吉から暇を賜り、関東に帰国した。

氏規の上洛・出仕をうけ、秀吉は続いて氏政・氏直父子のうちいずれか一人の上洛・出仕を要請し、これに対して北条氏は、上洛の交換条件として上野沼田領問題の解決を要求した。本来この問題は、天正十年の徳川氏との同盟に際し、北条氏が上野領有権を獲得し、自力によって帰属を図るべきものだった。秀吉もこの北条氏の要求については、「事を左右に寄せ」たものと認識しつつも、北条氏の上洛・出仕を優先させて、徳川氏・真田氏に沼田領の割譲を指示することにした。秀吉は、北条氏が自力で沼田領を経略しえなかった経緯を踏まえて、北条氏には同領のうち三分二のみを割譲し、残る三分一は真田氏にそのまま安堵し、北条氏に割譲した三分二に相当する替え地は家康から与える、と裁定した。

六月初めに氏直は、その内容に「具に得心」した旨と、この了承をうけて十二月に父氏政が上洛する旨を秀吉に言上した。秀吉はこの北条氏の返答をうけて、上使を派遣して沼田領の割譲を実行、七月二十五、六日頃に請け取りがなされた。沼田領支配は、氏邦に委ねられた。氏邦は重臣猪俣邦憲を沼田城の城主として置いて、同領支配を管轄させた。沼田領引き渡しにより、いよいよ氏政の上洛が政治的焦点となった。氏政は沼田領を請け取る段階から、十二月上旬の上洛に向けての準備をすすめ、その費用を家臣等らに十月末日までに納入させる段取りをつけていた。ところがまだその納入期限よりも前の十月二十二日に、沼田城主の猪俣邦憲が真田氏に留保されていた利根川対岸の名胡桃城（群馬県みなかみ町）を攻略するという事件が生じた。

この報は十一月に入ってから真田昌幸や徳川家康から秀吉のもとにもたらされ、秀吉はこれを沼田領問題の裁定に対する重大な違約行為ととらえた。北条氏の違約行為に立腹した秀吉は、氏政の年内上洛が実現されなければ来春に北条氏を追討すること、氏政の上洛が実現したとしても名胡桃城攻略の張本人の成敗がなければ、北条氏を赦免しないことなどを周辺諸大名に表明した。そして二十四日付で、北条氏に、俗に宣戦布告状と称される条書を送付し、討伐の意志を示した。秀吉の強硬な態度に接した氏直は、来春の氏政の上洛の意志を伝えるとともに、名胡桃城奪取事件によって、氏政が上洛した後にそのまま抑留されるのではないか、あるいは国替されるのではないかという惑説があるので、先年、徳川家康が上洛した際に、秀吉生母の大政所が三河まで下向したのと同様の措置をとってもらいたいこと、名胡桃城奪取事件については北条氏は全く関与していないと弁明した。

ここにおいて北条氏は、氏政の身柄の安全や領国の保全が不安な状態にあるなかで、そのまま氏政の上洛を実現することはできないと判断した。また名胡桃城奪取も、同城における真田家臣の内訌に加勢したものにすぎなかったようで、氏直はその事情を当事者からの報告以上のことは把握できていなかったようで、その検証を求めるものとなっている。しかしこうした北条氏の対応について、秀吉は上洛・出仕の拒否、沼田領問題裁定に対する否認と認識し、ついに十二月十三日に諸大名に対して、北条氏追討の陣触を発した。一方、北条氏もこれをうけて、秀吉との対戦を決意して、十七日には領国内の家臣・他国衆に対して、小田原への参陣を命令し、羽柴軍迎撃のための態勢をとっていった。ここに至って、北条氏は羽柴政権との全面的対決に突入していく。

小田原合戦　北条氏は十二月後半から、領国内の家臣・他国衆に対して、小田原城に入城させ、あるいは各城に配備して、防衛体制を整えていった。羽柴軍は、天正十八年（一五九〇）二月から各大名が出陣し、三月一日にいよいよ秀吉が京都を出陣した。そして同三日に、伊豆三島および伊豆・駿河国境の黄瀬川で、徳川家康・織田信雄・羽柴秀次らとの間で戦闘が行われ、小田原合戦の幕が切って下ろされた。三月二十七日に秀吉が駿河三枚橋城（沼津市）に着陣すると、羽柴軍による本格的な進攻が開始され、同二十九日に山中城が即日に落城した。四月一日には家康軍の先陣が箱根にすすみ、同二日には足柄城（神奈川県南足柄市）なども落城し、この日に秀吉も箱根峠に進んだ。そして同四日に家康は小田原城近くまで進んだ。翌五日、秀吉は湯本の早雲寺（箱根町）に本陣を据えた。羽柴軍は順次すすんできて、同月中旬頃には小田原城包囲陣が完成し、小田原城は籠城に入っていった。

他方、前田利家・上杉景勝・真田昌幸らの北陸道軍は、三月十五日に信濃・上野国境の碓氷峠に達し、同峠で北条軍と戦闘があり、この方面でも合戦が開始された。また浅野長吉や家康配下の軍勢からなる東海道軍の別働隊が、小田原から東進して、相模玉縄城（神奈川県鎌倉市）、武蔵江戸城（東京都千代田区）、下総・上総の諸城を攻略、さらに武蔵に転進した。そうして六月下旬までに、武蔵の北条方諸城は、他国衆成田氏長の本拠忍城（埼玉県行田市）を除いて、すべて攻略された。さらに同二十四日には韮山城、二十五日までには津久井城も開城して、北条方の重要拠点は軒並み攻略されて、本城小田原城のみが残されることになった。

小田原城は、四月中旬から籠城を強いられた。同月初旬から向かい城として石垣山城（小田原市）の構築がすすめられ、五月中旬には石垣が竣工している。その後、六月下旬には建築物も完成をみて、同二十七日に秀吉は同地に本陣を移している。また周辺の戦況も悪化の一方を辿っていたため、六月初旬頃から、氏直は羽柴方との和睦を本格的に模索しはじめた。仲介は徳川家康と織田信雄が務めた。六月六日・七日の両日にわたって、信雄の家臣岡本利世が、氏直側近の埓和豊繁の手引きによって城内に入り「氏直様御壱人」と対面し、七日の晩に家康の陣所に帰っている。そして六月二十四日に、信雄の家臣滝川雄利と秀吉の家臣黒田孝高が使者として城内に派遣された。七月一日には、氏直は仲介者の勧告に従って秀吉への「出頭」に「同意」し、同日の夕方にその「使衆」と相談して、翌二日にそれについての詳しい手筈を決定した。そして五日に、氏直は弟氏房とともに、城を出て滝川の陣所に投降した。そこで氏直は、滝川・黒田を通して秀吉に対し、自らの切腹と引き換えに城兵の助命を嘆願した。秀吉はこの申し出に「神妙」と感嘆しながらも、徹底抗戦した城兵をすべて助命する「法度」は無いことを理由に、合戦の責任を氏政・氏照・松田憲秀・大道寺政繁の四人に負わせて、彼らを切腹させるように命じた。

秀吉は、氏直は当主であったものの家康の娘婿であることから助命し、代わりに最高実力者の父氏政、御一家衆を代表して氏照、家中を代表して宿老の松田憲秀・大道寺政繁を切腹させることで、帳尻を合わせた。翌六日から小田原城の接収が開始され、家康の軍勢が入城し、同十日には家康自身も入城した。北条領国はこの家康に継承されることになった。その日に、氏政も出城して家康の陣所に移った。この間、氏政の助命も嘆願されていたが、実現されなかった。そして翌十一日に氏政・氏照は切腹を遂げた。助命された氏直は、十二日に高野山に追放されることが決まった。こうして戦国大名北条氏は滅亡を遂げた。そしてそれは同時に、羽柴秀吉による天下一統の完成でもあった。北条氏は、初代宗瑞が戦国の幕開けに相応しく登場してきたのに対応するように、最後は戦国の幕引きに併せて、その歴史を閉じることとなった。いわば北条氏は、戦国時代の幕開けと幕引きの両方において密接に関わっていたのであり、まさに戦国時代を象徴する戦国大名であった。

なお高野山に追放となった氏直は、七月二十一日に同地へ向けて小田原を出立、八月十二日に高野山に入った。明けて天正十九年になると、舅の家康らを通じて秀吉への身上の取り成しを求め、二月七日には秀吉は家康に氏直赦免を伝えている。五月に、氏直は秀吉から大坂への移住を命じられ、ついに八月十九日に大坂城に出仕し、秀吉に拝謁して、正式に秀吉から赦免され、併せて知行一万石を拝領した。氏直は、ここに秀吉の旗本家臣として再出発を果たした。拝謁の際には明年に予定されている朝鮮への従軍を命じられてもいる。しかし十月下旬に疱瘡を患い、そのまま回復することなく、十一月四日に死去した。

TOPIC

小田原城とその城下出土のやきもの

山口剛志

(1)出土したやきものの概要

小田原城とその城下の発掘調査　小田原城の起源は、応永二十三年（一四一六）に起きた上杉禅秀《ぜんしゅう》の乱の戦功により大森氏が小田原に進出した頃とされる。その後、伊勢宗瑞《そうずい》（北条早雲）が大森氏から奪取した明応五年（一四九六）～文亀元年（一五〇一）以降に発展し、明治三年（一八七〇）に解体されるまでの約四五〇年存続した城である。このような長い歴史を有する小田原城では、昭和四十六年（一九七一）に本丸・二の丸で試掘調査が行われて以来、平成三十一年（二〇一九）三月までに城下を含めて五五二件（同一地点での試掘調査と本格調査はそれぞれ一件、複数年実施している調査は年度ごとにそれぞれ一件と計算）もの発掘調査が行われてきた。その結果、発見された一六～一九世紀の遺構（土地に掘り込まれた堀などの穴）や遺物（地中に埋蔵されているやきものなどの物質的資料）から小田原城とその城下の様子が明らかにされてきた（塚田順正ほか、一九九五・小田原城天守閣、二〇一八など）。ここでは、これらの発掘調査の成果を基に小田原城とその城下から出土したやきものの様子について、一六世紀の小田原北条氏の時代を中心に説明することにしたい。

出土したやきもの

発掘調査で出土するやきものは、生産地や原料、焼く温度などの違いによって磁器・陶器・炻《せっ》器《き》・土器・瓦に分類される。いずれも、原料に含まれている成分が熱によって化学変化を起こしてできたもので、原料とは材質が全く異なるものになる。最初に、各種のやきものについて説明しておこう。

図42　小田原Ⅱa期中段階中国明染付（小田原市教育委員会，1990）

磁器は、陶石《とうせき》（ガラス質の石英などを含む岩石）を原料にし、窯を使って一三〇〇度で焼かれたやきものである。中国では宋時代の一〇世紀頃から盛行するが、日本では大きく遅れて江戸時代初頭の一六一〇年代から肥前（佐賀県）で生産された。器の素地は白色〜灰色・黄色を呈し、釉薬《ゆうやく》（光沢や吸水防止などのためにやきものの表面に掛けるガラス質のうわぐすり）の違いによって青磁《せいじ》・白《はく》磁《じ》があり、このほか呉須《ごす》（コバルト顔料）で絵を描いた染付《そめつけ》（中国では青花《せいか》という）が後に出現した（図42）。小田原城に限らず一六世紀の戦国時代では、磁器は中国明《みん》からの輸入品によって占められており、素地が白色を呈する江西省《こうせいしょう》景徳鎮《けいとくちん》系と、灰色・黄色を呈する福建省漳州窯《ふっけんしょうしょうしゅうよう》系の製品が知られている。器《き》種《しゅ》は、碗・皿が主体的に出土するほか、坏《つき》・盤《ばん》・壺・瓶《へい》などの製品がある。

陶器は、粘土を原料に窯を使って一〇〇〇〜一三〇〇度で焼かれたもので、七世紀に朝鮮半島から伝わった施釉陶器《せゆうとうき》の系統を引くやきものである。素地は白色〜淡黄色が中心で、灰釉《かいゆう》・鉄釉《てつゆう》などの釉薬が掛けられている。一六世紀の小田原城とその城下では、地理的に近い瀬戸（愛知県）・美濃（岐阜県）の碗・皿・坏・擂鉢・徳利・香炉などが主体的に出土しており、ほかに初山《しょざん》・志戸呂《しどろ》

（静岡県）の碗・皿・擂鉢、信楽《しがらき》（滋賀県）の壺・水差《みずさし》などの国産陶器や、朝鮮王朝の斗々屋《ととや》茶碗などの輸入品が出土している。

炻器は、粘土を原料に窯を使って一二〇〇〜一三〇〇度で焼かれたやきものである。素地は褐色を呈し、水を通しにくい特徴を有している。一六世紀の小田原城とその城下では、常滑《とこなめ》（愛知県）の大甕、備前（岡山県）の擂鉢・鉢などが出土している。

土器は、粘土を原料に八〇〇度前後で焼かれたやきものである。縄文土器以来の技術を踏襲するもので、素地は褐色を呈する。一六世紀の小田原城とその城下では、小田原城周辺で焼かれたと推定される在地の土器であるかわらけが主体的に出土するほか、尾張・三河（愛知県）、遠江《とおとうみ》（静岡県）の土鍋・羽釜《はがま》などがわずかに認められる。

瓦は、粘土を原料に窯を使って一〇〇〇度前後で焼かれたやきものである。素地は、一六世紀までが暗褐色〜褐色を呈するが、一七世紀以降は灰色を呈するようになる。一六世紀の小田原城とその城下では、明確にこの時期に属する瓦が確認されていないが、一六世紀末の史跡石垣山（石垣山一夜城）では多量の瓦が出土している（塚田順正ほか、一九九三）。

どのように遺跡に遺《のこ》されるのか

このような各種のやきものは、どのようにして遺跡に遺されたのであろうか。やきものは自ら動くことはできないため、そこには必ずヒトの行為が介在することになる。それでは、どのようなヒトの行為が考えられるであろうか。

最初に考えられるのは、やきものなどの遺物が破損したり不用になったりして捨てられる廃棄行為である。発掘調査では、やきものが多量に捨てられた土坑《どこう》と呼ばれる穴が多く発見されるが、大部分のやきものは破損した状態で出土している（図43）。これは、ヒトがやきものを意識的に土坑に捨てた行為の結果とみなすことができる。このように、遺跡に遺されたやきものの多くは、廃棄という行為の結果であると考えられる。

次に、やきものが地中に埋納・埋設されて遺構の一部を構成していることがある。何かを祈るための祭祀に伴って埋納する、埋葬するための棺または、便所などの施設として埋設するなど、やきもの自体が遺構として使用される場合である。これらのやきものを埋納・埋設する行為は、ヒトが意識的に行った行為とみなすことができる。

図43　御用米曲輪386号遺構かわらけ廃棄状況
（佐々木健策ほか，2016）

もう一つ考えられることは、ヒトが無意識に落としてしまった遺失という行為である。東海道に面して旅籠が軒《のき》を連ねていた小田原城下欄干橋町遺跡第X地点では、一九世紀前半の73号遺構から一分判金一枚が出土した（山口剛志ほか、二〇一九）。一分判金は、四枚で一両となる高額な貨幣であるので、ヒトが意識的に捨てたとは考えにくい。出土した場所が旅籠の裏庭と考えられることから、旅籠で働く者が落としたか、旅籠の宿泊者のゴミに紛れ込んでゴミ穴に捨てられた可能性などが考えられる。遺失というヒトの無意識の行為は、やきもののような遺物の場合、落としたのか捨てられたのかを出土状況から識別するのは非常に困難であろうことから、実証しにくい行為であるといえよう。

遺跡に遺る遺物と遺らない遺物　このように、ヒトの行為が介在することによって遺跡にやきものなどの遺物が遺されるのであるが、それらのすべてが遺跡に遺るとは限らない。遺物は、材質によって酸性土壌などの影響を受けて腐食してしまって遺らないものと、腐食しないで遺るものとがある。それでは、どのような遺物が遺るのであろうか。やきもの以外の遺物も含めて考えてみよう。

陶磁器・土器・瓦などのやきものは、熱によって原料を化学変化させたことで原料とは全く異なる材質となり、溶けたり腐食したりしないため、そのすべてが遺跡に遺る。同じく、石製品は、材質が石であるため、風化などによってもろくなることがあっても基本的には腐食せずにすべてが遺跡に遺る。金属製品も、錆《さび》の影響を受けてもろくなることがあっても基本的には遺跡に遺る遺物である。

一方、木製品・骨角《こつかく》製品・紙製品などは、酸性土壌などの影響を受けて腐食しやすい材質であるため、水分が多いなど一定の条件が整わない限り遺りにくい遺物である。さらに、ヒトの食べ物や排泄物も、同様に腐食してしまうためほとんど遺らない。例外として、縄文時代の動物性・植物性の固形物が焼けて炭化した縄文クッキーや、ヒトの排泄物が貝塚で石化した糞石《ふんせき》などのほか、水によって腐食せずに遺ったトチの実・クルミなどの食材が遺跡から出土することがある。これらの遺物は、当時の食生活を復元する上でとても貴重な資料となっている。

以上のように、遺跡には、当時のすべての遺物が遺されているとは限らないのである。このことを踏まえた上で、遺された遺物から当時の生活を復元することが重要になる。

(2) やきものの時間的変化

やきものの研究　やきものを研究する際、どこに注目して観察するかによって、やきものはまったく異なる顔をみせる。一つは、やきものの文様《もんよう》や器形《きけい》の美しさなど作品そのものの出来映えを評価する美術的な観察であり、陶磁史や美術史などの研究の際に行われる。もう一つは、時間を計るためのものさしとしてやきものを利用する考古学的な観察であり、この文様が描かれたこの器形のやきものは何世紀の製品であるというように、やきものに年代を与えて時間のものさしとする手法である。

このような異なる視点で同じやきものを観察した場合、評価がまったく異なることもある。例えば、陶磁史・美術史的にどんなに優れている一級資料であっても、どこからどのような状態で発見されたのよくわからないやきものは考古学的に一級資料とはならないし、考古学的に年代が明確な一級資料であっても、文様や器形の美しさに欠けるやきものであれば、陶磁史・美術史的には一級資料とはならない。このように、観察する視点によってやきものの評価が大きく変わってくることも、留意しなければならない。

歴史のものさし　ここでは、考古学的な観察による時間のものさしについて説明しよう。やきものは、それ自体に時間の目盛が示されているわけではないので、どのようにしてやきものを時間のものさしとして利用できるようにするのであろうか。一つは、堀や土坑などの遺構の中で同時に埋もれたやきものを一つのまとまりとしてとらえ、それらのまとまりが確認されたいくつかの遺構の切り合い関係から、やきものの新旧関係を探り出す層位学的方法がある。例えば、A遺構はB遺構より新しいので、A遺構の遺物はB遺構の遺物より新しいというように考える方法である。もう一つは、やきものに描かれている文様がaからb、bからcに変化するというように、やきものの文様・器形・技法などの時間的変遷をたどる型式学的方法がある。この両方の方法を検討し、どのやきものが新しく、どのやきものが古いかを確立することによって歴史のものさしとするのである。この層位学的方法と型式学的方法のどちらか一方が欠けても、正しい歴史のものさしとはならない。この歴史のものさしを考古学的には編年《へんねん》と呼んでいる。

小田原編年　小田原城とその城下から出土したやきものは、このような手法を基にして特徴的なやきものの出現をもってその移り変わりをとらえ、小田原城の歴史を計るものさしとしている。これを小田原編年と呼んでいる。この小田原編年の特徴は、一五世紀の中世から二〇世紀の近代までⅠ～Ⅶ期の七期一一段階というきわめて広い範囲を網羅していること、小田原編年の変遷画期が小田原城の歴史的変遷とほぼ一致していることの二点が最大の特徴であり、小田原城の歴史を計る非常に有効なものさしとなっている。それでは、これまでの研究成果を基にして小田原編年の概要を説明したい（図44）（諏訪間順、一九九五・一九九六）。

小田原Ⅰ期　小田原北条氏が進出する以前、応永二十三年（一四一六）に起きた上杉禅秀の乱の戦功によって小田原を治めていた大森氏の時代に相当し、一五世紀初頭～末の時期にあたる。やきものがまとまって出土した遺構はまだ少なく、中国明の青磁碗・白磁皿、瀬戸・美濃の縁釉皿《えんゆうざら》・擂鉢・おろし皿、在地のかわらけで構成されるが、実際にはこれらの一部のやきものが遺構から出土する事例がほとんどである。中国明の青磁は鎬蓮弁文碗《しのぎれんべんもんわん》、白磁は口縁《こうえん》が外側に反った端反皿《はぞりざら》で、いずれも中国明の染付が出土する以前の製品である。瀬戸・美濃は、大窯段階以前に作られた窖窯《あながま》段階の製品であり、かわらけは口縁があまり外へ開かない断面厚手でロクロ成形の製品で占められている。

小田原Ⅱ期　中国明の染付の出現を画期とする一五世紀末～一六世紀末に相当し、ほぼ小田原北条氏の時代にあたる。中国明染付の万暦《ばんれき》様式（文様の輪郭を細線で描いた中を濃《だ》みで染めた技法で、一五七三年以降に成立した）の出現以前をⅡａ期、出現以降をⅡｂ期に大別し、さらにⅡａ期は中国明染付、かわらけ、瀬戸・美濃灰釉皿などの変遷から古段階・中段階・新段階の三段階に細分している。

なお、この時期に中国のやきものが小田原にもたらされたことを示す記録をここで紹介しておく。小田原北条氏の台頭から滅亡に至る五代の歴史を記した軍記物である『北条記』には、永禄九年（一五六六）に三崎（神奈川県三浦市）の湊《みなと》に中国船が種々のやきものなどの交易品を持って来航し、残らず交易品を売って帰国したとある（岩崎宗純、一九九八）。小田原北条氏が中国と直接交易を行い、中国明のやきものを入手していたことを示す資料であり、大変

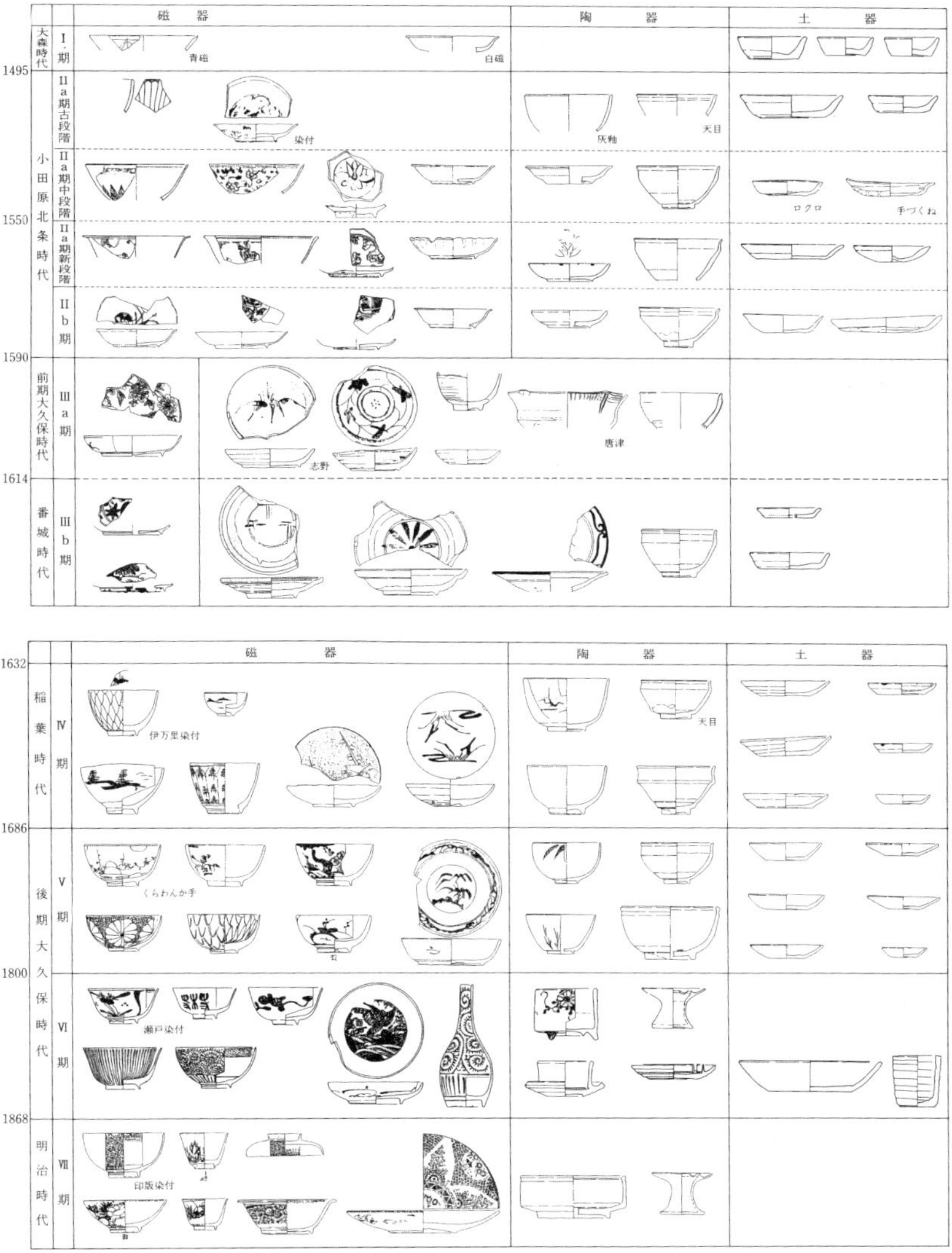

図 44　小田原城とその城下出土のやきもの編年（諏訪間順，1995）

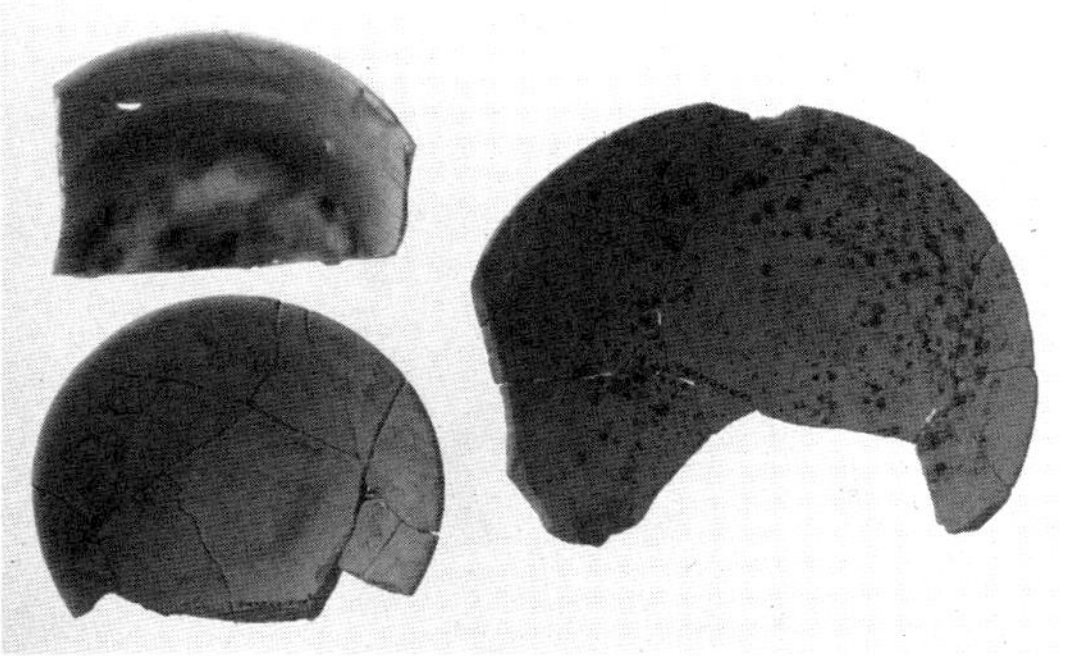

図45　小田原Ⅱa期古段階中国明染付・かわらけ（小田原市教育委員会，1990）

興味深い。

小田原Ⅱa期古段階　この段階は、中国明の染付皿が新たに加わることが最大の特徴であり（図45）、このほか瀬戸・美濃の灰釉碗・天目碗、在地のかわらけで構成される。年代的には、一六世紀第1四半期を中心とする時期と推定される。中国明の染付は端反皿、瀬戸・美濃は大窯第1段階の製品であり、かわらけは小田原Ⅰ期の系統をひく断面が厚手でロクロ成形の製品である。

小田原Ⅱa期中段階　この段階は、中国明の青磁・白磁・染付の碗・皿、瀬戸・美濃の灰釉皿・天目碗・擂鉢、常滑の大甕、在地のかわらけで構成される。年代的には、一六世紀第2四半期を中心とする時期と推定される。中国明の青磁は稜花皿《りょうかざら》・細蓮弁文碗が新たに認められ、白磁・染付は端反皿が引き続き出土する一方、染付は新たに蓮子碗《れんつーわん》・碁笥底《ごけぞこ》皿が加わる（図42）。瀬戸・美濃は、灰釉端反皿など大窯第1・2段階の製品が主体であるが、擂鉢は大窯第3段階までの製品が認められる。かわらけは、引き続きロクロ成形の製品が出土するが、小田原Ⅱa期古段階より断面が薄手となるほか（図46）、新たに底部が高台《こうだい》のように突出《とつしゅつ》して口縁が内湾する特徴的なかわらけが出現する。この特徴的なかわらけを小田原タイプと呼んでいる（図47）。また、手づくね成形のかわらけがこの段階から出現するようになることも大きな特徴であり（図46）、小田原北条氏の領国支配に大きな影響を受けていると考えられるが、これについては(3)で後述する。

図46　ロクロ成形（左）・手づくね成形（右）かわらけ（小田原城天守閣，2018）

図47　小田原Ⅱa期中段階小田原タイプのかわらけ（小田原城天守閣，2018）

小田原Ⅱa期新段階　この段階は、Ⅱa期中段階のやきものに加えて、中国明染付の饅頭心碗《まんとうしんわん》と四方襷文《よもたすきもん》皿、青磁・白磁の菊皿、瀬戸・美濃の口縁が内湾する灰釉丸皿が新たに加わることを特徴とする（図48）。年代的には、一六世紀第３四半期を中心とする時期と推定される。かわらけは、引き続きロクロ成形と手づくね成形の製品が認められる。また、「天文廿二月七日」とヘラ書きされた手づくね成形のかわらけが三の丸藩校集成館跡第Ⅲ地点27号溝から出土しており、手づくね成形のかわらけの成立年代が天文二十年（一五五一）より以前であることを示す貴重な資料となっている（図49）（小林義典、二〇〇二）。

小田原Ⅱb期　文様の輪郭を細線で描いた中を濃《だ》みで染めた万暦様式の中国明染付皿の出現を特徴とし、中国福建省漳州窯系の呉須赤絵皿や染付碗・皿も出土するようになる（図50）。瀬戸・美濃は、大窯第３段階の口縁が内湾する灰釉・鉄釉丸皿が出土するほか、静岡県初山・志戸呂の碗・皿・擂鉢、信楽の壺・水指、備前の擂鉢、朝鮮王朝の斗々屋茶碗など多種多様のやきものが認められるのも特徴の一つである。年代的には、一六世紀第４四半期を中心とする時期と推定される。

以上が、小田原北条氏の時代におけるやきものの変遷であるが、近

図48　小田原Ⅱa期新段階中国明磁器・国産陶器（小田原市教育委員会，1990）

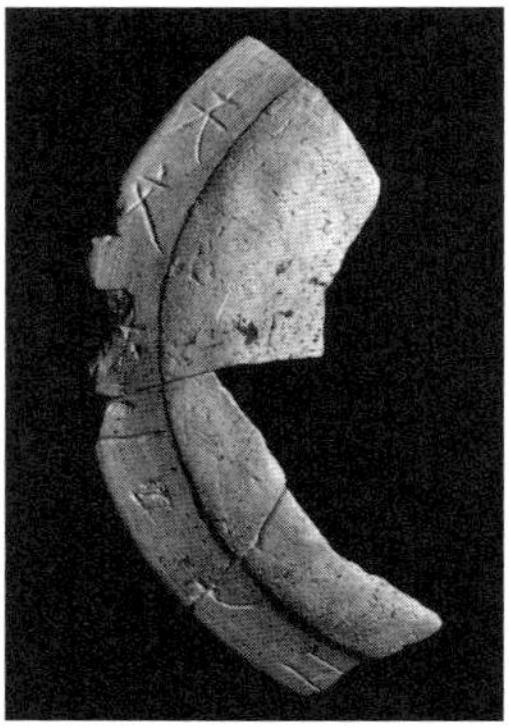

図49 「天文廿二月七日」刻印紀年銘手づくね成形のかわらけ（松井久撮影）

世以降についても小田原城とその城下を考える上で重要であるので、引き続き説明したい。

小田原Ⅲ期　瓦、および瀬戸・美濃の志野・織部、唐津（佐賀県）の碗・皿類を主体とするやきものが新たに出現する時期で、一六世紀末〜一七世紀前葉に相当する。志野・唐津の出現をもってⅢa期（図51）、織部の出現をもってⅢb期（図52）と二細分している。Ⅲa期は前期大久保氏の時代、Ⅲb期は幕府が指名した譜代大名と旗本が交代で城番《じょうばん》を勤めた番城《ばんじょう》時代にほぼあたる。瓦は、この時期から多量に出土するようになるが、現在のところ、明確に小田原北条氏の時代である小田原Ⅱ期に属するものは確認されていない。瀬戸・美濃は、志野・織部のほかに天目碗・灰釉皿・擂鉢などが出土しており、常滑の大甕も認められる。中国明染付は小田原Ⅱb期より大幅に減少し、在地のかわらけも大幅に減少するとともに、再びロクロ成形の製品で占められるようになる。また、丹波（兵庫県）の擂鉢などが出現するのもこの時期からである。

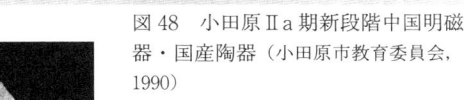

小田原Ⅳ期　国内初の磁器を生産した肥前の出現を特徴とする一七世紀中葉〜末に相当し、ほぼ稲葉氏の時代にあたる（図53）。磁器は、肥前の染付を中心に青磁・白磁を加えた碗・皿・鉢などの多くの種類が認められる一方、中国明末・清初の磁器も少なからず出土する。陶器は、瀬戸・美濃の連房式登窯の天目碗・灰釉皿・鉄釉皿・擂鉢などのほか、肥前の京焼風陶器碗、丹波の擂鉢などが出土し、より多くの生産地の製品が認められるようになる。かわら

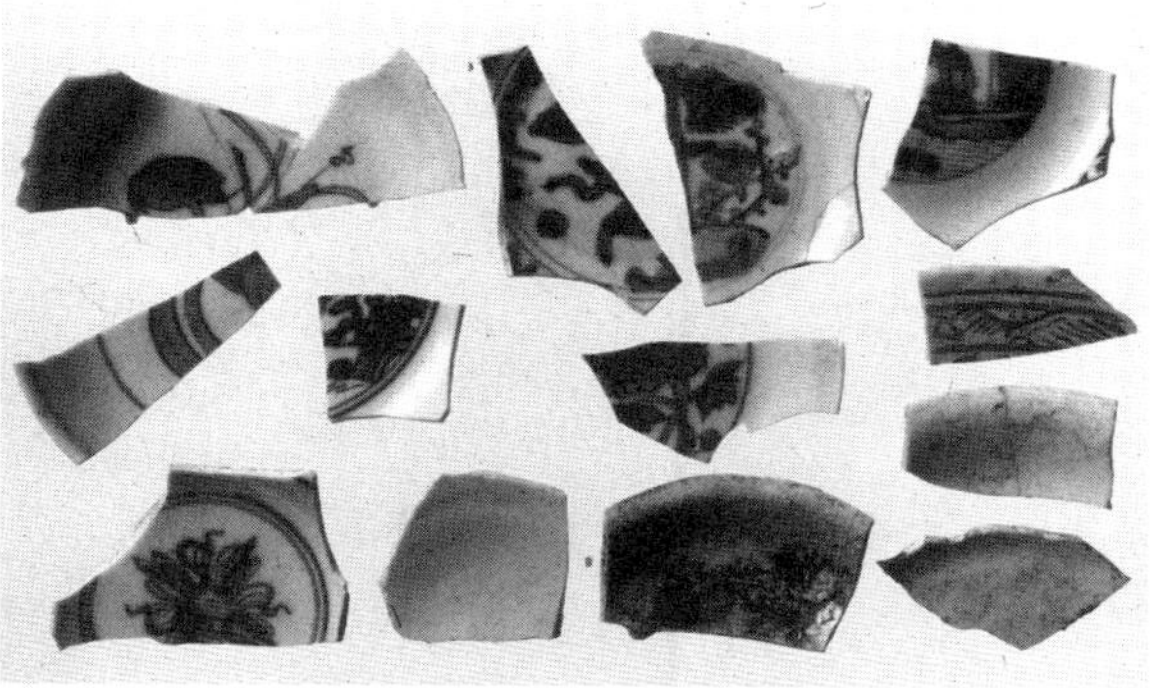

図50　小田原Ⅱb期中国明磁器（小田原市教育委員会，1990）

図51　小田原Ⅲa期志野・唐津ほか（小田原市教育委員会，1990）

図52　小田原Ⅲb期志野・織部（小田原市教育委員会，1990）

図 53　小田原Ⅳ期国産陶磁器（小田原市教育委員会，1990）

図 54　小田原Ⅴ期国産陶磁器（中央右側がくらわんか手）（小田原市教育委員会，1990）

けは、小田原Ⅲ期より増加する傾向にあるものの、江戸の影響を受けた硬質なロクロ成形の製品となり、小田原Ⅱ・Ⅲ期とはまったく異なるものに変化している。

小田原Ⅴ期　肥前磁器のくらわんか手と呼ばれる日常雑器の量産品が出現する一七世紀末～一八世紀末に相当し、後期大久保氏の時代の前半にあたる（図54）。くらわんか手とは、大坂淀川で船客相手に「飯くらわんか」という呼び声で酒や食べ物を売っていた際に使った飯茶碗の俗称である。小田原城とその城下でも、このような断面が厚手で粗製のくらわんか手の碗・皿が多量に出土するほか、多種多様なやきものが認められる。その一方で、最も精巧な技術を駆使して作られた高級磁器である肥前の鍋島が出土するのもこの時期である。小田原城とその城下では、これまでに色絵皿・青磁染付皿・染付皿の鍋島が二十八例確認されており、全国的にも将軍や大名が屋敷を構えていた江戸に次ぐ出土量であり、城下町としては異例の多さを誇っている（図55（山口剛志、二〇〇三・北條ゆうこ、二〇一八・太田雅晃ほか、二〇一九）。

小田原Ⅵ期　瀬戸・美濃の磁器が新たに出現する一九世紀初頭～後半に相当し、後期大久保氏の時代の後半から明治十年（一八七七）代にあたる（図56）。肥前磁器は広東碗《かんとんわん》、瀬戸・美濃磁器は端反碗が特徴的な形態であり、小田原Ⅴ期よりさらに産地も含めて多種多様なやきものが出土する。また、この時期には、破損したやきものに白玉《しらたま》（鉛ガラス）を熱で溶かして接着剤として修復する焼継《やきつぎ》が行われたものが認められる。

小田原Ⅶ期　肥前、瀬戸・美濃の型紙摺りと銅版摺りの磁器が新たに出現する明治十年（一八七七）代～大正初頭（一九一〇年代）にあたる。小田原Ⅵ期の終わりからこの時期は、呉須に代わって酸化コバルトが用いられるなど、西洋技術の影響を受けて顔料・釉薬や窯の改良による量産体制が整備された時期である。また、東北地方南部や関東地方北部などの地方窯も急速に発展したことから、小田原Ⅵ期以降は地方窯のやきものが増加傾向にある。

(3) かわらけの隆盛

かわらけとは　前節では、小田原城とその城下から出土したやきもののものさしである小田原編年について説明したが、ここでは小田原北条氏の領国支配と深く関わると推定されるかわらけについて考えてみたい。

図55　藩校集成館跡第Ⅲ地点64号土坑出土色鍋島（松井久撮影）

図56　小田原Ⅵ期瀬戸・美濃磁器（小田原市教育委員会，1990）

かわらけは、土師質土器《はじしつ》とも呼ばれる素焼きの土器である。おもに儀式・宴会などの際に器として使われたものであるが、灯明皿としても使われていた。素焼きの器であるため、現在の紙皿のように儀式・宴会で一度使われると捨てられたため、多くのかわらけが消費されていた。このことを裏付けるように、御用米曲輪386号遺構（図43）（佐々木健策ほか、二〇一六）や三の丸藩校集成館跡第Ⅲ地点27号溝（小林義典、二〇〇二）などでは、かわらけが多量に一括廃棄された状況が確認されている。

かわらけの隆盛　小田原城とその城下でかわらけが多量に一括廃棄されたのは、一六世紀第2四半期に相当する小田原Ⅱa期中段階から第4四半期のⅡb期にかけての時期である。これは、一六世紀第1四半期までが在地の系統をひく断面が厚手でロクロ成形のかわらけで構成されていたものが、第2四半期になるとロクロを使わない手づくね成形のかわらけが新たに出現するが、ロクロ成形のかわらけが断面薄手のものに変化するとともに、底部が高台のように突出して口縁が内湾する特徴的な小田原タイプのかわらけが出現することと時期的に一致している。この新たに出現した手づくね成形のかわらけは、京都の手づくねかわらけの影響を受けていることが指摘されており（服部実喜、一九九八）、これまでの在地のかわらけにはないキメの細かい粘土によって作られている。在地の系統をひくロクロ成形のかわらけも、同様な粘土によって作られていることから、両者は小田原城周辺の在地で作られていると考えられる。このようなロクロ成形のかわらけと手づくね成形のかわらけが出土する状況は、一六世紀第4四半期のⅡb期まで続く。

手づくねかわらけの意義　小田原城とその城下では、一六世紀第1四半期までロクロ成形のかわらけであったものが、第2四半期になって手づくね成形のかわらけが突如出現する。これは、何が要因なのであろうか。手づくね成形のかわらけが出現した一六世紀第2四半期は、初代伊勢宗瑞（北条早雲）から二代北条氏綱に家督が相続され、相模から関東へ進出していった時期である。服部実喜《みつよし》は、この時期に行われた虎朱印《とらしゅいん》の使用、伊勢から北条への改姓、鶴岡八幡宮などの社寺造営による領国支配体制の確立と正当性の顕示に加え、享禄二・三年（一五二九・三〇）に氏綱が従五位下・左京太夫に任ぜられ、朝廷・幕府から領国支配が正式に認知されたことなどと無関係ではなく、これらに関連する一連の儀式や作事を通して領国内の家臣などに権威を示そうとしたことが、京都の手づくねかわらけを導入した契機である可能性を指摘している（服部実喜、二〇〇八）。天正十八年（一五九〇）に小田原北条氏から大久保氏に城主が替わった小田原Ⅲ期になると、手づくね成形のかわらけが忽然と姿を消してロクロ成形のかわらけに戻っていることは、このことを如実に物語っている。このように、小田原城とその城下出土の手づくね成形のかわらけは、小田原北条氏の領国支配と大きな関わりがあり、とても興味深いやきものであるといえよう。今後の研究の進展が大いに期待されるところである。

Column

北条氏の城郭群の中に築かれた豊臣秀吉の石垣山城

大島慎一

(1) 北条氏の城郭群をたずねて

戦国時代の城郭は、地形を巧みに活用し、軍勢が攻撃や防御をしやすいように曲輪《くるわ》と呼ばれる平場を設け、土塁《どるい》や空堀《からぼり》を巡らしたり、堀切《ほりきり》により尾根を遮断するなどして防御を高め、出入り口となる虎口《こぐち》やこれを睨む櫓台《やぐらだい》を巧みに配置するなどして、さまざまな制約のある中、より堅固な土の城づくりが目指された。北条氏の城も、その例外ではない。

北条氏は、領国の拡大とともに本城である小田原城を中心にその領国内に支城網を張り巡らせていった。砦のようなごく小規模な城郭や、合戦に備えて臨時に構築された陣城のようなものも含めると、確認されているだけでも相当な数に及ぶとされる。

その中でも、伊勢宗瑞がその波乱に富んだ生涯を終えた城であり、小田原合戦に際しては四代目当主北条氏政《ほうじょううじまさ》の弟北条氏規《うじのり》が立て籠りよく防戦したことでも知られる韮山《にらやま》城、箱根山防備の重要な城で小田原合戦の緒戦時において豊臣軍による総攻撃を受け、半日で落城したが、こんにち障子堀《しょうじぼり》を巡らす姿が史跡整備されている山中《やまなか》城、甲斐方面からの脅威に備え四代目当主氏政の弟北条氏照《うじてる》が築城した城で、発掘調査により落城の際の御主殿周辺の状況が明らかにされた八王子《はちおうじ》城、同じく氏政の弟の北条氏邦《うじくに》が比企《ひき》地方を支配した鉢形《はちがた》城などは、国の指定史跡となっており、北条氏の支城としてよく知られている。

ここでは、それらの支城の中で、小田原城から比較的近くに所在するとともに、見学もしやすい神奈川県内の支城をいくつか取り上げてみることにしたい。いずれもそれぞれ特徴的な成り立ちや役割を負い、大変個性的なので、小田原城とあわせて見学すれば、北条氏の城郭をより身近に感じ、理解を深めることができることと思う。

小机城　横浜市港北区小机町に所在する、鶴見《つるみ》川に臨む標高約四〇メートルの丘陵上に築かれた城である。築城の時期は明らかでないが、一五世紀頃のこととされ、北条氏綱が南武蔵に進出する過程で小机《こづくえ》城もその支配下に入ったものと考えられている。当初は前進拠点として城主を玉縄《たまなわ》城（鎌倉市城廻）の城主が兼務していたが、のちに北条氏の一族が代々城主を務め、多摩川以南の一帯を小机領として支配するようになり、小机衆と呼ばれる家臣団も編成されていた。

小机城は、西側を第三京浜国道、南側をJR横浜線によって開削されているが、中心部の土塁が廻らされた曲輪とこれを区画する空堀で構成され保存状態は良好である。中心部の二つの曲輪は虎口やそれを守るための櫓台を備え、間に細長い帯曲輪を持ち、これらを深い横堀が取り囲んでいる。方形に整えられている西側の曲輪が本曲輪ではないかと考えられており、その南側に角馬出を備えている。

津久井城　相模原市緑区根小屋ほかに所在する。北に相模《さがみ》川（現在は津久井《つくい》湖）を見下ろす、城山と呼ばれる独立峰に築かれた山城である。築城の時期は不詳だが、大永五年（一五二五）に北条氏綱と武田信虎の間で繰り広げられた抗争の中でその名が登場するようになる。城主の内藤氏は小田原北条氏に属して以後、小田原合戦で開城に至るまで奥三保《おくみほ》地域を支配している。また、同地域の一部は北条方の内藤氏と武田方の領主の両方に半分ずつ年貢を納めていたことが知られ、津久井城は甲斐国との境目の城としての重要な役目も負っていた。

津久井城は、城山の標高三五七メートルの山頂部にある三つの高まりに西から本城《ほんじょう》曲輪、太鼓《たいこ》曲輪、飯縄《いいづな》曲輪が置かれ、尾根筋に沿って小規模な曲輪が連続して階段状に配置されるとともに、ふもとには御屋敷跡をはじめ屋敷群が構えられていたと考えられる複数の平坦面が存在する。また、小田原北条氏の城郭としては珍しい、畝状竪堀群《うねじょうたてぼりぐん》や麓にまで達する長大な竪堀を持つこともこの城の特徴となっている。発掘調査も比較的行われており、本城曲輪周辺では石積みが多用された虎口や建物跡、門の礎石《そせき》などが、また麓の屋敷跡群では建物跡や庭園の池状の遺構などが確認されている。

なお津久井城に関連する合戦として、永禄十二年（一五六九）に行われた三増《みませ》合戦がよく知られている。この合戦は小田原城を攻めた武田信玄の軍勢が甲斐に引き上げようとする中、これを三増峠周辺で迎え撃とうとする北条氏照・氏邦ら北条軍との間に起った戦で、武田軍は損害を出したものの北条軍に勝利している。このとき武田勢から派遣された一支隊によって津久井城は牽制を受け、内藤氏と津久井衆は身動きできず、北条軍に加勢することができなかったと伝えられている。また、天正十八年（一五九〇）の小田原合戦では内藤氏は周辺の村に人夫役を課すなど強化に努めるが、徳川家康《とくがわいえやす》の家臣本多忠勝《ほんだただかつ》に攻められ六月二五日に開城している。

河村城　山北町山北に所在する、眼下に酒匂《さかわ》川が流れ、西に足柄《あしがら》峠に連なる尾根を望む独立峰の西半分を利用して築かれた山城である。十四世紀や十五世紀の史料に河村《かわむら》城の名が出てくるが、同じ城であるか不明である。北条氏による普請は、武田氏と激しい抗争を繰り広げるなか、元亀二年（一五七一）から行われている。当時相模国と駿河国の交通路には箱根口、足柄口と並び河村口があり、その要衝を守る目的で築かれたと考えられている。

河村城は、標高二二〇メートル前後の山の頂上の平坦部を利用して本城曲輪以下の主要な曲輪が配置されているが、本城曲輪周辺が堀切によって曲輪と曲輪を隔てているのに対し、城の東半分の大庭《おおば》曲輪付近は横堀で区画されており、構造に大きな違いが認められている。これを、大庭曲輪の出土遺物が一五世紀にさかのぼることなども加味して築城時期の違いとみる見解も示されている。

なお、本城曲輪や茶臼《ちゃうす》曲輪に接する堀切は発掘調査で障子堀《しょうじぼり》であることが確認され、その後の整備によって、現在神奈川県内で障子堀を見学できる唯一の城郭となっている。

図 57　河村城の障子堀

足柄城　南足柄市矢倉沢と静岡県駿東郡小山町竹之下にまたがる、標高七五九メートルもの足柄峠の交通を押さえるために築かれた山城である。足柄峠は古代以来、京と東国をつなぐ交通の要衝であり、関が設けられることもあった。戦国時代においては、北条、今川、武田三氏による同盟が破綻し、北条氏と武田氏による抗争が激化しつつあった永禄十二年以降、たびたび普請が行われていることが知られている。元亀二年に駿河側の麓にあった深沢《ふかさわ》城（静岡県御殿場市）を武田氏に奪われると、武田氏に対する最前線の城となり、より重要性が高まることになった。

天正十八年の小田原合戦では、山中《やまなか》城（静岡県三島市）、鷹巣《たかのす》城（箱根町）とともに箱根山防衛の重要拠点とされていたが、合戦が行われることもなく、自落したものとみられている。

足柄城の構成は非常に複雑だが、主要部は足柄峠の最高部から北西に伸びる尾根に沿って、最も高い位置にある本城曲輪から五の曲輪まで形の整わない五つの曲輪が尾根に沿って連なっており、これに空堀が複雑に組み合わされたものになっている。また、残る二方向の尾根上にも複数の曲輪や虎口が設けられている。足柄古道を城内に取り込むように築かれているのも特徴で、主要な五つの曲輪から古道を制することができるように曲輪が配置されている。

これら北条氏系の城郭の特徴として、縄張構成が複雑で巧みであること、武田氏・徳川氏系の丸馬出に対して角馬出が多く用いられること、堀内障壁を持つ堀、いわゆる障子堀を用いることなどが従前より指摘されてきている。しかし、個々の城郭をみればわかるように、類似点が認められるケースもあるものの、それぞれ個性的であり、「北条氏系」と単純に括ることに疑問を投げかける意見も聞かれるようになってきたのが現状である。

また近年いくつかの城郭で石積みが伴うことについても注目を浴びるようになってきているが、織豊系城郭に採用される本格的な高石垣との技術的な相違や構築年代など、今後さらに明らかにしていくべき課題も多い。

(2) 豊臣秀吉の石垣山城

天正十八年の豊臣秀吉による小田原攻めに際して築かれた城が一夜城の俗称でも知られる石垣山城である。前項で述べたように、北条氏による戦国時代の「土塁と空堀の城」が展開する東国にあって、豊臣秀吉によって築かれた石垣山城は、極めて異彩を放つ城であった。

小田原城を眼下に収める、箱根外輪山から派生する標高二六〇メートルの尾根上に築かれ、小田原城本丸とは南西方向

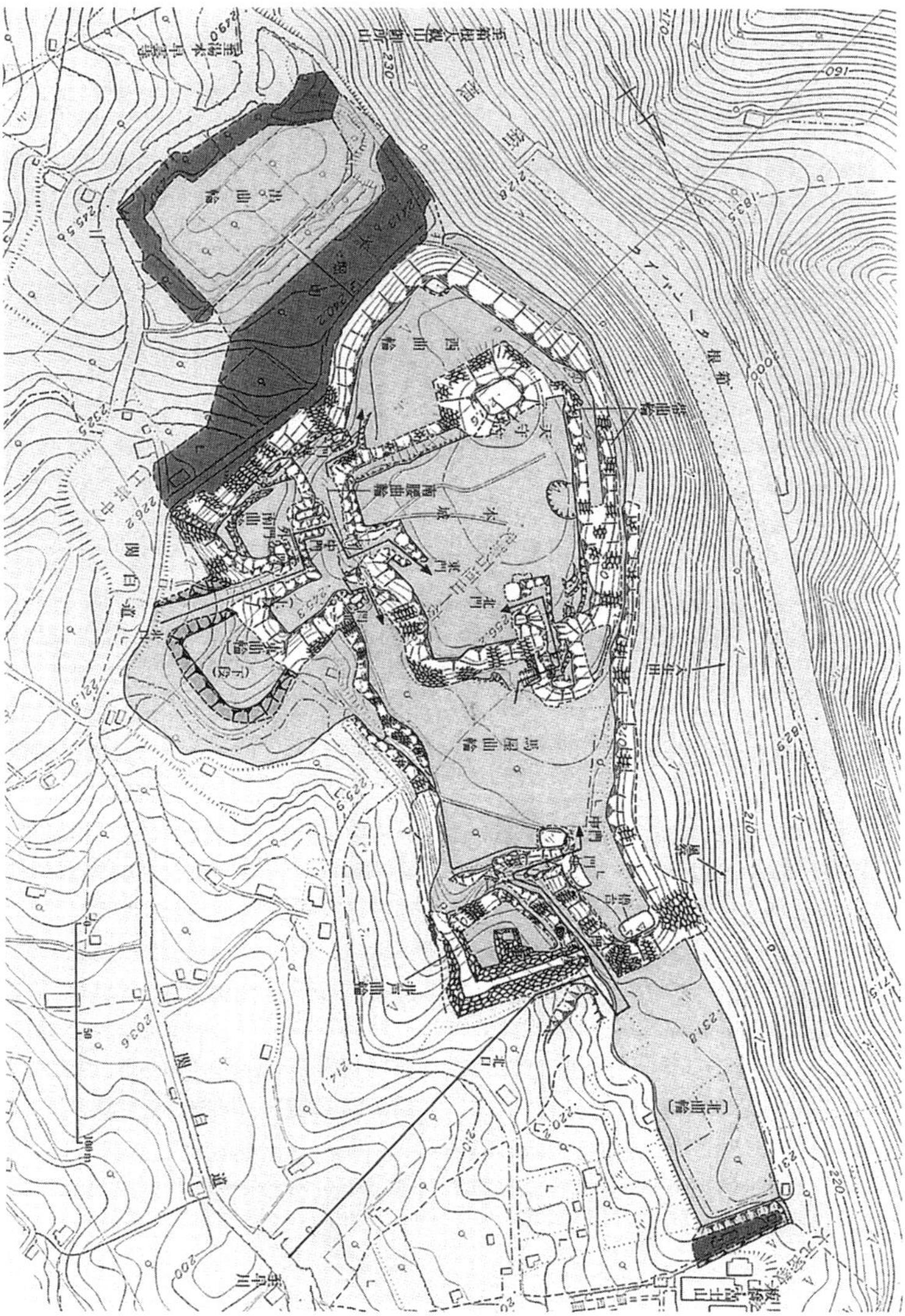

図58 石垣山縄張図

図59　井戸曲輪石垣

にほぼ三キロを隔てた指呼の距離であった。そのつくりは陣城とは名ばかりの本格的なもので、関東で最初の織豊系城郭、つまり近世城郭として大変重要な遺構といわれている。

石垣山城の築城　天正十八年三月一日、京都を出陣した豊臣秀吉は、三月二十七日駿河国沼津（静岡県沼津市）に着陣すると、三月二十九日には北条方の籠る山中城の攻略にかかり、これを一日のうちに攻略してしまった。軍勢は箱根山を越え、四月五日に北条氏の菩提寺である湯本の早《そう》雲寺《うんじ》（神奈川県箱根町）に秀吉の本陣を置くとともに、そう間を置かずに石垣山城の普請に取りかかったようである。

普請は急速に進んだようで、五月半ばには石垣や台所ができあがり、引き続き広間や天守の造営に取り掛かろうとしており（「豊臣秀吉書状」）、六月二十六日には石垣山城に秀吉の本営が移されている（『家忠日記』）。また、合戦終結後の七月十一日には秀吉が石垣普請にあたった石工である穴太《あのう》三十五人を西国に送り返すよう指示している（『小早川家文書』）。

石垣山城の全容　石垣山城の縄張は、方形に近い本丸の南縁に天守台を設け、北に広大な二の丸（厩曲輪）、その北東側に井戸曲輪を配する一方、本丸南東側に南曲輪、その西側に西曲輪を配する縄張となっている。また、本丸の北側と東側に桝形虎口が設けられており、下段の曲輪からコの字型に折れ曲がるように本丸に到達するような形をとっている。これらの特徴などから、石垣山城は小田原合戦の翌年天正十九年（一五九一）から普請が開始される肥前名護屋城《なごや》（佐賀県唐津市）との類似性が指摘されている。

石垣は石垣山城の周辺で産する安山岩《あんざんがん》をあまり加工せず用いた野面《のづら》積みで、場所によって石の大きさや積み方に相違が認められるが、とりわけ井戸曲輪や南曲輪の石垣は見事である。石垣の隅角部は、江戸時代の石垣のように直方体の切り石による算木積みとはなっておらず、加工度が低く大きさの不揃いな石により積み上げられているが、石の向きを交互に違えて積み上げる算木積みの姿にはなりきれていない。しかしこれらは、天正年間末期の石垣構築技術を伝えるものであり、石工衆である「穴太」が普請に関わったことを史料上確認できる初めての城郭であることとあわせ（前掲『小早川家文書』）、基準となる資料としても大変貴重である。

また、これまでに天守台周辺などで瓦片が多数採集されており、作事がどこまで進んでいたかは明らかではないが、瓦葺の天守を築こうとしていたことは確実である。天守台周辺で採集された瓦の中には、焼成前に「辛卯八月日」「天正十九年」と線刻された平瓦も発見されており、近年では何らかの事情で合戦終了後も普請が続けられていたと考えられるようになってきている。

このほか、本丸では地表観察によっても建物の礎石とみられる石や拳大の扁平な円礫が散在しているのを認めることができ、規模など詳細は不明であるが、何らかの礎石建の建物が存在した可能性が高い。以上の特徴を考古学的な観点で整理すると、金箔瓦は未見であるものの、瓦葺きが採用され、高石垣が積まれており、礎石建物も存在するという、織豊系城郭の構成要素を備えた城ということができる。

石垣山城は、小田原合戦の後は歴史の表舞台から姿を消し、江戸時代には御留山として小田原藩の管理下に置かれた。しかしそのおかげで、小田原合戦当時の遺構を現在もみることができるのである。いま石垣山城に立ち、眼下の小田原城を望むと、小田原合戦は中世城郭の精華である小田原城と、関東近世城郭の魁となった石垣山城の相克であったようにも思えてくるのである。

4章　徳川公儀体制下への転換——大久保氏と稲葉氏の時代——

下重　清

小田原藩は相模国の西部に配置された譜代大名の領域である。その藩領は現在の神奈川県西湘《せいしょう》地域（足柄上・下郡域）の城付領だけではなく、箱根火山や足柄山地の御要害を挟んで静岡県御殿場地域、かつての駿河《するが》国駿東《すんとう》郡（御《み》厨《くりや》領）も長らく小田原藩領域であった。また、時期にもよるが伊豆国にも領地を有していた。すなわち、江戸期の小田原は駿豆《すんず》相《そう》地域の要であり、そのことが小田原藩の性格を決定づけていたといえる。

(1) 黎明期の小田原藩

大久保忠世の小田原城主拝命と小田原城の近世化　小田原合戦の終盤、天正十八年（一五九〇）六月二十八日までには、関東・奥両惣無《そうぶ》事《じ》の責任者とされた徳川家康の関東への国替えは決まっていたとされる。秀吉の腹づもりとしては当然の流れである。北条氏が降伏し、七月十三日小田原城に入った秀吉から家康の江戸移封が公表され、あわせて家康の重臣大久《おおく》保《ぼ》忠世《ただよ》が小田原城主に指名された。その際、忠世は家康から城周りの所領四万石を預かり、さらに秀吉から五〇〇〇石を加増されたという。直後、忠世の嫡子大久保忠隣《ただちか》も武蔵羽生《はにゅう》領（二万石）を拝領したので、親

図60　大久保忠世像（小田原城天守閣蔵）

子で合計六万五〇〇〇石を領有することになった。

大久保氏は三河時代より松平家に仕える古参の家臣で、碧《あお》海《み》郡上和田郷（愛知県岡崎市）を本貫の地とする。忠世は忠《ただ》員《かず》の嫡男として生まれ、天文十五年（一五四六）渡河《わたり》原の戦いで初陣を飾った。弘治元年（一五五五）、松平竹千代（のちの徳川家康）の手勢が今川義元軍の先鋒として蟹江《かにえ》城（愛知県蟹江町）を攻略した際の戦功者「蟹江の七本鎗」には忠員ほか、その子忠世・忠佐《ただすけ》ら大久保一族が名を連ねた。その後、家康（当時松平元康）は西三河の一向一揆を相手に苦戦するが、永禄七年（一五六四）にようやくこれを平定し、三河において大名としての地位を確立する。この頃までに、三河譜代衆と呼ばれることになる強力な軍団が家康のもとに結集していた。忠隣もわずか十一歳にして一向一揆倒滅戦に加わり、家康の目にとまって、のち近習に召し抱えられることになる。

家康は今川氏が去った遠江《とおとうみ》国を武田氏と奪い合い、元亀元年（一五七〇）には居城を三河岡崎（愛知県岡崎市）から浜松（静岡県浜松市）へと移した。天正三年に武田の城将依田《よだ》信蕃《のぶしげ》の守る要害二俣《ふたまた》城を攻め取ると、戦功のあった忠世を二俣城の城主とした。天正十年武田氏滅亡後、家康は駿河・甲斐・信濃を含めた五カ国を領有することになるが、武田氏旧臣の徳川家臣団への編入や甲斐・信濃の攻略には、井伊谷《いいのや》（浜松市）出身で流浪の末に家康に召し抱えられた井伊直政や、忠世・忠隣父子たちの果たした役割が大きかったという。

図61　三の丸東堀石垣（『小田原市史』別編　城郭）

図62　古天守台石垣（小田原城天守閣図録『宝永天守再興』）

小田原を任された忠世は当初、元北条家臣山角《やまかく》氏の屋敷に住居しながら、さっそく小田原城の修築に取りかかった。入生田《いりうだ》など早川筋や久野《くの》などから石材を調達して本丸周り、内・外堀などの石垣普請に着手した。それは、伊豆石を搬入しての江戸城の築城に先立つものである。後年、稲葉氏が建造する外堀の切石による石垣の下から発見された、玉石積みの石垣がその一部と考えられる。北条氏の堀（障子堀）と土塁を防御の基本とする小田原城は、その戦国期の城域をベースに、石垣造りの近世的な城郭へと変貌を遂げることとなった。

二重櫓の天守が後北条時代よりあったと推定されているが、忠世、ないしは忠隣の時代、その上に石垣を伴った三重の天守を築いた可能性がある。昭和三十四年（一九五九）、現在の天守を築造するため天守台を掘り下げた際に、その下から古い野面積《のづらづみ》の天守台石垣が発見されており、その事を推測せしめる。また、小田原城の本丸御殿は北条時代のものを当初家康も御殿として利用したようだ。「相中襍志《そうちゅうざつし》」によれば、忠世が二俣から招いた僧日英《にちえい》は翌天正十九年城下山角町に保聚寺《ほしゅうじ》（のちの大久寺《だいきゅうじ》）の堂宇ができるまで、石垣山城に住み、毎月小田原城本丸に通って、元北条氏の館の「不入の間」で亡き北条氏政らのために法華経を読んだとされる。ただし、北条時代よりそのまま小田原城に現存する生き証人は本丸七本松の一本（クロマツ）のほか、二の丸のイヌマキ、ビャクシンたち巨木だけである。

ところで忠世は、奥羽仕置を終えて会津黒川から帰路途中の秀吉より石垣山城の管理・保全も任されている。石垣山城本丸跡から見つかっている複数の天正十九年銘の瓦は、小田原合戦の最中に突貫工事によって造り上げられた石垣山城が忠世の手によって仕上げられたことを印象づける。

大久保氏による領内経営と小田原城　天正十九年から、戦禍に見舞われた小田原の城付領のうち、酒匂《さかわ》川左岸地域に検地が実施される。家康が関東各地で実施した徳川系検地の一環として、忠世の家臣が検地奉行となって行われた。反別《たんべつ》（面積）表示で畝を用いず、大・半・小の小割《こわり》を用いるなど、秀吉の太閤検地と異なる特色が見られる。この検地によって、それまで大規模な経営を行う複数の百姓の住む荘・郷が、核となる百姓経営ごとに村切《むらぎり》され、各村ごとに一人の名主（庄屋）が置かれるようになった。名主の呼称は後北条時代より見られるが、荘・郷単位の年貢を請け負うような大庄屋は廃止され、一村の年貢請け負いに責任を持つ近世的な名主村請《むらうけ》制が採用された。後北条氏の家臣のうち在地性の強い地侍層は、これを機に土着し土豪百姓として名主となった者も多い。一言で村請制といっても、戦国期と近世とでは本質が異なる。また、検地帳にはそれまでの貫高《かんだか》に代えて石高《こくだか》表記が用いられ、田畑の名請《なうけ》がなされたように兵農分離も一定程度進められたが、隷属関係を示す分付《ぶんつけ》記載や門屋《かどや》も少なからず見られた。そうした隷属関係がこの地方から完全に見受けられなくなるのには約百年の時間を要することになる。

さて小田原城下の支配は当初、家康配下の加々爪《かがづめ》政尚や江戸の町奉行と小田原の「地奉行」を兼務する板倉勝重が管轄しており、城付領村からの年貢米徴収など蔵米管理は徳川直轄地同様に代官頭《だいかんがしら》伊奈忠次が担当していた。しかしそれも、文禄元年（一五九二）頃から忠世の重臣（家老）へ順次引き継がれていく。それと併せて、大口《おおぐち》（南足柄市）の土手普請など足柄平野を流れる酒匂川の治水事業にも着手したと考えられている。同三年、家康のもと戦国時代を生き抜いた忠世は小田原で没し、みずから開基となった大久寺に葬られた。忠世亡き後、遺領を継いだ忠隣の代にも酒匂川の治水事業は継続された。それまで暴れ川であった酒匂川の本流を足柄平野の中央部に固定するため、斑目《まだらめ》村（南足柄市）から延びる大口土手を慶長十四年（一六〇九）までに完成させた。この、土手普請と並行して新川（酒匂堰）の開削も行われた。金手《かなで》村（大井町）から酒匂川本流の水を分けて、酒匂川東部の十三カ村を潤す用水路である。

続いて酒匂川下流域で新田開発が始まる。慶長年間、鴨宮《かものみや》村（小田原市）の新田では浪人らに鍬下《くわした》年季を保証し、帰農・移住を推奨した。これは北条の遺臣らに土着を勧め、開発の核として組み込みをはかったものであろう。

ところで、小田原の城主（のち藩主）の居所は二の丸屋形《やかた》であり、本丸の御殿《ごてん》は徳川将軍家の陣所であった。福原高峰「相中留恩記略《そうちゅうりゅうおんきりゃく》」によれば、文禄の役（朝鮮出兵）に際して江戸を出発した家康は、文禄元年二月五日小田原城に着陣、肥前名護屋《なごや》に向かい、翌二年の帰路でも十月二十三日に小田原城本丸に入城している。石田《いしだ》三成《みつなり》方との決戦（関ヶ原合戦）に向かうに際しても家康は、慶長五年九月三日小田原城に着陣し、西上していく。この時は、秀忠に従軍し上田城真田《さなだ》攻めに向かった忠隣に代わって嫡男忠常《ただつね》が小田原城で家康を出迎えている。すべからく小田原城

図63　本丸御殿跡出土の三葵紋軒丸瓦
（小田原市郷土文化館蔵）

本丸は徳川氏の本陣として機能しており、その性格は江戸期を通じて変わらない。

翌慶長六年、家康は東海道の宿駅や伝馬制度を整え、主要な街道や往還沿いの各所に御殿を設けていく。そして、家康や秀忠は出陣の際に限らず、東西の移動に際して小田原城本丸御殿を宿所とすることを常とした。慶長八年に将軍となった家康は、わずか二年余で将軍の座を秀忠に譲り大御所となった。その後、家康はかつての居城である駿府《すんぷ》城（静岡市）を隠居所とするが、大御所と将軍による二元政治の最中、江戸・京都との往復だけでなく、頻繁に関東各地を鷹狩《たかがり》で訪れた。そうした際の宿泊所の一つが小田原城であった。放鷹は家康にとって軍事調練と民情視察を兼ねたもので、小田原城に泊まった折、栢山《かやま》村（小田原市）・塚原村（南足柄市）まで出向いたこともあった。

徳川直轄の小田原城と秀忠隠居所計画

二元政治の秀忠政権内において、関東を中心とする領国経営は大久保忠隣と本多正信の二人に任されていたといってよい。しかし、家康の外孫（奥平信昌娘）を妻とし、将来を嘱望された忠常が慶長十六年十月に病没すると、忠隣は病床に伏せることが多くなり、本多正信との間に確執を深めていく。翌年、本多《ほんだ》正純《まさずみ》（正信子）の与力岡本大八が引き起こした収賄事件が、その溝を一層深めた。さらに慶長十八年には、忠隣の養女を無断で倅の嫁にした罪で、常陸牛久《ひたちうしく》藩主山口重政が取りつぶしとなった。同年、代官頭の大久保長安《ながやす》が病没し、直後長安在職中の不正蓄財が発覚して、その子息らが縁坐となった。こうした身内の厳罰・極刑に接した忠隣が将軍秀忠の元への出仕を滞らせたため、家康・秀忠・正信との意志疎通を欠くことになる。

慶長十八年十二月、忠隣は幕閣を代表してキリシタン取り締まりのために京都出張を命じられた。同じ頃、鷹狩の途中、中原御殿（平塚市）に滞在中の大御所家康に讒訴《ざんそ》するものがあり、翌年正月忠隣の改易が決定する。表向きの理由は、養女の実父石川忠義が謹慎中にも関わらず、年寄職（老中）にありながら忠隣（養父）が家康・秀忠の承認を得ずに一存で嫁がせた点とされた（小田原有信会文庫「近世小田原史稿本」）。家康・秀忠はすぐさま小田原に乗り込み小田原城を接収し、北条氏の遺物ともいえる大外郭を破却したといわれる。なお、この忠隣の改易理由を公儀御法度に背いたからと解釈されがちであるが、大名らの御法度を定めた武家諸法度はまだ発令されていない。

忠隣は京都所司代板倉勝重より改易の奉書を受け取ると、わずかの家臣を従え、配流《はいる》先近江《おうみ》国栗本郡中村郷上笠村（滋賀県草津市）に向かった。この時、小田原城・領地は収公されたが、忠隣には別途五〇〇〇石の知行が保証された。その直後、配所から小田原の若宮八幡宮に奉納した願文で忠隣は無実を訴えている。忠隣の子や孫たちは縁坐の対象となり、それぞれ蟄居《ちっきょ》・謹慎となった。また、とばっちりを喰ったのが忠常の長女を娶っていた里見忠義で、安房《あわ》館山一二万石から伯耆《ほうき》倉吉三万石への減・転封となり、名門外様大名を関東から追い出す口実を用意することになった。なお、忠隣室（妙賢院）は上知となった小田原城下の谷津に住み続けた。忠隣の帰りを待っているが如くである。この時、忠隣室に給された月封二〇〇人扶持、石高に換算すれば四三二〇石がそれを推測させる。

接収された小田原城は幕府の直轄となり、しばし番城となったのち、大坂夏の陣後、元和元年（一六一五）から旗本の近藤秀用《こんどうひでもち》が小田原城代として小田原城の守衛を任された。同五年、幕府奏者番の阿部正次が小田原で二万石を加増され、上総大多喜《かずさおおたき》から小田原に入封し、小田原藩が復活する。この前年、箱根山中の芦ノ湖畔、東海道に沿って箱根宿が新設され、翌元和五年に箱根関所が置かれている。「入り鉄炮に出女《でおんな》」を取り締まり、東海道中において浜名湖畔の新居《あらい》（今切《いまぎれ》）関所とともに重要な関所とされた。当時、箱根の東西、それぞれ一番近い城地である小田原と沼

図64　復元された箱根関所

津には大名が配置されていなかった。つまり、箱根関所で万一のことがあった際に駆けつける兵力を確保するために小田原藩が復活したのである。

しかし元和九年、新将軍家光の誕生を機に実施された幕閣の人事異動をきっかけとして阿部正次は岩槻《いわつき》（さいたま市）に移封し、再び小田原藩は消滅する。翌寛永元年（一五二四）には経験を買われて近藤秀用が再度小田原城代を拝命した。枢要に位置する小田原城に、すぐに後釜の大名が入封しなかったのはなぜか。

一番の理由は寛永元年、家光の弟徳川忠長が駿府藩（五〇万石）を復活させたことである。理由はもう一つあった。将軍職を継いだ家光が摂関家の鷹司《たかつかさ》家より孝子を正室に迎えたことである。このため、江戸城本丸から大御所秀忠が西丸《にしのまる》に移り、入れ替わりに西丸から将軍家光と孝子が本丸に入った。もし、家光と孝子の間に男子が生まれたならば、生まれながらにして徳川将軍家を継ぐべき嫡孫となるので、大御所秀忠も早晩西丸を明け渡さなければならなくなる。これをきっかけに秀忠の隠居城探しが始まった。家康が隠居時に使用した駿府城には忠長が入っていたので、城主のいない小田原城がその候補に挙げられた。結局、大名たちに大規模なお手伝い普請が予想された大御所小田原隠居所計画は幻に終わり、秀忠は江戸城西丸に居ながら大御所政治（＝二元政治）を続けた。計画が中止された理由は何か。

何のことはない、家光と孝子の間に子供ができず、秀忠が西丸から出ていかずに済んだだけのことである。

(2) 稲葉氏による小田原藩政

稲葉正勝の小田原入封と寛永地震

関ヶ原の合戦で小早川軍の徳川軍への寝返りを成功させた立て役者の一人、稲葉正成《まさなり》と福《ふく》（家光乳母、のちの春日局《かすがのつぼね》）を父母に持つ稲葉正勝は、家光のお七夜にあたる慶長九年七月二十三日、その小姓《こしょう》として召し出され、五〇〇石の采地と二〇人扶持を拝領した。弱冠八歳で直臣旗本の仲間入りである。その後、御小納戸《おこなんど》、御歩行頭《おかちがしら》、御小姓組番頭《ばんがしら》を経て、元和七年御書院番頭に出世し、知行も一五〇〇石を加増された。同九年、第三代将軍となった家光は正勝に三〇〇〇石を加増し奉行職（年寄・老中）に任じた。この抜擢は将軍家光による幕閣最初の人事であり、これにより正勝も国政に参加することになる。翌寛永元年知行を加増され、遅ればせながら大名（常陸柿岡藩一万石）の仲間入りをする。翌年には下野《しもつけ》国佐野で一万石を加増され、さらに同五年には父正成の遺領下野真岡《もおか》藩二万石を相続し、真岡藩四万石の藩主となった。

図 65　稲葉正勝像（神奈川県立歴史博物館蔵）

寛永九年正月、大御所秀忠の死去を契機として二元政治が終わりを告げ、幕府組織の大改編が始まった。そうした中、計八名いた年寄衆のうち、将軍家光は一番新参の稲葉正勝を取り立てていく。まず正勝は、江戸上屋敷を江戸城二の丸（のちの三の丸）に拝領した。江戸城丸の内に屋敷があったのは、当時古参年寄の酒井忠世と酒井忠勝だけであったから、彼らと肩を並べるまでに地位が上昇したことを意味した。さらに、「御代《みよ》始めの御法度」とも呼ばれる将軍大権発動による大名の取りつぶし策により、肥後熊本五四万石の外様大名加藤氏が改易となり、熊本城受け取りの上使《じょうし》衆の一員に急きょ正勝が加えられた。上使軍を率いて肥後国の国政を沙汰し、あわせて中国・九州を幕閣の目で視察するという職務をつつがなく成功させたことは正勝の大きな実績となった。

　上使衆が帰府した翌十月、甲府に蟄居中の忠長が上野《こうずけ》高崎藩に預けられ（幽閉）、これにより駿府藩が消滅する。この忠長改易も「御代始めの御法度」と見なせるであろう。直後の十一月、稲葉正勝の小田原城（八万五〇〇〇石）拝領が公表された。この時期、関東およびその周辺で四万五〇〇〇石の大加増を受けたのは正勝だけであり、倍増以上の加増で稲葉氏小田原藩が誕生した。

　家光は、なぜ側近稲葉正勝を小田原に配置したのか。まず、この頃、家光には世継ぎがおらず、二元政治のための隠居城は必要なかった。そして江戸と京・大坂の間にあった家門の駿府藩が消滅した。この二点を考慮してのことであろう。御三家と肩を並べる駿府藩五〇万石を任せるに足る人物は、この段階では誰も見当たらない。となれば、駿府藩なしでの新たな江戸（関東）の防衛体制を組み立て直す必要がある。すでに前年から幕府は関東を囲繞する御要害地の調査を実施しており、箱根から碓氷《うすい》を結ぶ関東山間と、利根川・江戸川とを防衛線とする関東御要害構想の検討が進められていた。であるから当然の如く、正勝が小田原城を拝領した際に、あわせて関東第一の要害である箱根の関所ほか四関所（のち五関所）の警衛が任された（「大猷院殿御《たいゆういんでんご》実紀《じつき》」）。つまり、関東御要害を守る要の小田原城に将軍子飼いの年寄職を配置して江戸の藩屏《はんぺい》とした訳である。

事実、翌寛永十年正月十一日、正勝はさっそく小田原城の縄張りをし直し、城郭整備に取りかかった。しかし、その十日後の二十一日明け方五時頃、相模・伊豆地方をマグニチュード七クラスの大地震が襲った。内陸直下型の地震と考えられる。小田原城下の町家・武家屋敷も被害を受け、家中の死者だけで二三七人を数えた（「日向《ひゅうが》変動記事」／

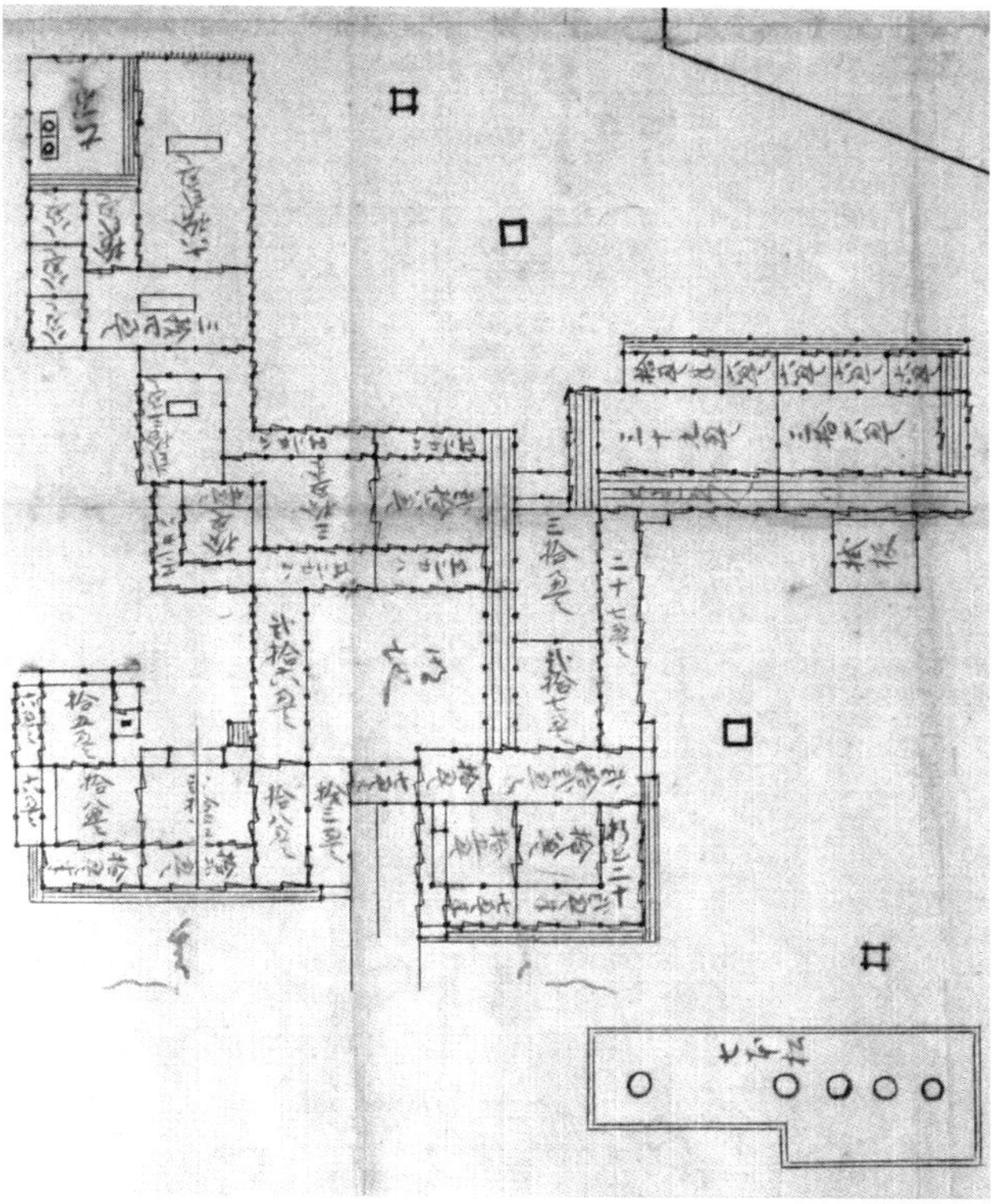

図66　小田原本丸御殿図（小田原市立図書館蔵小田原有信会文庫）

『日向郷土史料集』6）。城下町人の死者数は数え切れない。小田原城も甚大な被害をこうむった。

　翌年に家光の上洛が予定されていたため、往路・復路の将軍御座所ともなる小田原城本丸は幕府の肝煎《きもいり》で迅速に再建されることになる。天守をはじめ本丸御殿、本丸周りの石垣等については、幕府御作事奉行に任命された酒井《さかい》忠知《ただとも》ら指揮官のもと四万五〇〇〇両の公費でもって突貫工事が実施された。藩庁たる二の丸屋形と迎賓館の役割を有する御花畑《おはなばた》の茶屋（浜御殿）は小田原藩稲葉家が一万七〇〇〇両余の経費を投入して作り上げた（淀稲葉神社蔵

「稲葉氏覚書」)。

この寛永地震の復興過程で城下にも整備事業がほどこされ、のちの小田原城下町の基盤となる町割が完成する。新《しん》宿《しく》町から大手前まで新たに御成道《おなりみち》を通し、その沿道にあたる唐人《とうじん》町の町家を移転し武家屋敷地としたり、板橋口(上《かみ》方《がた》口)付近の寺社地の整理、下級家臣のための割屋敷や足軽長屋の増設などが、急ピッチで進められた。また、寛永十年には上野佐野領一万石が元は駿府藩領である駿河駿東郡に替え地となった。この御厨領は箱根外輪山を挟んで相模国足柄上・下郡の城付領に接しており、御要害地一円が小田原藩領となった点は見落とせない。関東御要害構想の要は、やはり小田原藩にあったといえる。小田原城本丸に公儀(将軍)の御殿がリニューアルされるとともに、新たに御用米曲輪《ぐるわ》には城詰米《しろづめまい》五〇〇〇石が兵粮米として備蓄されることになった。のち八〇〇〇石に増量されるが、その量は江戸城に次ぐものである。あわせて城付きの武具として具足(甲冑)一〇〇〇領余・鉄砲一三〇〇挺余・槍九〇〇本等が調えられ、天守・櫓・土蔵などに備えられていく。

稲葉期の小田原藩軍役と領内統治

地震から一年後、以前より健康に不安のあった稲葉正勝は寛永十一年正月二十五日夜、病没する。三十八歳であった。残されたのは元服も済んでいない鶴千代(十二歳、のちの正則)であった。しかし、祖母春日局を悲しませないようにとの将軍家光の配慮から正則の家督相続がすぐに許され、稲葉家の江戸上屋敷は二の丸から西丸下《にしのまるした》に移された。といっても、西丸下も大手前・和田倉門内とともに現役幕閣大名・旗本や家門大名の屋敷拝領地であるから、やはり別格扱いだったといえる。

さて、稲葉氏が勤めた軍役を概観してみよう。島原への出兵など戦場への出陣こそなかったが、まず、①将軍の日光社参への供奉《ぐぶ》や将軍に代わっての代参・上使があった。たとえば、慶安元年(一六四八)、家光の日光社参に正則は随行をみずから希望し、その願いは叶わなかったが、翌年の家綱の社参に供奉し跡押さえを担当している。また、

②幕閣クラスの家門・譜代大名は、当主が幕閣の要職に就いていない時、江戸城の大手三門の警衛番などを交代で務める義務があった。稲葉氏も内桜田門番や城中紅葉山の火の番などを務めた。将軍が寛永寺・増上寺への参詣のため出城する時、沿道の警固役を務めることもあった。これらの番役は旗本直轄軍のみならず、幕府軍の中核が家門・譜代大名であったことを物語っている。

小田原藩に固有の軍役としては、③小田原城、および箱根関所など要害の番役があげられる。とくに箱根関所では大名らの携帯する鉄砲・槍の数をチェックし、規定以上の武器の通過を制御するとともに、武家女性や事件首謀者・犯罪者らの通行を厳しく取り締まった。箱根要害における関所破りの防止は勿論のこと、将軍の日光社参・死去、あるいは慶安事件など大事件が起きると各関所・要害には加番《かばん》の人数が増員され、警固を強化することになっていた。なお、④将軍の軍事統帥権の発動という側面から見れば、大名の参勤交代や首都江戸の大名火消し役、さらに各江戸藩邸の日常的な警備などは、国元からの兵力移動を伴う点からいっても広義の軍役であったといえる。

軍役以外では、⑤お手伝い普請として江戸城の諸門・石垣の普請役をたびたび務めた。そのほか災害時の小田原城の修築、箱根・熱海《あたみ》の将軍家用御殿や各関所の修理、東海道の道橋維持のための普請も担当した。こうした普請に領内の農民・職人が動員されるだけでなく、稲葉氏は知行取家中や足軽たちにも「役人」と呼ばれた人足役を負担させ凌いでいる。もう一つ、⑥特徴的な役負担として石材の献上御用が挙げられる。領内の風祭《かざまつり》・根府川・岩《いわ》・真鶴《まなづる》などで良質の石材が産出したため、江戸城の石垣のみならず、寛永寺・紅葉山の仏殿や禁中御庭造営用にも献上された。

領内村の統治に関して稲葉氏は、すでに幕府領で導入されていた五人組制度を採用するとともに、各村に名主を補佐する組頭役を置いた。治安維持や年貢・夫役《ぶやく》の村請制を補完するためである。しかし、家中の地方《じかた》知行制は全面的に廃止され、藩士全員が蔵米知行取となり、家中の在地性は完全に否定された。これは、この時期加増・転封の多い

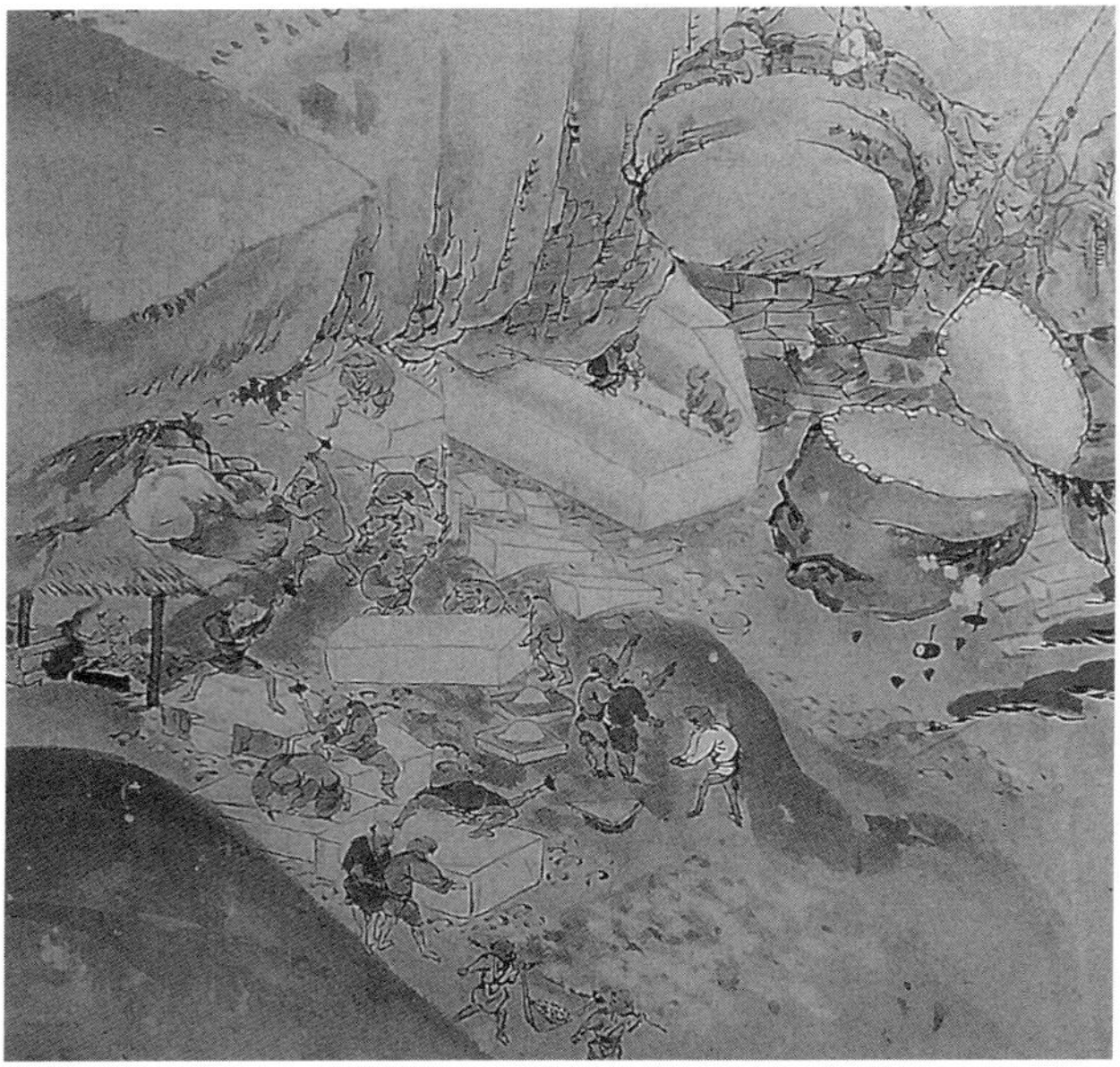
図 67　石切図屏風（部分，小田原市郷土文化館蔵）

家光期幕閣譜代大名に共通する方針で、近世大名として兵農分離を決定づける施策であった。

また、年貢の徴収方法を厘取《りんどり》から反取《たんどり》（畝引検見《せびきけみ》）制に変更するため、寛永十七・十八年城付領の村々に地詰《じづめ》検地を実施し、藩財政の基盤を固めていく。畝引検見は生産力に応じた高い年貢収奪を可能にする徴税法である。この検地を前に城付領村は酒匂川を基準に東・中・西の三筋に区分けされた。また、稲葉期にも酒匂川の川除《かわよけ》（堤）普請が継続され、下流域には飯泉《いいずみ》新田・上《かみ》新田・柳新田・清水新田・穴部《あなべ》新田などの新田村が相次いで開発された。こうした動向を受けて、万治元年（一六五九）から飛び地をも含めた領内総検地が実施されていく。

寛文年間（一六六一～七三）になると御厨領にて町人請け負い型の新田開発が見られるようになる。なかでも箱根（深良《ふから》）用水は箱根外輪山にトンネルを掘り、芦ノ湖の湖水を駿河国側の黄瀬川《きせがわ》筋に通し、一帯の畑地を八〇〇〇石の田地にしようとする一大事業であった。深良村（静岡県裾野市）大庭《おおば》源之丞《げんのじょう》を発起人、江戸の商人友野与《よ》右衛門《えもん》ら四人の町人を元締《もとじめ》にして、寛文六年小田原藩と幕府代官野村彦太夫《ひこだゆう》に出願された。御厨領全村から普請人足を出させて、同十一年にはトンネルや水路（堰）も完成するが、出願町人たちの自己資金三七〇〇両では足りず、幕府に願い出て公金六〇〇〇両を拝借し、どうにか開発を成功に導いた。後期家綱政権期のこの時期、関東周辺での大規模新田開発に公金支出が集中しており、その背景には首都江戸の危機管理策があったと考えられる。

(3) 大久保氏の再入封と相次ぐ大災害

転封による藩財政の悪化　稲葉氏が越後高田（新潟県上越市）に転出した翌貞享三年（一六八六）、下総《しもうさ》佐倉から大久保忠朝《ただとも》が小田原に入封する。時代は五代将軍綱吉の治世である。大久保氏にとってみれば七十三年ぶりに故地小田原への復帰であった。忠隣改易後、孫の忠職《ただもと》は武蔵騎西《きさい》藩（二万石）から美濃《みの》加納（五万石）、播磨《はりま》明石（七石石）を経て、慶安二年肥前唐津（八万三〇〇〇石）に転じた。ついで忠職の甥忠朝が分家から大久保本家を相続し、延宝五年（一六七七）には幕府の老中職を拝命する。翌延宝六年唐津から佐倉へ移封となり、その八年後、小田原（一〇万三〇〇〇石）を拝領したのであった。唐津から佐倉への転封に際しては幕府から破格の三万両を拝借したが、それは返済しなければならない借金であった。そして、短期間に国替えを繰り返したことが、藩財政を圧迫したであろうことは想像に難くない。

「小田原領明細調四」（『二宮尊徳全集』十四巻）によれば、元禄四年（一六九一）時点で、唐津・佐倉藩主時代からの古借金を含めて大久保家は合計一四万八〇〇〇両余の借金があった。そのうち京・大坂と飛び地領播磨の商人からの借金が二七・九％、小田原での領民・家中からの借金と家中名義での借金が七・七％。残りは公儀拝借金を含め江戸での借金や買い掛かり金で（六四・四％）、江戸での藩借が三分の二を占めていた。そこで、江戸と小田原の重臣が協議して緊縮財政と藩借の返済方針を定めたとされる。

元禄六年段階の方針では、上方の借金は元本の返済を先送りし利息分のみの返済とする一方、江戸での借金は元利の年賦返済か定額・定率返済とし、江戸での返済に重点が置かれた。江戸での外聞を意識して、老中大久保家の財政は健全であることをアピールする狙いがあったようだ。一方、のち驕奢で咎《とがめ》を受ける大坂の淀屋个庵《こあん》からの古借金が一万八〇〇両余あったが、これは踏み倒す予定とされた。また、他家からの借金一万七一五〇両は元禄十二年以降、将来少しずつ返済する借金とされている。これは大名間の資金融通に相当し、姻戚関係のある大名や分家旗本などとの間の借金は利息も付けず、ある時払いの催促無しが一般的であったことによる。まさに武士は相身互いであった。

そのような中、将軍綱吉は元禄元年から大名江戸屋敷への御成を始める。皮切りは西丸下の側用人牧野成貞《なりさだ》邸で、牧野邸にてみずから「大学」を講義し、それ以降、大名邸御成でのメインイベントが能・数寄《すき》（茶）から講書へと変化する。元禄四年から、同じく側用人であった柳沢保明《やすあきら》（のち吉保《よしやす》）邸への御成が始まり、このの ち柳沢屋敷への講書御成は計五八回を数えたとされる。そしてとうとう、同六年末、綱吉は翌春の老中邸への御成を宣言する。いの一番は当時筆頭老中の大久保邸であった。大変なことになった。

まず、西丸下の大久保邸南隣にあった元曽《そ》我《が》助興《すけおき》屋敷を添え屋敷として拝領する。そこに、一万両の恩貸金を借りて御成御殿を新築した。翌元禄七年二月三十日が御成当日で、献上品の準備に費用もかかったが、もっとも忠朝を悩ませたのは将軍の前での講書と舞の披露であった。御成時、忠朝が「論語」を講書した際には、綱吉が上檀の間から下檀の間に降り忠朝の隣で聞いたという。学問の場では平等だということらしい。新設の舞台では忠朝の息子忠増《ただます》・教寛《のりひろ》・教信《のりのぶ》の三兄弟が能を五番舞って見せ、綱吉も仕舞《しまい》を三番舞ったのち、忠朝も仕舞を一番披露した。のち屋敷への御成のあった四老中が揃って一万石の加増を受けた。翌年にも大久保邸に二度目の御成があった。将軍の前での講書について忠朝は、いつも「大汗を拭《ぬぐ》い」、「難儀に侍《はべ》らん」とその心境を正直に吐露している（「武野燭談《ぶやしょくだん》」）。

元禄地震と小田原城の復旧　元禄十六年十一月二十三日午前二時ころ、相模湾の相模トラフを震源域とする海溝型の大地震が発生した。マグニチュードは八・二と推定されている。最大震度七で、房総半島と伊豆半島を巨大津波が襲い、小田原も被災した。

地震直後、江戸に届けられた情報によれば、小田原城は天守・本丸御殿・二の丸屋形が残らず倒壊、門・塀・土居・石垣が各所で崩れ、家中の屋敷も家老杉浦平太夫《へいだゆう》をはじめ一八軒、同心小屋もことごとく倒壊した。城下の町人町も一九町のうち一〇町が出火によって焼失。家中の死者は、家族を含め御番帳入《おばんちょういり》（知行取家臣）が三四人、御番帳外《がい》（小役人・徒《かち》）が二七人、家中奉公人（足軽）が七五人で、城下町人の死者は六五一人、同じく寺社で一三人が犠牲となった。領分の村々の倒壊家屋は計八三六軒、死者は城付領（相模国足柄上・下郡）で六一三人、箱根（箱根宿小田原町）一八人・伊豆七七二人・御厨三六人、寺社で計二三人で、死者総数は二二六一人にのぼった。そのほか小田原宿では旅人も四一人死んでいる。地震時、天気も良く、冬期の季節風が吹き付け、真夜中であったが城下各所より出火した。埋《うず》み火（灰に埋めた炭火）から火が出たのであろう。とくに小田原城の北側、小峰から飛んできた火の粉が崩れた本丸御殿の瓦礫に燃え移り、常盤木《ときわぎ》門、さらに二の丸・家中屋敷へとたちまち燃え広がったという。箱根山中の東海道（現旧道）および根府川道は各所で石や土砂で塞がれ、また崩れ落ち不通となった。

ところで、こうした各地の被害データは老中上座にあった柳沢吉保のもとに集められた情報に基づいている（柳沢文庫「楽只《らくし》堂《どう》年録」）。比較的正確に、しかも迅速に被害情報が大名や幕府代官より幕府に届けられたことを意味しており、それを可能にした理由がある。寛文五年以降、全国規模で宗門人別改が実施されるようになり、各村・町単位で住民台帳が完備されるようになったからであった。武士人口や滞留人口の多かった江戸を除けば、一村まるまる津浪に流されても行方不明者数が判明した。それ以前の災害での被災者数が概数や、あいまいな報告に基づいていたの

図68 元禄地震での小田原城下類焼箇所（推定，『1703 元禄地震報告書』）

とは根本的に異なり、具体的である。

さて、小田原藩領の人的被害は城下の類焼地域、および津浪被害のあった伊豆半島東岸に集中していた。そして、小田原城を含め城下の家屋は震動でほぼ全壊したが、人的被害は武家地より町人地の方が割合が高く、さらに町人町では類焼した町がしなかった町より一・八倍の死者を出している。それは、城下に多かった板葺《いたぶき》（小田原葺）の民家では倒壊による圧死より、崩れた家屋に閉じ込められたまま火災に逃げ遅れ、煙による二酸化炭素中毒死（焼死）のケースが多かったことを物語っている。城下町を東海道に沿って東西に暗渠で流れていた小田原用水は激震で崩れ埋まり、溢れ流れ、消火・延焼防止にまったく役立たなかった。ちなみに、のちの大正十二年（一九二三）の関東大震災に際しても小田原用水はまったく同じ状況を呈することになる。

当時の小田原藩主は大久保忠増で、さっそく江戸城本丸大手御門番役を免除され、帰城の御暇《おいとま》が許された。十二月一日、幕府より一万五〇〇〇両の災害拝借金支給が決定すると、同月五日忠増みずから江戸を出発し小田原へ向かった。現地小田原では藩庁たる二の丸屋形が被災したため、箱根口御門内に寄合所を仮設し、地震翌日から年寄衆が緊急対応を開始していた。まず救恤策として、十一月二十五日から焼け出された城下住人に焚き出しを開始し、七日間、毎日十俵余の米を粥にして支給した。二十八日には箱根山中の東海道筋の被害状況を見分に家臣を派遣し、応急の復旧工事を命じるとともに、領内村へも各村の被災状況を届け出させ、より具体的な被災情報を収集した。地震十日後の十二月三日には箱根山間の人馬往来が可能となり、小田原宿でも問屋場《といやば》を仮設し、伝馬三〇疋・人足五〇人の継ぎ送りを再開している（平常は一〇〇疋・一〇〇人）。小田原に到着した忠増も、元御蔵（現UMECO付近）に小屋掛けして城周り、箱根関所、箱根道（東海道）筋・根府川道（熱海道）筋の見分を行い、復旧策の陣頭指揮をとった。

藩から小田原城下一九町には一五〇〇両と三〇〇俵、箱根宿小田原町に同じく三〇〇両・五〇俵、それぞれ貸し付け金と食糧米の支給がなされた。領内村へは定助郷《じょうすけごう》村に計一〇〇両が貸し出され、津浪被害が大きかった伊豆東浦へ米六〇〇俵の支給がなされた。初期援助は火災・津浪被害の大きかった地域を対象とし、また東海道の通行再開を第一番に考えたことがよくわかる。さて、公儀拝借金一万五〇〇〇両は何に使われたのだろうか。忠増は江戸へ戻る直前に、城下で被災した小田原藩家中にお救い金として計七五〇〇両、すなわち拝借金の半分を支給している。自給と自助努力が基本とされた村方への対応とは真逆で、家中の優遇に見えるが、本来家中屋敷や足軽長屋の建設には藩から資材が支給されるのが当たり前で、借地同前、食糧自給力の無い家中（武士身分）にとってみればけっして不思議なことではない。

反面、倒壊・類焼した小田原城再建に向けて幕府からの援助は一切無かった。寛永地震の時とは対照的な幕府の対応である。将軍家が利用する本丸御殿の再建が見送られたからであろうが、財政難の綱吉政権自体が出し渋ったようである。江戸で被災した幕臣・町方は勿論のこと、江戸以外の被災民に対しても幕府からのお救い金や食糧の直接支給は一切無かったので、そのように考えざるをえない。綱吉政権が出したのは地震直前と直後、二度の江戸大火で類焼した寺社への再建費の下賜《かし》と、江戸町民が負担していた中野犬小屋飼育料（犬扶持）の当年分一万六二〇両余の免除だけであった。緊縮財政にあって、地震鎮静の祈禱に努めた寺社だけを例外とした感が否めず、さらに生類《しょうるい》憐み令が江戸町民からの莫大な額の犬扶持納入で成り立っていたことを教えてくれる。

小田原藩は自費での小田原城再建に取りかからざるをえなかった。石垣の普請から開始し、本丸・二の丸・三の丸の石垣、および天守台の石垣がすべて完成したのは地震から一年半後の宝永二年（一七〇五）四月であった。それから天守の築造に取り掛かり、同年十二月にようやく上棟式、竣工は翌宝永三年六月であった。富士山麓の御林から切り出された用材も天守建造に使われたという。天守は元の規模で再建されたが、二の丸屋形は規模が縮小され質素な間取りとなった。その後も門・櫓・塀などが順次再建され、小田原城の全作事（建築）が完了したと幕府に届け出たのは享保六年（一七二一）、すでに小田原地震から十八年の年月が過ぎていた。そして、それらにかかった費用総額は一〇万両に及んだという（岩瀬家文書「藩士覚書」）。

実はその間、元禄地震のちょうど四年後、宝永四年十一月に富士山が噴火し、小田原藩領は甚大な砂降り被害を受ける。降灰という一次被害もさることながら、その後、大雨のたびに流れ込む火山灰を原因とする酒匂川の水害（二次災害）が流域の人びとを長らく苦しめ、かつ長期にわたる復興過程が小田原藩と領民を鍛えることになる。

図69　小田原城天守模型（旧東京大学蔵，小田原城天守閣蔵）

噴火直後、藩領の半分が上知となり、復興は幕府代官伊奈《いな》忠順《ただのぶ》の担当となるが、遠隔地への藩領振り替え状態が長引く中で、小田原藩財政のやり繰りが多方面で展開した。緊縮財政（「明和の袋米《ふくろまい》」）は勿論のこと、領民からの拠出金（先納金・「恵民禄《けいみんろく》」）や大名貸し資本からの借用金も返済できずに累積していく。

城付領の復興と藩財政の立て直しが軌道に乗り始めるのは、寛政八年（一七九六）に大久保忠真《ただざね》が藩主に就任したのちのことである。文化元年（一八〇四）、忠真は大久保家として忠増以来九二年ぶりに奏者番兼寺社奉行として入閣する。その後、大坂城代、京都所司代、そして老中と幕閣の階段を昇る過程で藩政改革が実行に移された。遠国勤めや災害を理由に幕府から拝借金をたびたび拝領し、さらに西国美作《みま》
作領《さか》も摂津《せつつ》・河内《かわち》へと振り返られ、大坂蔵屋敷への年貢米搬入量が増えるほどに、上方商人よりの資金借り入れに弾みがつくことになった。

しかしそれは、その後、幕末維新期まで続く内憂外患で譜代小田原藩がさまざまな重責を担うことになる前の、つかの間のことであったともいえる。

TOPIC

近世城下町遺跡江戸と小田原出土の陶磁器

堀内秀樹

小田原市は、一九八二年から城郭、城下の発掘調査を継続的に行っており、これまで中世から近世にかけての良質で重要な歴史的成果を多く発信してきた。特に江戸時代は城郭のみならず、城下町をも調査対象としてきた点で、現代に繋がる町の歴史全体を復元する意味で特筆できることと評価したい。

(1)近世城下町とは？

都市の構造　近世都市の中核となる城下町は、中世都市と大きく異なっていることがすでに多くの研究によって指摘されている（玉井哲雄、一九八六・鈴木理生、一九九一・高橋康夫・吉田伸之・宮本雅明・伊藤毅、一九九三・吉田伸之、二〇一二など多数）。また、後で述べるように近世小田原は、中世小田原をさまざまな形で継承していながらも、江戸期の長い期間徳川譜代大名の拠点としての機能を備えた近世的性格をもつ城下町としてみる必要があろう。

近世城下町は、平地が選ばれ、総構えの中に武家地として領主の居城と兵農分離によって純消費者となった家臣の居住地が区画される。大坂や甲府などの例外を除いて、基本的に大名が居住し、領内の拠点として政治、経済の中心として機能する。

一方、商工人は城郭近辺あるいは城下に取り込まれ、武家の消費を支えた他、都市民自体も含めた消費需要が存立の基盤となっている。この城郭・城下町を消費マーケット化した様態が、モノの流通、消費に与えた影響は大きい。こうした点で城郭・城下から出土する資料は、武士階級のみならず多くの階層の消費が反映されることになる。

消費 近世城下町の中で、施政者である武家の経済活動とその変化は重要で、その消費の動きは活動と連動していることはいうまでもない。近世の武家社会は、将軍を頂点として階層化した社会であることから、将軍が定めた規則や活動、嗜好などが武家社会全体の規範となって規格化・様式化することになる。したがって、全国の領国城下町は、江戸の縮小版としての性格を有している一方、藩主を頂点とした領国の地域性も併せ持つことになる。例えば、甲府城下町をみた場合、藩主は江戸初期では徳川家近親者、一七〇四〜二四年に柳沢家、それ以降は甲府勤番支配となり、柳沢家による領国時代を除いて大名が在城していない特殊な城下町であった。ここでの特徴は、江戸時代初期には、藩主を中心として行う種々の儀礼活動が行われないことからそれに伴う道具類が出土しないが、柳沢時代になると、当主の吉里が在城したことから、そうした場で使用される焼塩壺、上質で揃いの磁器製品などが認められる。

道具のあり方は、それを使って行う行為とそのやり方に関連する。たとえば、同じような食事や食膳様式であった場合には、使われる食膳具や調理具などは類似したものになる。こうした点から出土した陶磁器や漆器などの様相をみるなら、日本という地域内で、江戸時代という時代に使われた道具は、全国的に類似性が高く、近世日本という時代や地域の共通性が窺える。これに対して、もう少し細かくみた場合、陶磁器や漆器の多くは商品であり、各生産地の製品は一定の流通範囲（商圏）を持っている。製品の大きさ、器種、質など需要と相関した時代、地域、階層の特徴や差異が確認できる。

(2)近世都市江戸における大名の活動と出土陶磁器

小田原の陶磁器の特徴をみるにあたり、江戸との対比の中から共通点および相違点を考えていきたい。

大名の活動拠点としての江戸　江戸は、寛永年間(一六二四〜四五)に江戸の性格を決める重要な法令である江戸置邸妻子収容の法と参勤交代の制度が出される。これによって大名の多くは、江戸で生まれ育ち、そして大名になった後は江戸と領地を隔年で往復することになる。また、大名として最も重要な活動は、参勤・諸役をはじめとする将軍に対する奉公であったが、それは将軍の居住する江戸で行われることが多く、江戸藩邸が各藩の活動拠点となる。このような法令と同時期に江戸の城郭・都市整備も一定の完成をみる(総構の完成は寛永十三年〈一六三六〉)一方、考古学的に確認できる武家儀礼様式もこの時期に成立したとみられる。こうした大名の活動が定着して以降、各藩の江戸での支出割合が、多くの藩で総支出の過半を超えるようになることで、大名の経済活動の多くが江戸で行われていたことが確認できる(伊達研次、一九三五)。江戸が大名にとってのもう一つの拠点であったことは間違えない。

出土陶磁器　江戸の構造は、大きく城郭、武家地、町地、寺社地に分けることができ、これは近世城下町の基本的な構造とも言える。出土遺物もそれぞれの場の性格に応じた様相を示しているものが確認されている。

〈江戸城〉

江戸城内から出土する陶磁器には、献上品が存在するという特徴がある。将軍へは朝鮮、琉球などの使節、諸大名などから種々のものが献上されていた。陶磁器を例にすると、鍋島《なべしま》藩、相馬《そうま》藩、岡山藩などが月次《つきなみ》(定例の献上)として毎年献上されている他に、逐次献上として何らかのイベントや記念に地方窯や御庭焼などが不定期に献上されていた。これらは商品として流通する一般の陶磁器とは、全く異なる性格を持つものであり、注意が必要である。

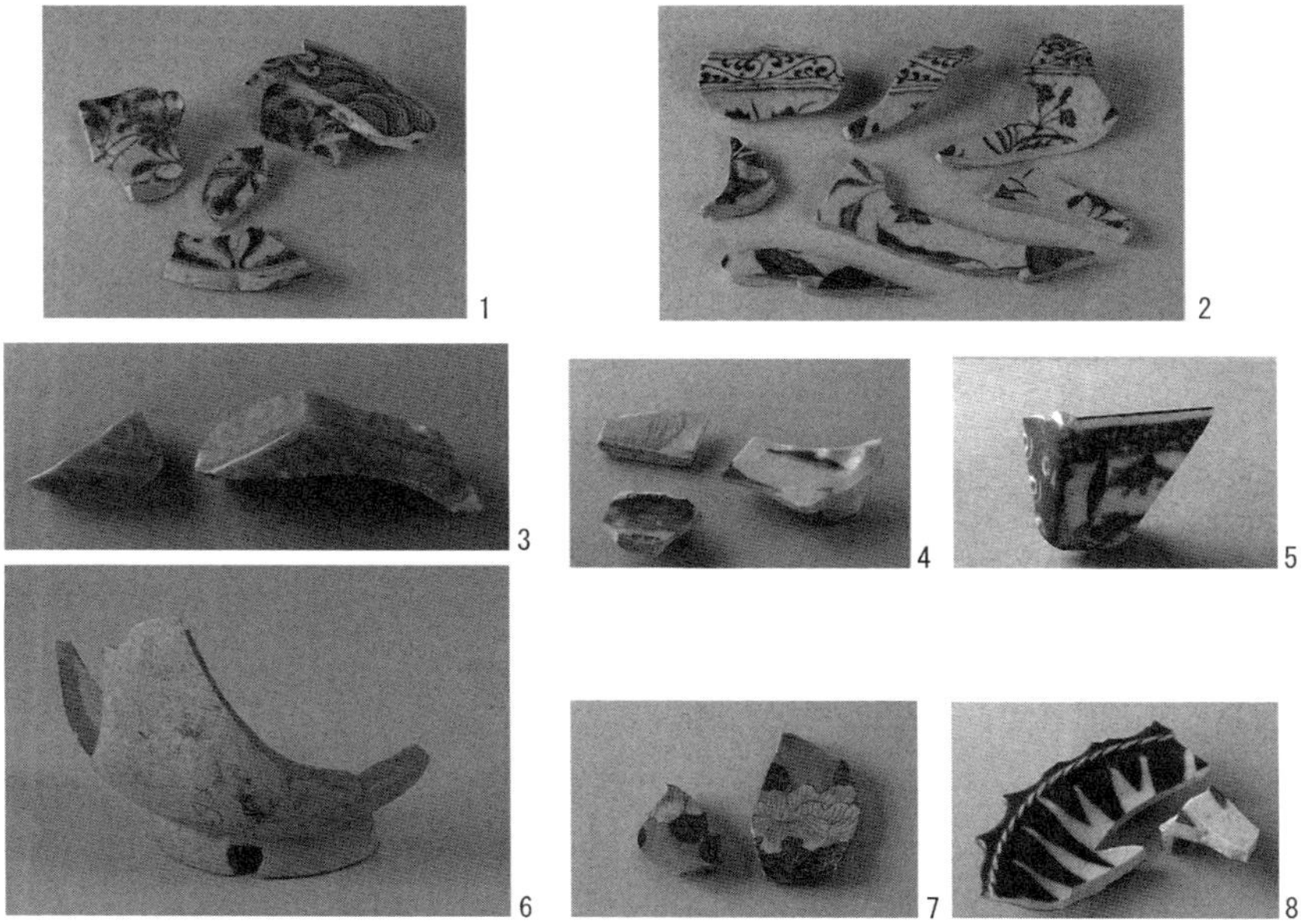

図70　江戸城汐見多門櫓台石垣地点出土遺物

図70は、江戸城汐見《しおみ》多聞櫓《たもんやぐら》石垣から出土した、明暦の大火（一六五七年）の被災・廃棄資料である。出土地点は江戸城本丸御殿脇の大奥に近い場所で、陶磁器はこうした場所で使用されたものと推定される。陶磁器は、明初期の中国江西《こうせい》省景徳鎮《けいとくちん》の青花磁器類（図70―1、2）や浙江《せっこう》省龍泉窯《りゅうせんよう》の大型官窯製品（3）、一七世紀前半のいわゆる古染付《こそめつけ》（4）や祥瑞《しょうずい》（5）など上質な中国磁器製品が多く出土しているが、これとともに李朝朝鮮の白磁祭器（6）や鍋島藩からの献上品と思われる磁器（7、8）が多く含まれていた。李朝の大型祭器は日本では他に出土例がなく、朝鮮通信使節による献上の可能性を指摘している（水本和美、二〇一四）。また、7、8は一六四〇～五〇年代に鍋島藩が献上用に生産したと思われる染付や色絵磁器類である。これらは将軍や幕府の要職に献上・贈与するための鍋島につながる製品として位置づけられるもので、複数枚の揃いであった。鍋島は、小倉城下、小田原城下、高崎城下などの譜代大名の城郭、城下町や長崎などから出土が確認されるものの、多くは献

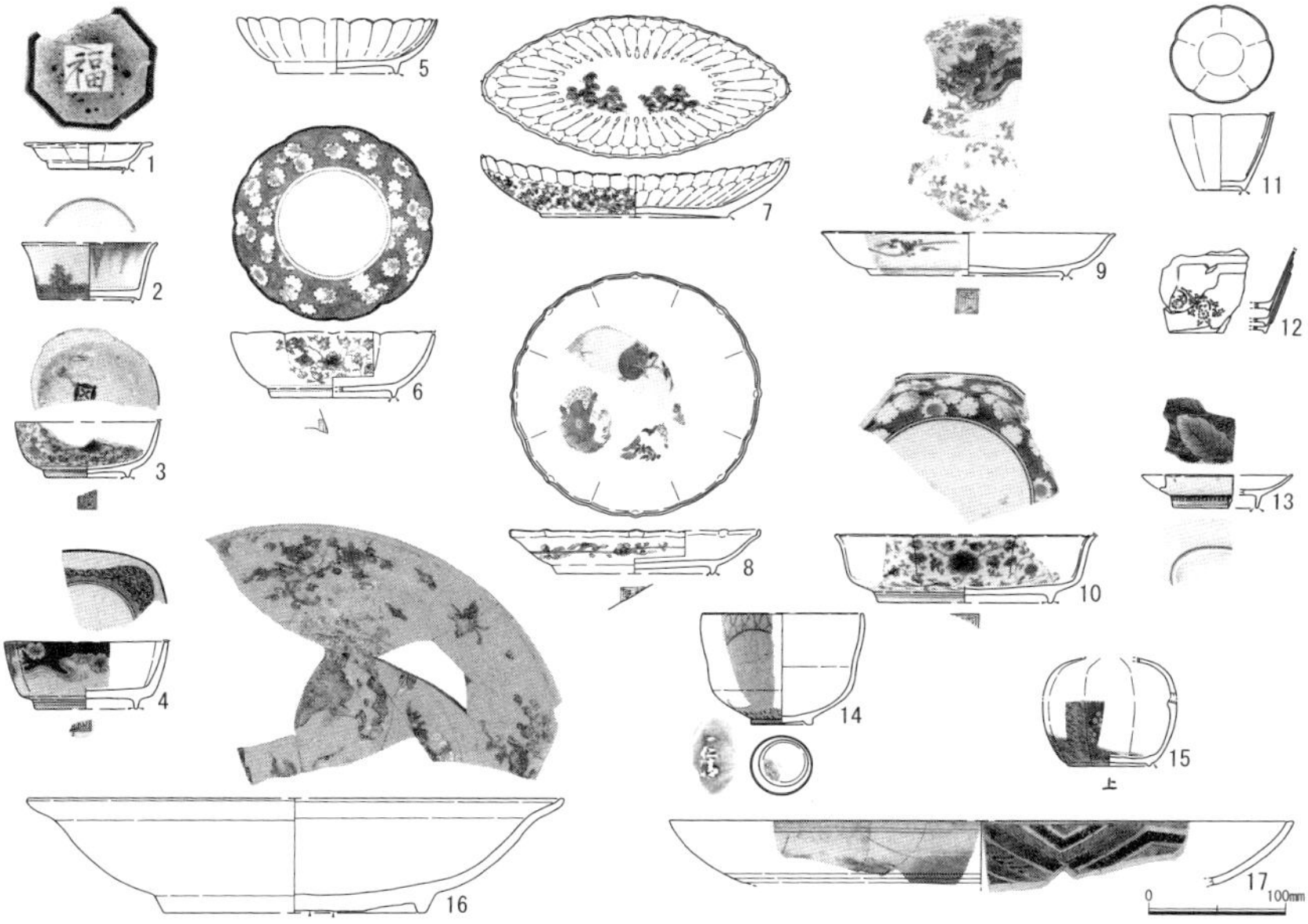

図71　東京大学本郷構内の遺跡医学部附属病院入院棟Ａ地点　C2層出土遺物

上・贈遺が行われた江戸から出土している（大橋康二、二〇〇六・山本剛志、二〇一二など）。

〈**武家地**〉

江戸城内では、年中行事、人生儀礼、外交儀礼などの公式なものから、快気、法事、祭礼など私的なものまで多頻度の儀礼・行事が行われていた。徳川将軍家が行っていた儀式や行事の礼法は、武家の規範となり、家の家格、伝統、あるいは経済状況などによって違いや変化はあるものの基本的には共通の様式、指向性を有していた。こうした儀礼に使われたもののうち、陶磁器類では「かわらけ」、「茶道具」、「饗膳具《きょうぜんぐ》」の三つの陶磁器が重要となる。ここでは、饗膳具について略述したい。

図71は、加賀藩本郷邸が全焼した天和二年（一六八二）の火災で被災、廃棄された文京区東京大学本郷構内遺跡医学部附属病院入院棟Ａ地点Ｃ二層の出土陶磁器群である（東京大学埋蔵文化財調査室、二〇一六）。これをみると出土遺物のほとんどが上質で揃いの磁器製品であり、胎質や器種構成が一般的な生活道具と比べて大きく

図 72　千代田区有楽町一丁目遺跡　070 号遺構出土遺物

図 73　新宿区内藤町遺跡（3 次調査）第 1 号遺構出土遺物（磁器）

異なっていることが判る。中国福建省《ふつけん》漳州窯《しようしゆうよう》の色絵大皿（図76―16）、肥前古九谷《こくたに》様式の色絵大皿（17）、柿右衛門《かきえもん》様式や白磁の各サイズの皿（2〜10）、肥前白磁の猪口《ちよく》（11、12）などがあるが、この他には「仁清」銘の碗（猪口）（14）などが確認されるなど、以下のような特徴が看取された。

・大皿を含む磁器鉢、皿、坏類が多く、偏った胎質・器種組成を示している
・上質な磁器製品がその主体を占めている
・大型製品を除く皿、鉢、坏類は、揃いで出土している
・皿類の大きさは、鉢、大皿、中皿、小皿と、大きいものから小さいものまでの規格が確認できる

図72は、明暦の大火（一六五七年）で被災、廃棄された千代田区有楽町《ゆうらくちよう》一丁目遺跡〇七〇号遺構の出土陶磁器群である。これらも揃いの磁器皿・鉢を中心とした構成であるが、加賀藩邸出土資料より年代的に古いため、国産の初期《しよき》伊万里《いまり》製品はみられるものの、その中心は明崇禎《すうてい》期（一六二八〜四四）の中国製品であることが判る。こうした揃いの上質な磁器を中心とした陶磁器群が、藩邸内で行われた年中行事や大名の人生儀礼、法事、祭事、交際などの際に大人数で行う武家儀礼用の道具類であった点は、これまで何度か指摘してきた（堀内秀樹、二〇一一など）。また、同様の特徴を持った資料は、江戸では寛永期（一六二四〜四五）を遡って確認されていないことから、江戸が近世城郭・城下として整備された寛永期頃に武家儀礼が様式化され、出土資料も共通相として顕在化すると考えている。

〈町人地〉（図73）

冒頭に触れたように近世城下町には町人地が包含され、武家、都市民、周辺農民などの需要や物流を担った。江戸後期になると、生活の多様化に伴ってモノの消費に加えてサービス業が発達する。市中の広小路、寺院の境内などの居住空間として利用できない空間や江戸近郊の宿場などが行楽、祭礼、参拝などで人の集まる新たな場として成立・

発展していく。ここでは江戸市中の遊興地の状況を取り上げたい。

新宿区内藤町《ないとうちょう》遺跡は、甲州道中と青梅街道が分岐する内藤新宿に近接する地点である。三次調査第一号遺構から出土した多量の陶磁器は、内藤新宿で使われたと考えられるものである。これらには、通常の生活遺跡出土資料と比べて、以下のような際だった特徴が認められた。

・碗・大皿・鉢の量が多い
・磁器長頸瓶の量が多い
・屋号と推定できる釘書きや墨書が一定量確認できる
・揃いが多い

こうした特徴は、先にあげた武家儀礼で利用された様相と近似しているが、これは大人数で行われる食事の特徴と理解できる。内藤新宿は、江戸四宿と呼ばれる江戸近郊宿場であり、遊興地であった。こうした場では、場や店の付加価値を上げるために時代の流行に応じた新しい道具をいち早く取り入れていたと考えている。清朝磁器の影響を受けた広東碗《かんとんわん》や端反碗《はぞりわん》などの磁器製飯碗、清朝の煎茶碗などは、こうした道具の典型例であろう。

また、ここからは店の屋号を刻書や墨書されている皿、鉢、瓶類などが多く確認できる。おそらく料理や酒などの仕出しを行う道具として、他の店のものとの区別や宣伝効果のために施されたと思われる。

(3) 小田原城、城下町の性格と出土陶磁器

小田原の性格　冒頭でも述べたように、近世都市としての小田原は、以下のようないくつかの複合的な性格を備えている。

・譜代大名の城下町である
・東海道の宿場町である

そして、陶磁器流通を考えるうえでは、江戸との距離も大きな変化要因となることから、江戸に近いという地理的位置も重要である。

譜代大名は、幕政を担当する役割を有し、貞享三年（一六八六）に小田原藩主となった大久保《おおくぼ》家は、忠朝の代に一一万三〇〇〇石、江戸城では帝鑑間《ていかんのま》席上位、老中に任用される家格であった。歴代の藩主では忠朝《ただとも》、忠増《ただます》、忠真《ただざね》が老中になっており、忠増は、奏者番《そうじゃばん》→寺社奉行《じしゃぶぎょう》→若年寄《わかどしより》→老中《ろうじゅう》、忠真は、奏者番→寺社奉行→大坂城代《おおさかじょうだい》→京都所司代《きょうとしょしだい》→老中と典型的な出世コースを辿っている。

また、城下町という性格とともに東海道という江戸時代随一の街道の宿場としての機能も併せ持っていた。東海道の宿で一〇万石以上の城下町は、小田原と桑名《くわな》のみであり、児玉幸多校訂『近世交通史料集』によると、小田原宿は、本陣四、脇本陣四は東海道最多、旅籠数九五軒は上位五番と東海道でも最大級の宿場町であったことが判る（児玉幸多、一九六七）。

出土陶磁器　小田原の出土資料も、江戸と対比をする意味で、小田原城、武家地、町人地と分けて述べていきたい。

〈小田原城〉（図74）

陶磁器として取り上げたい重要なトピックは、鍋島とそれを含む一括資料である。鍋島は、肥前佐賀藩（鍋島家）が将軍、幕閣への献上（月次）・贈遣、藩主の血族・姻族、藩家臣、諸大名への贈遣などの目的で生産された特別誂えの最上質の磁器である。小田原出土の鍋島については、山口剛志氏、藤掛泰尚氏の先行研究がある（山口、二〇〇三・藤掛、二〇一七）。ここでは藤掛氏も取り上げている小田原城三の丸藩校集成館《しゅうせいかん》跡第Ⅲ地点六四号遺構（以下、

図 74　小田原城三の丸藩校集成館跡第Ⅲ地点 64 号土坑出土遺物

「集成館六四号」と略す）出土資料を概観したい。調査地は、一八世紀から文政五年（一八二二）までは藩の御用所として機能していた場所であった（山口剛志、二〇〇三）。

出土した七種類の鍋島は、すべてが皿で、鉢（一尺）二種（図74―4、5）、大皿（七寸）四種（1～3、7）、小皿（三寸）一種（6）である。生産年代は、大橋康二氏、山本文子氏の研究では1、2が一六九〇～一七三〇、3が一七〇〇～一七四〇、4が一七〇〇～一七三〇、7が一六九〇～一七四〇となり、いずれも盛期鍋島の年代に位置づけられる（大橋、二〇〇三・山本、二〇一二）。

次に共伴資料であるが、年代的にみると一六世紀末から一八世紀後半の製品が確認できる。また、多くが二次的に被熱していることで、廃棄原因は一八世紀後半にあった火災によるものと推定されている（山口剛志、二〇〇三）。この他、貿易陶磁器類（8～10）と上質で揃いの磁器製品（12、15）にも注目したい。8は明の嘉靖《かせい》～万暦《ばんれき》期の製品と推定される景徳鎮産の大型青花壺で、これらは日常生活財とは異なるものである。9、10は福建省漳州窯産の大型製品で、江戸では上級武家地から多く出土し、主として武家儀礼道具として利用されるものと考えている。また、11、13などの大皿や12、15などの揃いの皿は、一七世紀後半の上質の肥前磁器で、これも同様に大人数の食事や宴会の道具として上級武家が所持、使用しているものである。

遺物群の年代幅は大きいものの、火災まではこれらのものを保管・使用していたと想定される。また、この資料には、食器や擂鉢《すりばち》などの一般の消費遺跡から出土する生活財が含まれている一方で、瀬戸・美濃の大型半胴甕、常滑《とこなめ》の大甕など通常の生活遺跡から出土しない製品も一定量入っている。出土地点は藩の主部である二の丸御殿から馬出曲《うまだしくる》輪《わ》、馬屋《うまや》曲輪を隔てており、これら鍋島や貿易陶磁器が二の丸御殿から持ち込まれたと考えにくいことから、藩の御用所で保管・使用された陶磁器と考えられる点が重要である。他方、上質な磁器の揃い物が保持されていたことで、これらが行事などの際に役人たちが使用していた道具として保管されていたと思われる。これらから小田原藩では、城内で行われる年中行事などのために鍋島が利用されていた可能性が高い。これまでの研究では、鍋島の出土が江戸に偏っていることが指摘されていた（大橋康二、二〇〇三・大橋康二、二〇〇六・山本文子、二〇一二など）。今後、幕閣を多く輩出した譜代大名の領国城下町の調査が進めば、類似した資料が出土する可能性はあるものの、こうした状況はこれまで小田原以外には類例は確認されておらず、小田原の象徴的な様相として捉えておきたい。

鍋島の幕閣への贈遣については、享保十二年（一七二七）の「御役人方定式御進物」や明和七年（一七七〇）の「京江戸其他定例御進物附」などから知ることができる（前山、一九九二など）。これによると月次の贈遣は、役職によって品目や数量などが異なっていたことが判るが、定型化の年代については、「元禄以降の盛期の時代から、この「定式御進物」のような規模で鍋島の例年献上が行われていたことは間違いなかろうが、それ以前の一六五〇〜九〇年代例年献上の内容・規模になると一層不明なのである」（大橋康二、二〇〇九）と明確ではない。

一方、国替えによって大久保氏が小田原を領したのは貞享三年（一六八六）のことであり、当主大久保忠朝はこの時点では老中（〜元禄十一年〈一六九八〉）、次代の藩主となる忠増は奏者番から若年寄（貞享四年〈一六八七〉〜宝永二年〈一七〇五〉）、老中（〜正徳三年〈一七一三〉）として幕閣の中心にいた。次代以降の忠方《ただまさ》、忠興《ただおき》、忠由《ただよし》、忠顕《ただあき》は、若年であったり、内政を重視したことで、幕府の中枢となる役職に就いていなかったことから、小田原として考えた場合、貞享三年から正徳三年までの二八年間が幕閣としての月次贈遣の対象であった期間となる。仮に「京江戸其他定例御進物附」に書かれた贈遣数と同様であったとすると、老中には年間一〇一個（鉢一、大皿五〇、皿・小皿・茶碗皿・猪口より五〇で合計一〇一個）、若年寄には四一個（鉢一、大皿・皿・小皿・茶碗皿・猪口のうち二品から二〇個ずつで合計四一個）なので、この二八年間の贈遣数は二三〇七個に上る。ちなみに集成館六四号出土では、色絵蘭文七寸皿

（図74―1）、染付桜樹文七寸皿（2）、かたばみ蝶文七寸皿（3）、青磁木盃形七寸皿（7）が十客揃いと推定されているが、贈遣時の量は二〇個が最低単位なので、もとの量を分けて、御用所で保管されていたと思われる。加えて、この時期の大久保家は、鍋島家とは姻戚関係にあり、三代藩主忠方には「親類であるから老中並みの進物をするようにと記されている」と指摘されていること（大橋康二、二〇〇九）から、明確な量は不明ではあるが幕閣在任時以降も相当数の贈遣があったと考えられる。これは江戸藩邸であった旧芝離宮《しばりきゆう》庭園遺跡から出土している鍋島が、正徳年間よりも新しい製品と推定されることからも首肯できる。集成館六四号例は、共伴資料から一八世紀第3四半期ころが下限と推定されるが、この間に大久保家には、数千個を超える鍋島が贈遣されたと考えていいだろう。ちなみに外様大名であった加賀藩前田家本郷邸では、姻戚関係があった一七世紀後葉には、一定量鍋島が出土するが、それ以降の出土例は非常に少ない。鍋島が多く出土するこうした状況は、幕政を担当した譜代大名の象徴的な陶磁器様相と評価することができよう。

〈武家地〉（図75）

武家地の資料として取り上げたいのは、小田原城三の丸大久保弥六郎邸跡第Ⅵ地点、第Ⅶ地点にまたがって確認された一号大土坑の出土資料である。遺構は、屋敷地裏手にあたる三の丸東堀近くにあり、多量の焼土と火山灰が含まれていたことから、宝永四年（一七〇七）の地震・富士山噴火の後片付けによるものと報告されている（小田原市・玉川文化財研究所、二〇一四・同、二〇一五）。したがって、出土している陶磁器の推定使用年代は、大久保氏が小田原城主となる貞享三年（一六八六）からの約二〇年間と思われる。

出土陶磁器のうち特徴的なものは、先述した鍋島（図75―1～5）、揃いの蓋付碗（7）、皿類（8～9、10～12、13～14）である。鍋島は、文様が同一意匠であることから揃いであろう。大橋・山本氏によるとこれらの生産年代は、

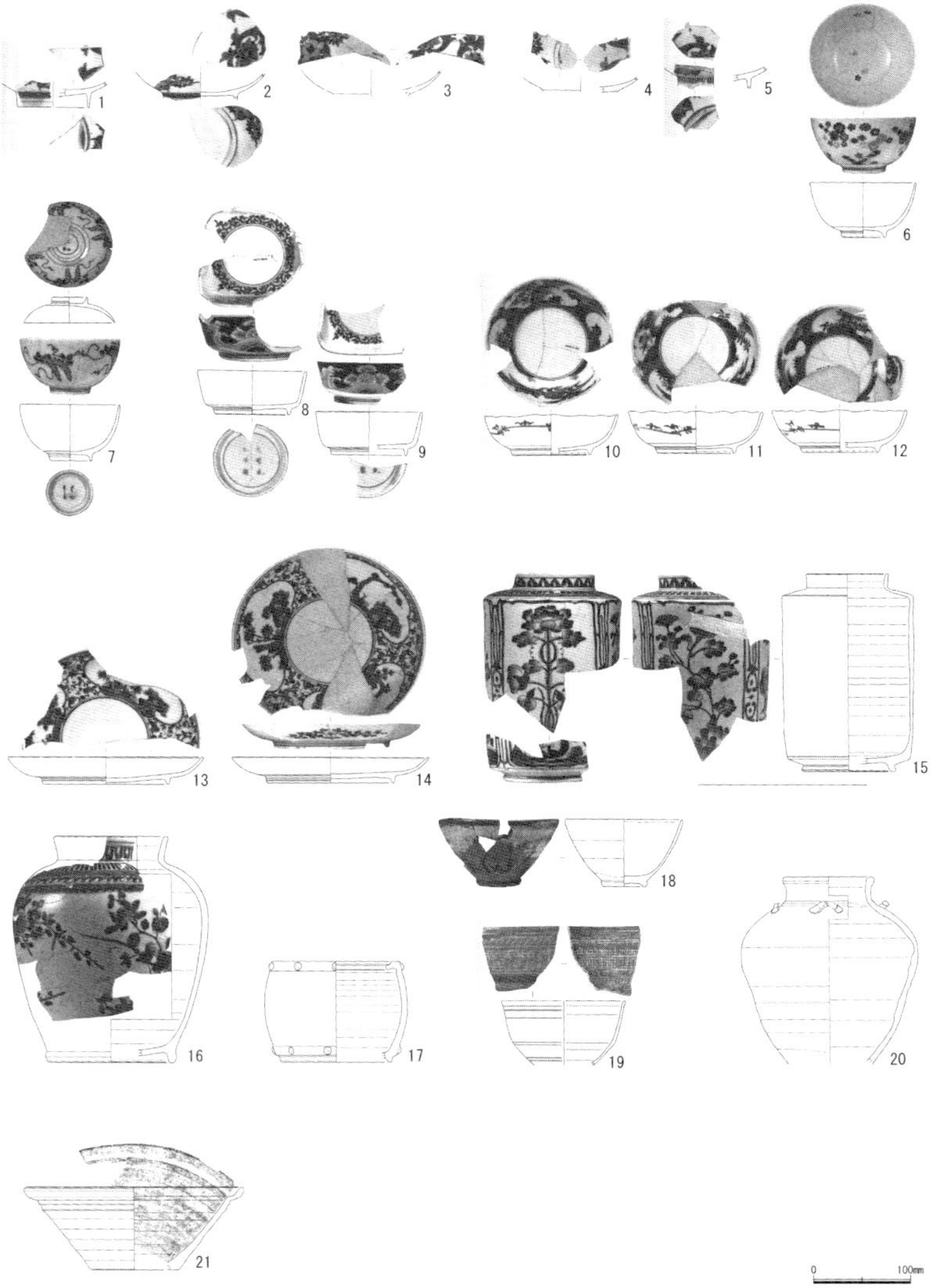

図 75　小田原城三の丸大久保弥六郎邸跡第Ⅵ・Ⅶ地点　1 号大土坑出土遺物

一七〇七年以前であることから、忠朝の代に贈遣されたものと思われる。7は染付蓋付碗で、おそらく向付《むこうづけ》として使われたものと推定される。数量の明示はないが、実測図では蓋が三個体確認される。8、9は染付型皿である。胎土、絵付、成形から肥前有田《ありた》南川原《なんがわら》の製品であると推定される。報告書の実測図から少なくとも五個体は確認される。個体数が最も多いものが、10〜12の染付五寸皿である。実測図からは少なくとも一七個体確認できる。13、14は染付七寸皿で、図では三枚確認できる。15、16は染付壺、17は青磁香炉、18、19は茶碗、20は信楽の腰白茶壺、21は瀬戸・美濃の擂鉢である。揃いの上質磁器類とともに茶陶や日常生活道具なども共伴している。

出土地は、城大手門《おおてもん》と馬出門《うまだしもん》の間の三の丸にあたり、最上級の家臣の屋敷が配置されていた場所である。一七世紀末ころは『相州小田原絵図』（静嘉堂元禄図）によると、「渡辺十郎右衛門」と記されている。二の丸東堀と三の丸東堀との間は、一号大土坑のみならず、他の大久保弥六郎《おおくぼやろくろう》邸跡、杉浦平太夫《すぎうらへいだゆう》邸跡、大久保雅楽介《うたのすけ》邸跡など近隣の各調査地点で当該期の遺構から質の高い磁器類が出土しており、上級家臣ではこれら高い質の陶磁器類を使っていたことが判る。この有田南川原の陶磁器類が揃いで出土している遺跡は、江戸においても先述した加賀藩邸の他には、汐留《しおどめ》遺跡（仙台藩伊達家）、尾張藩上屋敷跡遺跡、神田淡路町二丁目遺跡（丹後宮津藩永井家）など数少ない。

こうした小田原の上級武家地で認められる上質で揃いの磁器製品を含む様相は、先述の江戸の大名藩邸例に近似している。こうした背景には、大久保家が最も武家の消費が拡大した徳川綱吉時代に幕閣中枢に在職していたことで、上屋敷で行われていた儀礼行為などを通して、その時代の嗜好や価値観の影響を強く受け、領国においてもそうした志向性を持っていたと考えられる。同じように甲府城では、大名が在城した柳沢統治時代（一七〇五〜二四）だけに、揃いの南川原産磁器をはじめとする上質な磁器や塩壺などの儀礼道具が確認されている。大名が在城する近世城下町の象徴的な事例としてあげられよう。加えて、小田原城下町出土資料に鍋島が含まれていることも重要で、佐賀藩か

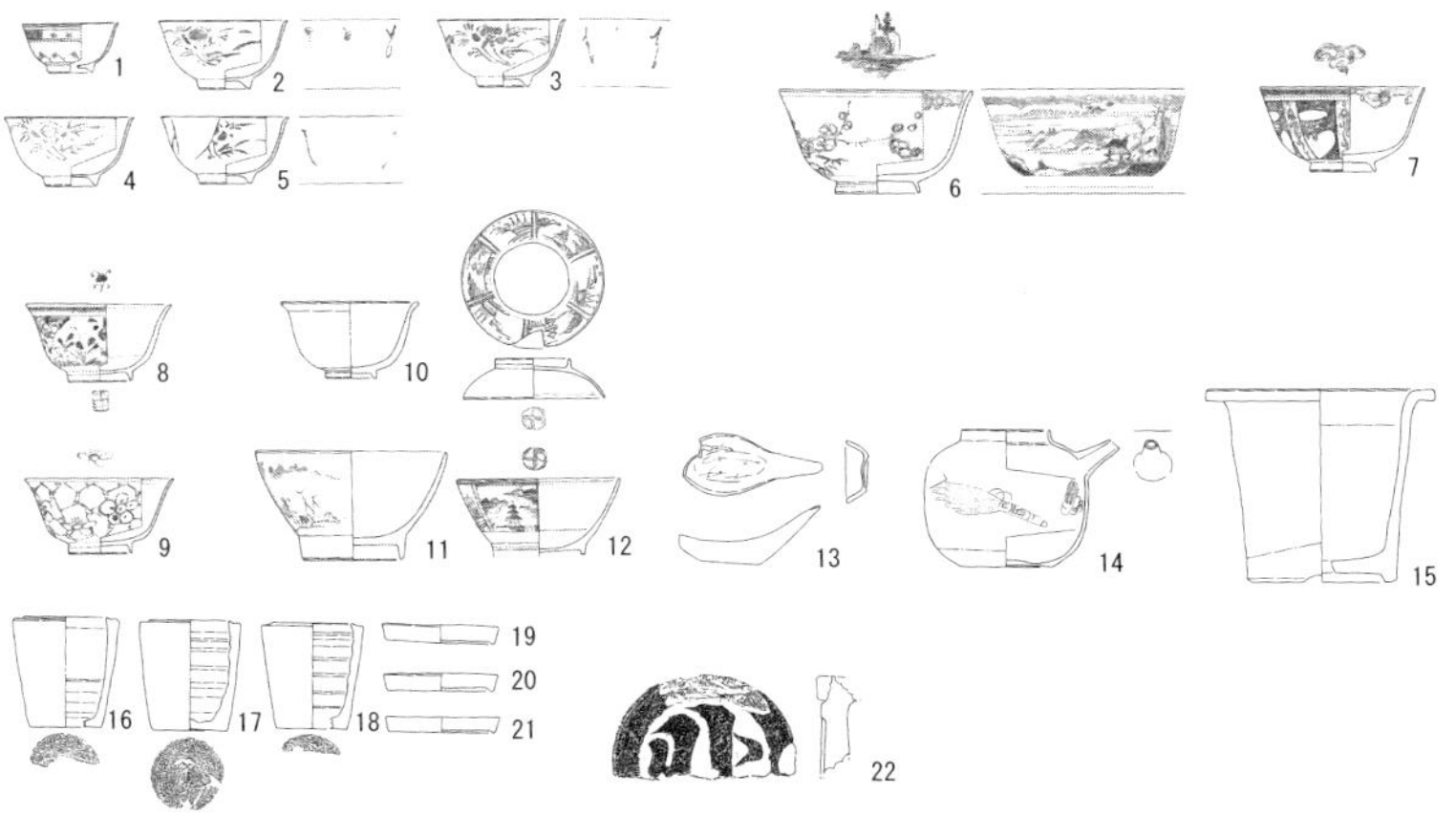

図 76　小田原城下欄干橋町遺跡第Ⅳ地点　108 号遺構出土遺物

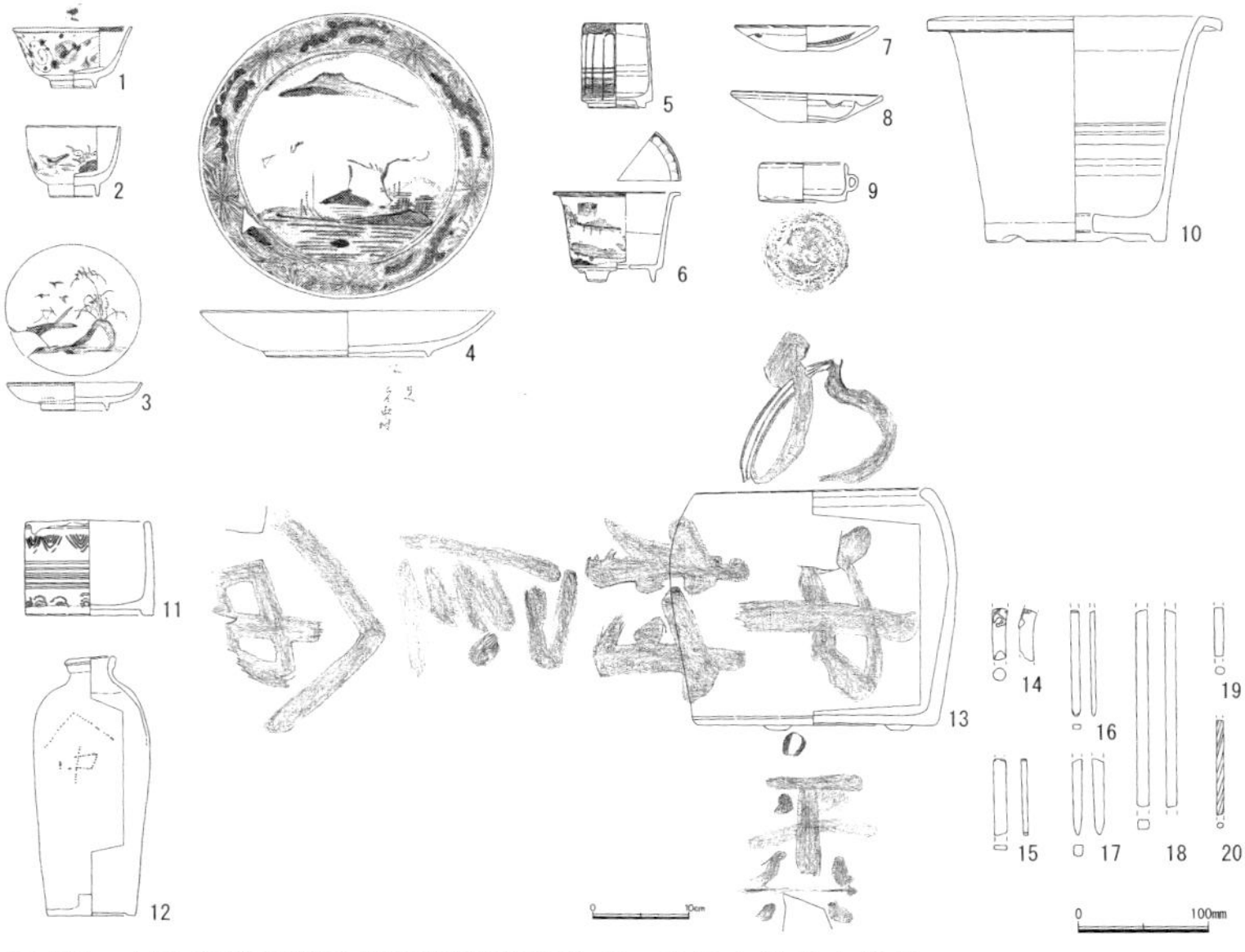

図 77　小田原城下欄干橋町遺跡第Ｖ地点　6 号土坑出土遺物

らの贈遣は大名家へされているにもかかわらず、家臣の屋敷から複数例出土が確認されることで、家臣への下賜が稀ではなかったことを窺わせる。また、上質な磁器と共伴している点で、儀礼道具としての鍋島の価値も高く認識されていたと考えられる。

〈町人地〉（図76）

小田原城下町は、主郭の南側を東西に東海道が貫き、東海道筋と高梨町で北方に分岐するいわゆる甲州道沿いに町割りが行われ、城下町としての性格とは別に宿としての機能を持っていた。

小田原の調査の中で、東海道筋にある欄干橋遺跡第Ⅳ地点一〇八号遺構（図76）、第Ⅴ地点六号土坑例（図77）を取り上げてみたい。第Ⅳ地点は、現在も営業を続けている薬種店であるういろう家内であったことが史料から確認されている（小田原市教育委員会、一九九八）。一〇八号遺構出土資料は、古手の瀬戸・美濃産磁器が含まれるなどの陶磁器様相から一九世紀第一四半期頃が年代的下限と考えられる。注目されるのは、中国福建省徳化《とっか》窯《よう》産の色絵磁器碗（1〜5）が確認できる点である。製品は器形と法量から煎茶碗と推定されるが、江戸遺跡でもほぼ同じ時期から出土するものであり、小田原とのタイムラグはない。また、江戸遺跡では、船載の煎茶碗が大名屋敷などの上級武家地よりむしろ下級武家、町人地から多く出土する傾向がある。こうした点は「既存の階級とは異なる枠組みで構成される特定の嗜好や趣味を共有したグループ」（堀内秀樹、二〇一一）などが使用した中国趣味的な嗜好的要素の強い道具であるからだろう。また、ほぼ同時期の廃棄と推定される大阪市茶屋町遺跡ＳＫ二一七〜二一九では、煎茶碗をはじめ多くの清朝磁器が出土しており、これらは茶屋で供される商用の可能性が強いが、いずれにしても欄干橋遺跡第Ⅳ地点の居住者が、そうした嗜好を持っていたと想像される。

第Ⅴ地点六号土坑出土資料は、端反碗（図77―1）に加えて湯呑碗（2）が出現していることなどの様相から一九世紀第2四半期前半頃が下限と考えられる。出土地は、一九世紀には旅籠屋が営業していた場所であり、天保三年（一八三二）に中村屋から竹本屋に変わることが報じられているが（小田原市教育委員会、一九九九）、出土している陶磁器にも焼継屋《やきつぎや》印《いん》（4）、刻書《こくしょ》（12）、墨書《ぼくしょ》（13）など中村屋の文字が確認できる。また、ここから簪《かんざし》が多く出土している点は特徴的で（14〜20）、取り上げた六号土坑以外からも出土していることで、「竹本屋の飯盛女《めしもりおんな》関係する遺物」と推定している（小田原市教育委員会、一九九九）。

図76、77に図示した陶磁器で、植木鉢（図76—15、図77—6、10）、鳥の餌入（図77—9）、散蓮華《ちりれんげ》（図76—13）、急須《きゅうす》（図76—14）などは植物の賞翫、動物の飼育、卓袱《しっぽく》料理、煎茶など新しい文化と関連する道具であり、こうした道具類は流行に敏感な遊興地などからいち早く取り入れられる傾向がある。本地点の出土資料は、こうした時代背景の中で文化の先取的な地域であったことを表出していると考えられる。

これまで述べたように小田原は、江戸と距離が近く、また、城下町として武家の活動が大きく都市の消費に影響を与えている点で江戸との近似点も多い。今回の出土陶磁器分析では、量的には不十分であったにもかかわらず、一七世紀末ころの小田原城・城下町出土の資料には、施政者である大久保家の性格と幕閣での位置——藩主の忠朝、忠増など幕政の中枢としての位置——の影響が看取された。また、町人地の状況においても、宿という場として、あるいは中国趣味の痕跡など江戸との共通性が高いことも確認された。こうした諸相は、近世都市小田原の性格を物語っていると考えられる。

Column

近世都市への転換

佐々木健策

(1)戦国時代から江戸時代へ

戦国時代、小田原は関東では希有の都市プランを持っていた。それは関東の首府であり、小田原北条氏（以下、北条氏）の志向性を具現化した都市でもあった（本書「戦国都市小田原の風景」参照）。

しかし、天正十八年（一五九〇）の小田原合戦を経て北条氏が小田原を去ると、関東の主も北条氏直から徳川家康へと代わることとなる。家康が江戸を本拠と定め、小田原が徳川家重臣大久保《おおくぼ》忠世《ただよ》の領するところとなると、都市小田原の位置づけも大きく変化し、戦国時代の関東の首府との立場から江戸の衛星都市、江戸西方を守る防衛拠点へとその存在意義を変えていくこととなる。

ここでは、大久保忠世の小田原入城以降、寛永十年（一六三三）の寛永小田原大地震を被災し、再建されるまでに、戦国都市小田原にどのような改修の手が加わっていったのかを確認するとともに、寛永小田原大地震による壊滅的な被害からの復興により小田原城が近世城郭へと生まれ変わる中、「戦国都市小田原」はどのようにして「近世都市小田原」へと変遷していったのかについて注視してみたい。

(2) 小田原開城と大久保氏入城——前期大久保時代——

天正十八年（一五九〇）、小田原合戦が三ヵ月の籠城戦の後、豊臣秀吉の天下統一を決定づける形で終了したことは周知のことであろう。七月五日には小田原開城に伴う接収が始まり、徳川家重臣榊原《さかきばら》家には「御分捕小田原城ニ而、北条氏直天守二重目有之由」との付箋のある銅鑼《どら》が伝わっている。このことから接収の際には小田原城の建造物（天守）が健在であったと考えられる。翌十九年閏正月に小田原城を見聞した伊達政宗《だてまさむね》が「要害普請《ふしん》ノ体、言句ヲ絶シ玉フ、（中略）箇様ノ要害、俵粮《ひょうろう》兵具ノ庫蔵際限ナク、何事ニモ不足無シテ、（中略）驚嘆スベキ事ノミナリ」（『小田原市史 史料編 中世』Ⅰ六八〇）と小田原城内の様子を表現していることからも、北条時代の小田原城が開城後も継承されていたことは間違いないと考えられよう。

一方で、新たに小田原城主となった大久保忠世は、入城後間もなく小田原城の改修に着手している。小田原城の修築用石材の確保については、「天正年中小田原御城石大久保七郎忠世候書、外郎家自先世保存之」との表書のある覚書（『小田原市史 史料編 近世』Ⅰ五）が残り、発掘調査においても三の丸東堀第Ⅱ地点や幸田口《こうだぐち》跡第Ⅶ地点などで大久保期に構築された玉石積《たまいしづ》みの石垣が確認されている。さらに、二の丸住吉《すみよし》堀障子《しょうじ》堀B類や三の丸箱根口跡3号堀などは北条期の遺構を壊して新たに構築した障子堀であり、三の丸元蔵堀第Ⅱ地点ではこの時期に構築を始め、未完成のままとなった堀も確認されている。このことから、大久保氏の時代は徳川氏・豊臣氏との緊迫した情勢の中で、北条時代の小田原城を継承しつつも整備・強化するとの方針が採られていた時代であったと評価できる。

城下については、大久保氏が民心掌握の手段として城下周辺に寺院の建立を進めている様子が確認されているが（村上直、一九九九）、発掘調査においては明確な改変の痕跡は確認されておらず、大がかりな城下再編事業は行われていないものと判断される。

(3)小田原城の破却と徳川秀忠の隠居城計画――番城時代――

慶長十九年（一六一四）、大久保氏は二代目忠隣《ただちか》の代に改易《かいえき》となり、小田原城は破却されることとなった。このときの破却の様子は「江戸・駿府の諸卒を召し集めて当城の外郭石塁を破却せしむ」（『台徳院殿御実記』）、「一、小田原之城、本城計り御残し成され、悉く御割なされ候事」（『細川家史料』一）などと記され、福田千鶴氏は本丸のみを残して二の丸以下はすべて破却するという城破りを、近世的作法の初見と位置づけている（福田、二〇〇一）。

しかし、史料にあるような破却が行われたとすれば、このときに北条時代以来の城郭は失われたことになるが、総構《そうがまえ》（大構）はその後も残存しており、三の丸元蔵堀第Ⅵ地点では、堀コーナー部分にのみ土塁破却に伴う埋土が確認されているとの報告がある（小林義典、二〇〇一）。また、前節で述べた三の丸箱根口跡3号堀も瀬戸・美濃窯の志野製品までを含む遺物の出土傾向から、この破却に伴って埋没した堀と評価されている。同堀が東海道に面した虎口《こぐち》に位置することを踏まえると、元蔵堀第Ⅶ地点の事例を含め、慶長十九年の破却は局所的・象徴的な部分のみの破却であったと考えられる。

大久保氏改易後、小田原城は幕府城代が管理する番城《ばんじょう》となる。元和五年（一六一九）から同九年までは阿部《あべ》正次《まさつぐ》が城主となるが、阿部氏転封後は再び番城となった。小田原城が番城となったことについては、南関東最大の要衝である小田原城を幕府が直轄領として掌握しようとしたためと考えられているが、二度目の番城時代については将軍職を家光に譲った徳川秀忠《ひでただ》が小田原城に隠居するとの計画が浮上したこととの関連性が指摘されている（村上直、一九九九）。寛永二年（一六二五）・同三年には、江戸城の石垣普請奉行を努めた御先手《さきて》組《ぐみ》頭阿部正之《まさゆき》が小田原に派遺されており、「塚原村（現南足柄市）村鑑」にはこのときに切り出された石や刻印石が放置されている様子が記されていることから、実際に計画が動き出していたことがわかる（村上直、一九九九・佐々木健策、二〇一九）。

城下についても、秀忠隠居城計画が進められていた元和九年（一六二三）から寛永九年（一六三二）という限られた時期にのみ、遠国《おんごく》奉行である小田原町奉行兼代官として揖斐《いび》政景《まさかげ》が配置されている。このことからも計画の進行を想定することができるが、考古学的には揖斐政景による具体的な改修の痕跡は把握できておらず、番城時代における小田原城下改修の痕跡は定かではない。

(4)近世小田原城および城下の完成——稲葉時代——

寛永九年（一六三二）一月、小田原城を用いることなく秀忠が死去し、同年十一月には稲葉《いなば》正勝《まさかつ》が小田原城主となった。稲葉正勝は翌十年一月から小田原城の改修に着手するが、一〇日目にして大地震に見舞われ、小田原城および城下は壊滅的な被害を受けた。これにより、前代から継承していた小田原城の建造物も倒壊したものと考えられるが、小田原城が翌十一年に上洛する将軍家光の宿所となることが決まっていたため、幕府から四万五〇〇〇両の工費と普請奉行・石垣奉行が派遣され、天守・本丸御殿（将軍家宿所）・多聞櫓《たもんやぐら》・石垣普請などの復旧工事が行われた（下重清、一九九九）。

小田原藩でも「御手前普請」として一万七四七六両を出費した二ノ丸屋形（小田原藩主御殿）と御花畠之御亭（藩主別邸）の工事が行われているが、下重清氏によれば城下においても「府内」への東側虎口である山王口の付け替えや将軍専用の御成道の整備、大手口の移設、松原神社の社地縮小、山角町・板橋村への寺院移設などが行われたとされる（下重、一九九九）。下重氏は、これらの改修を含む稲葉期の城下町整備事業は稲葉氏治世の初期に集中すると指摘する。稲葉期の城下改修の痕跡は発掘調査においても一七世紀前葉を境とした遺構軸の変遷として確認されており（諏訪間順ほか、一九九九）、下重氏の指摘とも一致している。さらに、正保元年（一六四四）に幕府が諸藩に命じて作成させた城絵図、通称「正保図」以降の城絵図と都市計画図（平成十八年測量、同三〇年補正）を比較すると、町割りの大半が一致する状況にある。「正保図」は稲葉氏による改修以後の姿が描かれているため、稲葉氏の改修により現在の小田原の町割りが完成したとみることができよう。

一方で、発掘調査で具体的な遺構軸の変遷として改修の痕跡が確認できるのは、中宿町・本町などの東海道近辺を中心とした地域に限られている。このことから、寛永十年に始まる稲葉氏による城下の改修は将

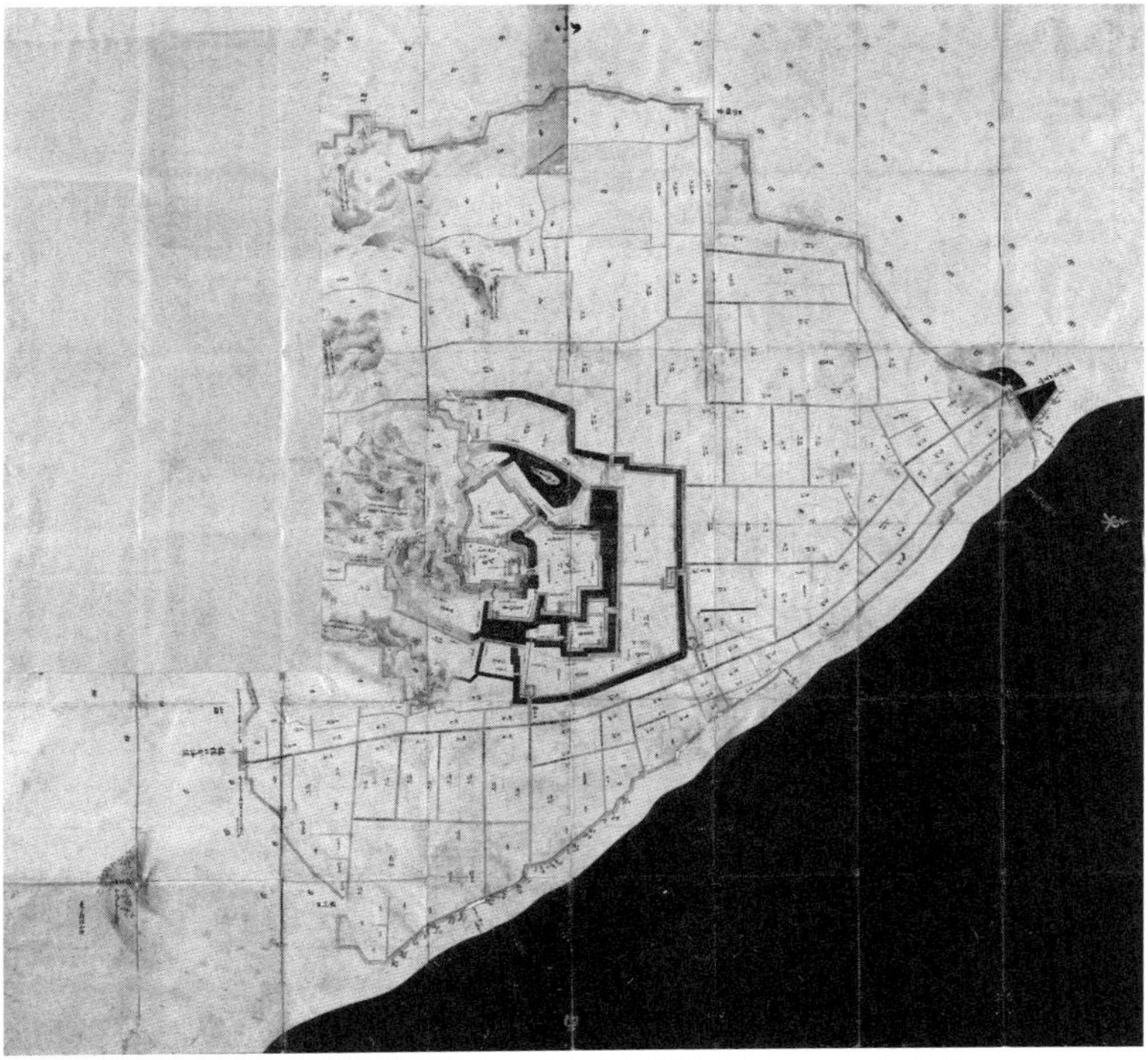

図78　正保の城絵図（通称「正保図」，国立公文書館デジタルアーカイブ）

軍上洛と連動する東海道の整備を中心としたものであった可能性が高い。

稲葉氏の改修以降、貞享三年（一六八六）に再び大久保氏が城主となって明治維新を迎えるが、これまでの城下改修履歴をみると、番城時代に揖斐政景により進められた可能性は残るものの、稲葉時代における地震の復興と将軍上洛に備えた改修が、小田原の町割りや景観の変化に最も影響を与えた改変であったと評価できる。

とはいえ、発掘調査成果をみても、稲葉期の改修も「府内」全体の都市計画を再編するほどの大規模なものではなく、むしろ北条時代の町割りの大半は稲葉氏による改修以後も継承されている可能性が高いといえるのではなかろうか。

(5) 寛永十年の小田原城下改変

では、稲葉氏による改修を経て、実際に「戦国都市小田原」のどの部分が改変されたのであろうか。文献史料から確認できる改変の痕跡は、前述のとおり下重氏の指摘する点があるが（下重清、一九九九）、残念ながら考古学的にこれらの改修の痕跡が確認できた事例は乏しい。わずかに、改修以前の様子を描いたとされる「加藤図」（口絵7・一〇五頁）で「大手口」と記された付近（御長屋跡第Ⅱ地点・本町遺跡第Ⅱ地点など）で硬化面が確認されていることから、寛永十年（一六三三）の改修における「大手口」移設の可能性がうかがえる程度である（佐々木健策、二〇〇五）。

この状況の裏には、周知の埋蔵文化財包蔵地の範囲と発掘調査事例の有無も関係していると思われるが、現時点で考古学的に顕著な改修の痕跡が確認されている箇所はきわめて限定的である。その中では、中宿町遺跡第Ⅱ地点で一七世紀中葉を境に遺構の軸が正方位から西へ振れている様子が確認されている点は特筆される。同様のことは第Ⅲ地点でも確認されており、この傾きは正方位から約二五〜三〇度のズレであると指摘されている（諏訪間順ほか、一九九九）。

近世小田原城下町の町割りについては、小林健太郎氏も歴史地理学的見知から、正方位から二五度振れたプランであると分析されている（小林、一九九四）。現在も東海道の系譜を引く国道1号筋には短冊形の長方形街区が残っているが、実地で観察すると東海道と街区とは直角ではなく、街区が正方位軸なのに対し、東海道は傾いて接している。そのため、敷地前面には三角形の空閑地が生じることとなる（図79）。この状況こそが、まさに北条時代からの正方位の町割りを改変し、寛永年間に東海道のみを敷設しなおしたことにより生じた齟齬と考えられよう。おそらく町割りをともなう改変は部分的あるいは段階的で、寛永十年時点では東海道筋全体には及ばなかったというのが、このような状況が生じた要因といえよう。

同様の軸線の傾きは、三の丸南堀においても指摘できる。残念ながら東海道については発掘調査成果としては確認できていないが、三の丸堀については、正方位南北軸に走る三の丸東堀で前期大久保時代の石垣や堀跡が確認されているのに対し、二五度振れた南堀では稲葉時代以前の堀の痕跡は確認できていない。

図79　東海道と街区とのズレ

中宿町遺跡と同様に、正方位から軸線を異にするプランが稲葉氏以降のものであるとするならば、稲葉氏以降の絵図に描かれた三の丸南堀の位置・向きには、北条時代・前期大久保時代の堀は存在しない可能性が高い。

以上のように、寛永小田原大地震の復興を経て、小田原は近世都市へと変遷した。考古学的に確認されているように、三の丸東堀の敷設が前期大久保時代であると考えると、三の丸東堀の開削を受けて当該地の居住者らは移動を余儀なくされたはずであり、さらに拡張先の地域はより東側へと移動することになる（川名禎、二〇一一）。実際、三の丸東堀と甲州道は正方位から五度程度傾いた相似形となっており、両者の関連性がうかがわれる。三の丸東堀については、前期大久保時代には正方位に走る堀であったものが、「加藤図」にある南側のクランクを直線的に改めた時点、すなわち稲葉時代の改修工事により傾き、甲州道も同様に推移したと考えられる。

同様に、千度《せんど》小路（船方村）・東海道・三の丸南堀が相似関係にあり、正方位の街区・道路とは軸線が異なっている。前述したように、現状の東海道と三の丸南堀は稲葉時代以降の遺構であることから、甲州道同様の変化の存

図80　甲州道と東海道の軸線変化と因果関係

在がうかがえる。海岸線との関係も想定されるこの約二五度の傾きが何に由来するかについては、今後も検討が必要である。

以上のことから、正方位とは異なる軸線を示す町割りが北条時代以降の改変の痕跡として捉えられ、いずれも稲葉時代にその画期があることがわかる。あわせて、前期大久保時代に城域の東側への拡大を可能としたことは、北条時代には東側に十分な空閑地が存在していたことを物語っており、本書「戦国都市小田原の風景」文中でも述べたように、「戦国都市小田原」も総構内全体に及ぶ面的な都市形成は成立していなかったという可能性を指摘することができよう。

この稲葉時代の「近世都市小田原」の成立により、小田原は街村形態を基本とした都市空間から、面的な広がりを持つ近世的な都市空間へと変改し、現在の小田原の基礎ができあがったといえるであろう。

参考文献

序　小田原北条氏と戦国時代

家永遵嗣「北条早雲研究の最前線」小和田哲男監修『奔る雲のごとく―今よみがえる北条早雲―』北条早雲フォーラム実行委員会、二〇〇〇年
家永遵嗣「北条早雲の伊豆征服―明応の地震津波との関係から―」『伊豆の郷土研究』第二十四集、一九九九年、のち、黒田基樹編『伊勢宗瑞』（中世関東武士の研究）戎光祥出版、二〇一三年に再録
小和田哲男『中世の伊豆国』清文堂、二〇〇二年
金子浩之『戦国争乱と巨大津波―北条早雲と明応津波―』雄山閣、二〇一六年
諏訪間　順「小田原開府五百年の歴史」『図録小田原開府五百年』小田原市、二〇一八年
峰岸純夫『享徳の乱―中世東国の「三十年戦争」―』（講談社選書メチエ）講談社、二〇一七年

1章　乱世に立ち向かう―大森氏と伊勢宗瑞の時代―

家永遵嗣『室町幕府将軍権力の研究』東京大学日本史学研究室、一九九五年
家永遵嗣「北条早雲の伊豆制服」黒田基樹編『伊勢宗瑞』（中世関東武士の研究）戎光祥出版、二〇一三年、初出一九九九年
家永遵嗣「伊勢宗瑞の父盛定について」『戦国史研究』三七、一九九九年
池上裕子『北条早雲―新しい時代の扉を押し開けた人―』（日本史リブレット）山川出版社、二〇一七年
小田原市編『小田原市史』通史編　原始　古代　中世、小田原市、一九九八年
小山町史編さん委員会編『小山町史』第六巻　原始古代中世通史編、小山町、一九九六年
黒田基樹「総論　伊勢宗瑞」同編『伊勢宗瑞』（中世関東武士の研究）戎光祥出版、二〇一三年

黒田基樹『今川氏親と伊勢宗瑞―戦国大名誕生の条件―』（中世から近世へ）平凡社、二〇一九年
佐藤博信『中世東国足利・北条氏の研究』（中世史研究叢書）岩田書院、二〇〇九年
北条早雲史跡活用研究会編『奔る雲のごとく　今よみがえる北条早雲』北条早雲フォーラム実行委員会、二〇〇〇年
真鍋淳哉『三浦道寸―伊勢宗瑞に立ちはだかった最大のライバル―』（中世武士選書）戎光祥出版、二〇一七年
森　幸夫「鎌倉・室町期の箱根権現別当」二木謙一編『戦国織豊期の社会と儀礼』吉川弘文館、二〇〇六年
森　幸夫『小田原北条氏権力の諸相―その政治的断面―』日本史史料研究会、二〇一二年
湯山　学『伊勢宗瑞と戦国関東の幕開け』戎光祥出版、二〇一六年
横田光雄『戦国大名の政治と宗教』國學院大學大学院、一九九九年

トピック　小田原城の歴史

太田雅晃「戦国時代小田原城の景観―北側空間」シンポジウム『戦国都市小田原の風景』小田原城天守閣、二〇一八年
小田原市編『小田原市史』別編　城郭、小田原市、一九九五年
小田原市教育委員会『小田原城とその城下』小田原市教育委員会、一九九〇年
小野正敏「小田原と東国の戦国城下町」シンポジウム『戦国都市小田原の風景』小田原城天守閣、二〇一八年
黒田基樹『今川氏親と伊勢宗瑞―戦国大名誕生の条件―』（中世から近世へ）平凡社、二〇一九年
小山裕之「戦国時代小田原城の景観―東側城下町」シンポジウム『戦国都市小田原の風景』小田原城天守閣、二〇一八年
佐々木健策「中世小田原の町割と景観」藤原良章編『中世のみちと橋』高志書院、二〇〇五年
佐々木健策「相模府中小田原の構造―小田原城にみる本拠地と大名権力―」浅野晴樹・齋藤慎一編『中世東国の世界3　戦国大名北条氏』高志書院、二〇〇八年
諏訪間　順「小田原城出土の中・近世陶磁器」『貿易陶磁研究』No.16、日本貿易陶磁研究会、一九九六年
諏訪間　順「発掘された戦国時代の小田原城」『小田原城天守閣特別展　戦国最大の城郭　小田原城』小田原城天守閣、二〇

一四年
諏訪間　順「小田原北条氏の本城と支城」『小田原城天守閣特別展　小田原北条氏の絆』小田原城天守閣、二〇一七年
諏訪間　順「小田原開府五百年の歴史」『小田原城天守閣特別展　小田原開府五百年』小田原城天守閣、二〇一八年
田代道彌「小田原城」平井聖ほか編修『日本城郭大系6　千葉・神奈川』新人物往来社、一九八〇年
田代道彌「小田原城と城下の移りかわり」『小田原城とその城下』小田原市教育委員会、一九九〇年
田代道彌「小田原城―その変遷と遺構の展開―」小田原市編『小田原市史』別編　城郭、小田原市、一九九五年
塚田順正・諏訪間順・大島慎一「小田原城及び城下における陶磁器群の変遷」『貿易陶磁研究』No.8、日本貿易陶磁研究会、一九八八年
土屋健作「発掘調査成果から中世小田原の町並を考える」シンポジウム『戦国都市小田原の風景』小田原城天守閣、二〇一八年
服部実喜「土器・陶磁器の流通と消費」小田原市編『小田原市史』通史編　原始　古代　中世、小田原市、一九九八年
森　幸夫「戦国期の小田原城―北条氏歴代当主はどこにいたのか―」『小田原市郷土文化館研究報告』No.45、小田原市郷土文化館、二〇〇九年

コラム　北条氏の文化―早雲寺の美術を中心に―

伊澤昭二『小田原の甲冑―明珍信家を中心に―』名著出版、一九八〇年
小田原市編『小田原市史』通史編　原始　古代　中世、小田原市、一九九八年
『小田原城天守閣展示案内』小田原城天守閣、二〇一六年
『関東水墨画の成立　中世にみる型とイメージの系譜』栃木県立博物館・神奈川県立歴史博物館、一九九八年
黒田基樹編『伊勢宗端』（中世関東武士の研究）、戎光祥出版、二〇一三年
黒田基樹編『北条氏年表―宗瑞・氏綱・氏康・氏政・氏直―』高志書院、二〇一三年

『後北条氏と東国文化』神奈川県立博物館、一九八九年
『六本木開館10周年記念展　天下を治めた絵師狩野元信』サントリー美術館、二〇一七年

2章　戦国乱世を生き抜く

有光友學『今川義元』（人物叢書）吉川弘文館、二〇〇八年
黒田基樹『扇谷上杉氏と太田道灌』（地域の中世）岩田書院、二〇〇四年
黒田基樹『戦国大名の危機管理』（歴史文化ライブラリー）吉川弘文館、二〇〇五年
黒田基樹『戦国の房総と北条氏』（地域の中世）岩田書院、二〇〇八年
黒田基樹『戦国期山内上杉氏の研究』（中世史研究叢書）岩田書院、二〇一三年
黒田基樹『戦国大名―政策・統治・戦争―』（平凡社新書）平凡社、二〇一四年
佐々木銀弥『日本中世の都市と法』吉川弘文館、一九九四年
佐藤進一『花押を読む』（平凡社選書）平凡社、一九八八年
佐藤博信『古河公方足利氏の研究』（歴史科学叢書）校倉書房、一九八九年
佐藤博信『中世東国政治史論』塙書房、二〇〇六年
佐脇栄智『後北条氏の基礎研究』吉川弘文館、一九七六年
佐脇栄智「北条早雲・氏綱の相武侵略」神奈川県県民部県史編集室編『神奈川県史』通史編1　原始古代中世、神奈川県、一九八一年
佐脇栄智『後北条氏と領国経営』吉川弘文館、一九九七年
藤木久志『戦国社会史論―日本中世国家の解体―』東京大学出版会、一九七四年
山口博『戦国大名北条氏文書の研究』岩田書院、二〇〇七年

トピック　関東諸勢力と小田原北条氏

家永遵嗣「戦国大名北条早雲の生涯」『奔る雲のごとく』北条早雲フォーラム実行委員会、二〇〇〇年
池　享『東国の戦国争乱と織豊権力』（動乱の東国史）吉川弘文館、二〇一二年
小国浩寿『鎌倉府と室町幕府』（動乱の東国史）吉川弘文館、二〇一三年
黒田基樹『戦国北条氏五代』（中世武士選書）戎光祥出版、二〇一二年
黒田基樹編著『扇谷上杉氏』（中世関東武士の研究）戎光祥出版、二〇一二年
黒田基樹編著『関東管領上杉氏』（中世関東武士の研究）戎光祥出版、二〇一三年
黒田基樹編著『山内上杉氏』（中世関東武士の研究）戎光祥出版、二〇一四年
佐藤博信編『関東足利氏と東国社会』（中世東国論）岩田書院、二〇一二年
則竹雄一『古河公方と伊勢宗瑞』（動乱の東国史）吉川弘文館、二〇一三年
小田原市編『小田原市史』通史編　原始 古代 中世、小田原市、一九九八年

コラム　戦国都市小田原の風景

小野正敏「小田原と東国の戦国城下町」シンポジウム『戦国都市小田原の風景』小田原城天守閣、二〇一八年
黒田基樹『今川氏親と伊勢宗瑞―戦国大名誕生の条件―』（中世から近世へ）平凡社、二〇一九年
佐々木健策「中世小田原の町割と景観」藤原良章編『中世のみちと橋』高志書院、二〇〇五年
佐々木健策「相模府中小田原の構造―小田原城にみる本拠地と大名権力―」浅野晴樹・齋藤慎一編『中世東国の世界3　戦国大名北条氏』高志書院、二〇〇八年
佐々木健策「小田原北条氏の威信―文化の移入と創造―」『東国の中世遺跡―遺跡と遺物の様相―』随想舎、二〇〇九年
佐々木健策「城下町の区画―相模国小田原を例に―」中世都市研究会編『都市を区切る』中世都市研究15、山川出版社、二〇一〇年

佐々木健策「戦国都市小田原の風景」『戦国都市の風景』第12回東国中世考古学研究会発表要旨、東国中世考古学研究会、二〇一八年a
佐々木健策「庭園遺構にみる戦国大名の志向性」中世学研究会編『幻想の京都モデル』(中世学研究)、高志書院、二〇一八年b
田代道彌「城郭及び関連絵図・考証と解説」23・24・25、小田原市編『小田原市史』別編　城郭、小田原市、一九九五年
内閣記録局編『法規分類大全』(兵制門二　陸海軍官制第二　陸軍第二)内閣記録局、一九八一年(国立国会図書館デジタルコレクション：http://dl.ndl.go.jp/info:ndljp/pid/994223)
森　幸夫「戦国期の小田原城―北条氏歴代当主はどこにいたのか―」『小田原市郷土文化や型研究報告』No.45、小田原市郷土文化館、二〇〇九年

3章　天下人との戦い―氏政と氏直の時代―

浅倉直美「北条氏政正室黄梅院殿と北条氏直」『武田氏研究』五九号、二〇一九年
黒田基樹『小田原合戦と北条氏』(敗者の日本史)吉川弘文館、二〇一二年
黒田基樹『関東戦国史―北条vs上杉五五年戦争の真実―』(角川ソフィア文庫)KADOKAWA、二〇一七年
黒田基樹『戦国大名の危機管理』(角川ソフィア文庫)KADOKAWA、二〇一七年
黒田基樹『北条氏康の妻　瑞渓院』(中世から近世へ)平凡社、二〇一七年
黒田基樹『北条氏政―乾坤を截破し太虚に帰す―』(ミネルヴァ日本評伝選)ミネルヴァ書房、二〇一八年
黒田基樹『戦国北条五代』(星海社新書)星海社、二〇一九年

トピック　小田原城とその城下出土のやきもの

岩崎宗純「戦国時代の小田原文化」小田原市編『小田原市史』通史編　原始　古代　中世、小田原市、一九九八年

江戸遺跡研究会『図説　江戸考古学研究事典』柏書房、二〇〇一年
太田雅晃ほか『小田原城三の丸・城下　三の丸元蔵堀第Ⅱ地点（第3次調査）　城下日向屋敷跡第Ⅰ地点（第2次調査）』玉川文化財研究所、二〇一九年
小笠原清ほか『小田原城』（歴史群像名城シリーズ8）学習研究社、一九九五年
小田原市教育委員会『小田原城とその城下』小田原市教育委員会、一九九〇年
小田原城天守閣『小田原北条氏の絆～小田原城とその支城～』小田原城天守閣、二〇一七年
小田原城天守閣『小田原開府五百年～北条氏綱から続くあゆみ～』小田原城天守閣、二〇一八年
小林義典『小田原城三の丸藩校集成館跡第Ⅲ・Ⅳ地点』（小田原市文化財調査報告書第100集）小田原市教育委員会、二〇〇二年
佐々木健策ほか『史跡小田原城跡御用米曲輪発掘調査概要報告書』（小田原市文化財調査報告書第179集）小田原市教育委員会、二〇一六年
諏訪間　順「小田原城の考古学的調査の成果」小田原市編『小田原市史』別編　城郭、小田原市、一九九五年
諏訪間　順「小田原城出土の中・近世陶磁器」『貿易陶磁研究』（No.16）日本貿易陶磁研究会、一九九六年
諏訪間　順ほか『小田原城下本町遺跡第Ⅲ地点』（小田原市文化財調査報告書第146集）小田原市教育委員会、二〇〇八年
塚田順正ほか『史跡石垣山Ⅲ』（小田原市文化財調査報告書第44集）小田原市教育委員会、一九九三年
塚田順正ほか「発掘調査の成果にみる小田原城」小田原市編『小田原市史』別編　城郭、小田原市、一九九五年
服部実喜「土器・陶磁器の流通と消費」小田原市編『小田原市史』通史編　原始　古代　中世、小田原市、一九九八年
服部実喜「かわらけから見た北条氏の権力構造」浅野晴樹・齋藤慎一編『中世東国の世界3　戦国大名北条氏』高志書院、二〇〇八年
藤澤良祐『瀬戸市史』（陶磁史篇四）瀬戸市、一九九三年
北條ゆうこ「出土遺物からみた中宿町遺跡第Ⅵ地点の様相」『小田原城下中宿町遺跡第Ⅵ地点』（小田原市文化財調査報告書第

185集）小田原市教育委員会、二〇一八年
山口剛志「小田原城出土の鍋島」『鍋島の生産と流通—出土資料による—』（第13回九州近世陶磁学会資料）九州近世陶磁学会、二〇〇三年
山口剛志ほか『小田原城下欄干橋町遺跡第X地点』（田原市文化財調査報告書第187集）小田原市教育委員会、二〇一九年

コラム　北条氏の城郭群の中に築かれた豊臣秀吉の石垣山城

小田原市編『小田原市史』別編　城郭、小田原市、一九九五年
峰岸純夫・斎藤慎一編『関東の名城を歩く　南関東編』吉川弘文館、二〇一一年
西股総生・松岡進・田嶌貴久美『神奈川中世城郭図鑑』（図説日本の城郭シリーズ1）戎光祥出版、二〇一五年

4章　徳川公儀体制下への転換—大久保氏と稲葉氏の時代—

小田原市編『小田原市史』通史編　近世、小田原市、一九九九年
小田原市史ダイジェスト版『おだわらの歴史』小田原市立図書館、二〇〇七年
佐々木健策『戦国・江戸時代を支えた石—小田原の石切と生産遺跡—』（シリーズ「遺跡を学ぶ」）新泉社、二〇一九年
下重　清『幕閣譜代藩の政治構造—相模小田原藩と老中政治—』（近代史研究叢書）岩田書院、二〇〇六年
下重　清「譜代小田原藩の財政を考える」『日本史研究』六六四号、二〇一七年
下重　清『小田原藩』（シリーズ藩物語）現代書館、二〇一八年
中央防災会議・災害教訓の継承に関する専門調査会『一七〇七　富士山宝永噴火報告書』二〇〇六年
内閣府防災担当『一七〇三　元禄地震報告書』二〇一三年
中根　賢「大御所徳川秀忠の小田原隠居所計画」『小田原市郷土文化館研究報告』No.29、一九九三年

トピック　近世城下町遺跡江戸と小田原出土の陶磁器

大橋康二「鍋島焼の変遷と出土分布」『鍋島の生産と流通―出土資料による―』九州近世陶磁学会、二〇〇三年
大橋康二「鍋島焼の出土状況」『将軍家への献上　鍋島―日本磁器の最高峰―』佐賀県立九州陶磁文化館、二〇〇六年
大橋康二『将軍と鍋島・柿右衛門』雄山閣、二〇〇七年
大橋康二「鍋島焼生産目的と出土遺跡の性格について」『扶桑　田村晃一先生喜寿祈念論文集』青山考古学会田村晃一先生喜寿祈念論文集刊行会、二〇〇九年
小田原市編『小田原市史』別編　城郭、小田原市、一九九五年
小田原市・玉川文化財研究所『小田原城三の丸　大久保弥六郎邸跡第Ⅵ地点』二〇一四年
小田原市・玉川文化財研究所『小田原城三の丸　大久保弥六郎邸跡第Ⅶ地点』二〇一五年
小田原市教育委員会『小田原城下欄干橋町遺跡第Ⅳ地点』一九九八年
小田原市教育委員会『小田原城下欄干橋町遺跡第Ⅴ地点』一九九九年
小田原市教育委員会『小田原城三の丸藩校集成館跡第Ⅲ・第Ⅳ地点』二〇〇二年
児玉幸多校訂『近世交通史料集』一―六　吉川弘文館、一九六七年
新宿区生涯学習財団『東京都新宿区内藤町遺跡Ⅲ』二〇〇一年
鈴木理生『幻の江戸百年』筑摩書房、一九九一年
高橋康夫・吉田伸之・宮本雅明、伊藤毅『図集日本都市史』東京大学出版会、一九九三年
伊達研次「江戸に於ける諸侯の消費的生活について（一）」『歴史学研究』第四巻第四号、一九三五年
玉井哲雄『江戸　失われた都市空間を読む』平凡社、一九八六年
千代田区教育委員会『江戸城の考古学Ⅱ』二〇一一年
東京大学埋蔵文化財調査室『医学部附属病院入院棟A地点』二〇一六年
藤掛泰尚「小田原出土の鍋島―藩主から家臣への下賜―」佐々木達夫編『中近世陶磁器の考古学』第五巻　雄山閣、二〇一七

年
堀内秀樹「江戸遺跡出土の清朝陶磁」『貿易陶磁研究』No.19、日本貿易陶磁研究会、一九九九年
堀内秀樹「大名藩邸で使用された陶磁器と御殿の生活」江戸遺跡研究会編『江戸の大名屋敷』吉川弘文館、二〇一一年
堀内秀樹「近世城郭・城下町の陶磁器」中井均・加藤理文編『近世城郭の考古学入門』高志書院、二〇一七年
水本和美「江戸城跡出土の貿易陶磁にみる「徳川将軍家の器」」『貿易陶磁研究』No.34、二〇一四年
武蔵文化財研究所『東京都千代田区　有楽町一丁目遺跡』二〇一五年
山口剛志「小田原城出土の鍋島」『第一三回近世陶磁学会資料　鍋島の生産と流通―出土資料による―』近世陶磁学会、二〇〇三年
山本文子「全国の遺跡から出土した鍋島焼にみる献上と贈遺」『特別企画展　将軍献上の鍋島・平戸・唐津』佐賀県立九州陶磁文化館、二〇一二年
吉田伸之『伝統都市・江戸』東京大学出版会、二〇一二年

コラム　近世都市への転換

川名　禎「小田原城下の地名と空間」（一六一七会小田原大会発表要旨）一六一七会、二〇一一年
小林健太郎「近世城下町のプランと方位」山田安彦編著『方位と風土』古今書院、一九九四年
小林義典「小田原城三の丸元蔵堀第Ⅴ・Ⅵ地点」『平成十三年度小田原市遺跡調査発表会・シンポジウム弥生後期のヒトの移動』小田原市教育委員会、二〇〇一年
佐々木健策「中世小田原の町割と景観」藤原良章編『中世のみちと橋』高志書院、二〇〇五年
佐々木健策『戦国・江戸時代を支えた石―小田原の石切と生産遺跡―』（シリーズ「遺跡を学ぶ」）新泉社、二〇一九年
下重　清「城下の町と人々」小田原市編『小田原市史』通史編　近世、小田原市、一九九九年
諏訪間　順ほか『小田原城下中宿町遺跡第Ⅲ地点』（小田原市文化財調査報告書第70集）小田原市教育委員会、一九九九年

福田千鶴「徳川の平和と城破り」藤木久志・伊藤正義編『城破りの考古学』吉川弘文館、二〇〇一年
村上　直「番城と阿部正次の入封」小田原市編『小田原市史』通史編　近世、小田原市、一九九九年

年表　小田原開府五百年のあゆみ

和暦（西暦）	事跡
応永二十四年（一四一七）	大森氏が小田原周辺に進出する。
享徳　三年（一四五五）	享徳の乱がはじまる。
康正　二年（一四五六）	伊勢宗瑞（北条早雲）生まれる（永享四年〈一四三二〉説あり）。
康正　二年（一四五六）頃	大森氏が小田原城に居城する。
応仁　元年（一四六七）	応仁の乱がはじまる。
文明十五年（一四八三）	宗瑞、将軍足利義尚の申次衆に任命される。
長享　元年（一四八七）	氏綱生まれる。 長享の乱がはじまる。 宗瑞、駿河に下向して小鹿範満を討ち、甥の今川氏親を今川氏の家督につける。
明応　二年（一四九三）	明応の政変がおこる。 宗瑞、堀越公方足利茶々丸を攻撃し、伊豆国に侵攻する。
明応　四年（一四九五）頃	宗瑞、伊豆国韮山城へ本拠地を移す。
明応　五年（一四九六） 〜文亀元年（一五〇一）頃	宗瑞が小田原城を支配下に置く。
明応　七年（一四九八）	宗瑞、足利茶々丸を滅ぼし、伊豆を平定する。
永正　元年（一五〇四）	宗瑞、今川氏親・扇谷上杉朝良連合軍とともに出陣し、武蔵国立河原で山内上杉顕定を破る。
永正　三年（一五〇六）	宗瑞、相模国西郡での検地を行う。

永正　四年（一五〇七）	永正の乱がおこる。
永正　六年（一五〇九）	宗瑞、相模の扇谷上杉領国に侵攻する。
永正　九年（一五一二）	宗瑞、三浦道寸の拠点相模岡崎城を攻略し、鎌倉に討ち入る。三浦氏の本拠三浦郡を除く大部分を支配下に置く。
永正十二年（一五一五）	氏康生まれる。
永正十三年（一五一六）	宗瑞、三浦氏を滅ぼし、相模一国を掌握する。
永正十五年（一五一八）	氏綱が宗瑞より家督を継ぐ（永正十六〈一五一九〉説あり）。虎朱印状の初見文書下される。
永正十六年（一五一九）	宗瑞没する。
大永　三年（一五二三）	氏綱、伊勢から北条に改姓する。
大永　四年（一五二四）	氏綱、扇谷上杉朝興の居城武蔵江戸城を攻略する。
天文　元年（一五三二）	氏綱、鶴岡八幡宮造営事業を開始する。
天文　六年（一五三七）	氏綱、今川氏との同盟を破棄。扇谷上杉氏の拠点武蔵国河越城を攻略する。
天文　七年（一五三八）	氏綱、扇谷上杉朝定の拠点、下総国葛西城を攻略する。氏綱、足利義明・里見義堯連合軍を破る（第一次国府台合戦）。次いで古河公方足利晴氏から関東管領に任じられる。
天文八年（一五三九）	氏政生まれる（天文七年〈一五三八〉、天文十年〈一五四一〉説あり）。
天文十年（一五四一）	氏綱没し、氏康が家督を継ぐ。
天文十三年（一五四四）	鶴岡八幡宮の造営が完了する。氏康、武田信玄と盟約する。
天文十四年（一五四五）	今川義元・武田晴信（信玄）が連携して駿河国河東地域に侵攻する。山内上杉憲政・扇谷上杉朝定・古河公方足利晴氏が結んで武蔵野国河越城を包囲する。氏康は窮地に陥り、今川・武田氏と和睦する。

天文十五年（一五四六）	氏康、山内・扇谷上杉氏と古河公方足利氏を河越で撃破（河越合戦）。扇谷上杉氏滅亡する。
天文十九年（一五五〇）	氏康、税制改革を実施する。
天文二十年（一五五一）	この頃、氏康、目安箱を置き、直訴を奨励する。
天文二十一年（一五五二）	氏康、関東管領山内上杉氏を越後へ逐う。 氏康の意向により甥の足利義氏が古河公方に据えられる。
天文二十三年（一五五四）	甲斐武田氏、駿河今川氏との相甲駿三国同盟を結ぶ。
永禄　二年（一五五九）	『小田原衆所領役帳』が作成される。 氏政が家督を継ぐ。
永禄　三年（一五六〇）	氏政、領国内に徳政を行う。
永禄　四年（一五六一）	氏政、小田原城に侵攻した長尾景虎（上杉謙信）を退ける。
永禄　五年（一五六二）	氏直生まれる。
永禄　七年（一五六四）	氏康・氏政、里見義堯を破る（第二次国府台合戦）。
永禄　八年（一五六六）	氏康が出馬を停止する。
永禄十一年（一五六八）	武田信玄が今川領へ侵攻し、相甲駿三国同盟が崩れる。氏康は武田氏と断交し、上杉氏との相越同盟締結を主導する。
永禄十二年（一五六九）	氏直、今川氏真の養子となり、駿河国を譲り受ける。 氏康・氏政、上杉謙信と同盟を結ぶ（相越同盟）。 氏政、武田信玄の小田原城への侵攻を退け、追撃するも、退却を許す（三増合戦）。
元亀　二年（一五七一）	氏康没する。 氏政、相越同盟を破棄して相甲同盟を復活させる。
天正　元年（一五七三）	室町幕府が滅亡する。
天正　六年（一五七八）	氏政、上杉氏の家督争い（御館の乱）の影響により、武田氏と断交する。

天正　七年（一五七九）	氏政、武田氏の侵攻を受け、織田信長・徳川家康に接近する。
天正　八年（一五八〇）	氏政、織田信長への従属を決める。
	氏直が家督を継ぐ。
天正十年（一五八二）	この年、武田氏を滅ぼした織田信長が本能寺の変で横死する。
	氏直、織田信長の家臣・滝川一益を神流川で破り（神流川合戦）、信濃国へ進出する。
	氏直、甲斐国で徳川家康と対峙し、その後和睦する（天正壬午の乱）。
天正十一年（一五八三）	氏直、徳川家康の娘（督姫）を妻に迎え、同盟が成立する。
天正十二年（一五八四）	小牧・長久手の戦いが行われる。
天正十三年（一五八五）	徳川家康が豊臣秀吉に従属する。秀吉は「関東・奥両国惣無事」の実現を家康に命じる。
天正十五年（一五八七）	北条氏が豊臣秀吉への従属を表明する。
	小田原城の大普請が始まり、総構（大構）が構築される（相府大普請）。
天正十七年（一五八九）	名胡桃城奪取事件がおこる。
	豊臣秀吉、氏直に宣戦布告する。
天正十八年（一五九〇）	豊臣秀吉が出陣し、小田原合戦となる。北条氏が豊臣秀吉に小田原城を明け渡す。
	氏政と弟の氏照、自刃。氏直、高野山へ追放となる。
	大久保忠世が小田原城主となる（約四万五〇〇〇石）。小田原城の改修がはじまる。
天正十九年（一五九一）	氏直、赦免される。一万石を与えられ、秀吉に出仕するも病没する。
文禄　三年（一五九四）	大久保忠隣が城主となる（約六万五〇〇〇石）。
慶長　五年（一六〇〇）	関ヶ原の戦いがおこる。
慶長　八年（一六〇三）	徳川家康、征夷大将軍となる（江戸幕府の成立）。
慶長十九年（一六一四）	忠隣が改易され、小田原城は幕府直轄の番城となる。
慶長二十年（一六一五）	豊臣氏が滅亡する（大坂夏の陣）。

元和　五年（一六一九）	阿部正次が藩主となる（約五万石）。
元和　九年（一六二三）	再び番城となる。 小田原城を二代将軍徳川秀忠の隠居城とする計画が立てられる。
寛永　九年（一六三二）	稲葉正勝が藩主となる（約八万五〇〇〇石）。
寛永十年（一六三三）	小田原城の修築が始まる。 寛永小田原大地震により修築中の城と城下に大きな被害が出る。
寛永十一年（一六三四）	稲葉正則が藩主となる（約八万五〇〇〇石）。
延宝　三年（一六七五）	小田原城の修築が完了する。
天和　三年（一六八三）	稲葉正通が藩主となる（約一〇万二〇〇〇石）。
貞享　三年（一六八六）	大久保忠朝が藩主となる（約一〇万三〇〇〇石）。
元禄十一年（一六九八）	大久保忠増が藩主となる（約一一万三〇〇〇石）。
元禄十六年（一七〇三）	元禄小田原大地震により小田原城は天守を含むほとんどの施設が倒壊・焼失する。
宝永　三年（一七〇六）	小田原城天守が再建される。
宝永　四年（一七〇七）	富士山が噴火（宝永噴火）。小田原藩領は甚大な砂降り被害を受ける。
宝永　五年（一七〇八）	前年の富士山噴火の被災地（約五万六〇〇〇石）が幕領となる。
正徳　三年（一七一三）	大久保忠方が藩主となる（約一一万三〇〇〇石）。
享保　元年（一七一六）	享保の改革が始まる。
享保十七年（一七三二）	大久保忠興が藩主となる（約一一万三〇〇〇石）。
延享　四年（一七四七）	幕領となっていた村々の大半が小田原藩に復帰する。
宝暦十三年（一七六三）	大久保忠由が藩主となる（約一一万三〇〇〇石）。
明和　六年（一七六九）	大久保忠顕が藩主となる（約一一万三〇〇〇石）。
天明　七年（一七八七）	寛政の改革が始まる。

寛政　八年（一七九六）	大久保忠真が藩主となる（約一一万三〇〇〇石）。
天保　八年（一八三七）	大久保忠愨が藩主となる（約一一万三〇〇〇石）。
天保十二年（一八四一）	天保の改革が始まる。
嘉永　五年（一八五二）	小田原海岸の三台場が完成する。
嘉永　六年（一八五三）	ペリーが浦賀に来航する。
安政　六年（一八五九）	大久保忠礼が藩主となる（約一一万三〇〇〇石）。
慶応　四年／明治　元年（一八六八）	戊辰戦争が始まり、明治新政府が成立する。
明治　二年（一八六九）	大久保忠良が藩主となる（約七万五〇〇〇石）。 版籍奉還により忠良は藩知事となる。
明治　三年（一八七〇）	忠良が新政府へ小田原城廃城を願い出て許可される。 小田原城の天守・櫓などが売却され、のちに解体される。
明治　四年（一八七一）	廃藩置県により小田原藩は小田原県となり、忠良は藩知事を免ぜられる。 小田原県が廃止となり、新しく設置された足柄県へ統合され、県庁は小田原城址の二の丸御屋形に置かれる。
明治　九年（一八七六）	足柄県が廃止され、その一部が神奈川県に属する。
明治二十二年（一八八九）	市制・町村制が施行される。
明治三十四年（一九〇一）	御用邸が落成する。
明治三十五年（一九〇二）	小田原大海嘯により海岸一帯が甚大な被害を受ける。
大正十二年（一九二三）	関東大地震が発生し、小田原のまち全体が甚大な被害を受ける。小田原城址では御用邸が倒壊。天守台や堀の石垣、現在の隅櫓の場所にあった二の丸平櫓が崩壊する。
昭和　五年（一九三〇）	御用邸が正式に廃止される。
昭和十三年（一九三八）	史跡小田原城跡が国指定史跡に指定される。

昭和十五年（一九四〇）	小田原市政が施行される。
昭和二十年（一九四五）	空襲により新玉、万年、幸地区の一部が焼失する。
昭和二十四年（一九四八）	下府中村と合併する。
昭和二十五年（一九四九）	こども文化博覧会を開催。その後、こども遊園地、動物園を開設する。
	桜井村と合併する。
昭和三十年（一九五四）	豊川村、酒匂町、国府津町、上府中村、下曾我村、片浦村と合併する。
昭和三十二年（一九五六）	曾我村の一部を分村合併する。
昭和三十五年（一九六〇）	小田原城天守閣が復興される。
昭和四十六年（一九七一）	常盤木門が再建される。
	橘町と合併する。
平成　元年（一九八九）	住吉橋が架けられる。
平成　九年（一九九七）	銅門が復元される。
平成十二年（二〇〇〇）	特例市に移行する。
平成二十一年（二〇〇九）	馬出門が復元される。
平成二十八年（二〇一六）	小田原城天守閣が耐震改修等工事を終え、リニューアルオープンする。

〈引用・参考文献〉

小田原市編『小田原市史』通史編　近代、小田原市、二〇〇一年
小田原市編『小田原市史』別編　年表、小田原市、二〇〇三年
諏訪間順ほか『小田原城天守閣特別展　よみがえる小田原城　史跡整備30年のあゆみ』小田原城天守閣、二〇一三年
黒田基樹『北条氏年表　宗瑞　氏綱　氏康　氏政　氏直』高志書院、二〇一三年
小田原城天守閣編『小田原城天守閣展示案内』、小田原城天守閣、二〇一六年
鈴木一史編『平成28年度小田原城天守閣特別展　小田原城址の150年　モダン・オダワラ・キャッスル　1868―2017』、

小田原城天守閣、二〇一六年
黒田基樹『図説戦国北条氏と合戦』戎光祥出版、二〇一八年
山口博著『北条氏五代と小田原城』人をあるく、吉川弘文館、二〇一八年

執筆者紹介（執筆順）―生年／現職／執筆分担

小和田哲男（おわだ　てつお）→別掲／序

森　幸夫（もり　ゆきお）　一九六一年生れ／國學院大學非常勤講師／1章

諏訪間順（すわま　じゅん）　一九六〇年生れ／小田原市経済部副部長・小田原城天守閣館長（学芸員）／刊行にあたって、1章トピック

湯浅　浩（ゆあさ　ひろし）　一九六五年生れ／小田原市文化部生涯学習課副課長（学芸員）／1章コラム

山口　博（やまぐち　ひろし）　一九五九年生れ／小田原市文化部管理監（学芸員）／2章

岡　潔（おか　きよし）　一九六七年生れ／小田原市文化部生涯学習課副課長（学芸員）／2章トピック

佐々木健策（ささき　けんさく）　一九七四年生れ／小田原市経済部小田原城総合管理事務所計画係長（学芸員）／2章コラム、4章コラム

黒田基樹（くろだ　もとき）　一九六五年生れ／駿河台大学教授／3章

山口剛志（やまぐち　つよし）　一九五九年生れ／小田原市文化部文化財課副課長（学芸員）／3章トピック

大島慎一（おおしま　しんいち）　一九五九年生れ／小田原市文化部管理監（学芸員）／3章コラム

下重　清（しもじゅう　きよし）　一九五八年生れ／東海大学非常勤講師／4章

堀内秀樹（ほりうち　ひでき）　一九六一年生れ／東京大学埋蔵文化財調査室准教授／4章トピック

大貫みあき（おおぬき　みあき）　一九八三年生れ／小田原市経済部小田原城総合管理事務所主任（学芸員）／年表

監修者略歴

一九四四年　静岡県生まれ
一九七二年　早稲田大学大学院文学研究科博士課程修了
現　　在　静岡大学名誉教授、博士（文学）

主要著書

『後北条氏研究』（吉川弘文館、一九八三年）
『中世の伊豆国』（小和田哲男著作集　第五巻、清文堂出版、二〇〇二年）
『戦争の日本史15　秀吉の天下統一戦争』（吉川弘文館、二〇〇六年）
『戦国武将の実力』（中央公論新社、二〇一五年）
『東海の戦国史』（ミネルヴァ書房、二〇一六年）

戦国大名北条氏の歴史
—小田原開府五百年のあゆみ—

二〇一九年（令和元）十二月十日　第一刷発行

編　者　小田原城総合管理事務所
監　修　小《お》和《わ》田《だ》哲《てつ》男《お》
発行者　吉川道郎
発行所　株式会社　吉川弘文館
郵便番号一一三—〇〇三三
東京都文京区本郷七丁目二番八号
電話〇三—三八一三—九一五一〈代〉
振替口座〇〇一〇〇—五—二四四番
http://www.yoshikawa-k.co.jp/

印刷＝株式会社　精興社
製本＝ナショナル製本協同組合
装幀＝黒瀬章夫

ISBN978-4-642-08367-6

人をあるく　北条氏五代と小田原城

山口　博著　　A5判・一七六頁／二〇〇〇円

関東の戦国覇者、北条氏。初代宗瑞の登場から五代氏直の秀吉との東西決戦まで、民政で独自の手腕を見せ、一族が結束して支配を広げた屈指の戦国大名の実像に迫る。本拠地小田原城を巡り、北条時代の小田原宿も訪ねる。

小田原合戦と北条氏（敗者の日本史10）

黒田基樹著　　四六判・二六四頁・原色口絵四頁／二六〇〇円

総構えの威容を誇った難攻不落の小田原城。全国統一をめざす秀吉政権に、小田原北条氏はなぜ最後まで抵抗し敗れたのか。信長時代から継承された天下人の政策「関東惣無事」の実態に迫り、「小田原合戦」の意味を考える。

後北条氏研究（オンデマンド版）

小和田哲男著　　A5判・五六四頁／一五五〇〇円

三〇〇〇通を越す後北条氏発給文書を縦横に駆使し、後北条氏における大名領国制の全体像を浮き彫りにした貴重な成果。特に家臣の末端としての土豪層に焦点をあて、大名領国制下の村落の実像を明示した戦国史研究の名著。

（価格は税別）　吉川弘文館

古河公方と伊勢宗瑞（動乱の東国史6）

則竹雄一著　四六判・三一二頁・原色口絵四頁／二八〇〇円

室町幕府の東国統治体制は、鎌倉公方の分裂で弱体化し、やがて伊勢宗瑞（北条早雲）の登場にいたる。享徳の乱以降、関東全域を巻き込んだ争乱の時代を、連歌師ら文化人の関東下向や東国村落にも触れつつ新視点で描く。

東国の戦国争乱と織豊権力（動乱の東国史7）

池　享著　四六判・三一八頁・原色口絵四頁／二八〇〇円

小田原を拠点に勢力を伸ばした北条氏は、足利・上杉ら伝統勢力をいかに打ち破り、関東に「地域国家」を築いたのか。領国形成、対立を超越した平和秩序への動きから小田原落城まで、東国にとっての「天下統一」を問う。

秀吉の天下統一戦争（戦争の日本史15）

小和田哲男著　四六判・二八八頁・原色口絵四頁／二五〇〇円

織田信長の後継者として天下統一をめざした豊臣秀吉。調略や講和、抜群の経済力・機動力、さらに専業武士からなる金銀錦に彩られた大軍勢で相手を圧倒。秀吉不敗の戦術に迫り、天下統一戦争が残した功罪を問う。

（価格は税別）

吉川弘文館